Angelika und Rüdiger Rätzke

Was wollen Sie eigentlich von mir?

Prominente Begegnungen von Berlin bis Boltenhagen

Für unsere Familie

Angelika und Rüdiger Rätzke

Was wollen Sie eigentlich von mir?

Prominente Begegnungen von Berlin bis Boltenhagen

Doppeltes Vorwort

AR Zu lang, einfach zu lang, sagt mein Mann, als ich ihm das Vorwort zeige. Ich sage wie immer: Dann mach doch den Kram alleine, wenn du alles besser kannst. Und irgendwie stimmt es leider auch: Er kann zwar nicht alles besser, aber vieles. Und in meine Texte hat er oft den letzten Schliff gebracht. Das musste mal gesagt werden, aber nur dieses eine Mal.

Nun zum gemeinsamen Buch. Seit Ende unseres Journalistik-Studiums 1971 haben wir zusammen in denselben Redaktionen gearbeitet, zuerst in Frankfurt (Oder), dann in Berlin und schließlich in Hamburg. So fiel es uns nicht schwer, uns an diese oder jene Begegnung mit Prominenten zu erinnern. Mal mit Vergnügen, mal mit Wut, mal mit Gleichmut. Wir haben den Journalismus in Ost und West erlebt und nicht immer genossen.

Mit dem Start unseres Ostseetalks in Boltenhagen haben wir uns dann vom stressigen Redaktionsalltag verabschiedet, zuerst ich, ein paar Jahre später mein Mann. Wir haben in all den Jahren viele bemerkenswerte Menschen getroffen, aber längst nicht alle kommen in diesem Buch vor. Einige wenige sind uns heute noch nahe. Und manchen, das gebe ich zu, haben wir einfach gern vergessen. Hätten wir ein Tagebuch geführt, ließen sich Details schwarz auf weiß belegen. Aber wollten wir das?

Dieses Buch war nie geplant. Eine fixe Idee, sagte mein Mann. Dann haben wir angefangen.

Angelika Rätzke

RR Ein Ehepaar schreibt ein Buch. Da liegt Zoff in der Luft, zumal es um Erinnerungen geht – und um die Frage, wer von beiden das bessere Gedächtnis besitzt. Hast du deine Tabletten genommen?, fragt mich meine Frau altersgerecht jeden Morgen. Ja, habe ich. Oder habe ich nicht? Ich weiß manches, aber nicht alles. Sie aber auch nicht. Das merkt man ihren Texten doch hoffentlich an! Deshalb gebe ich hier und da meinen Senf dazu. Mittelscharf. Mehr durfte ich nicht, wie immer. Mehr wollte ich auch nicht.

Rüdiger Rätzke

Ostseebad Boltenhagen, im April 2019

Ich hätte mehr erwartet

Hedda Zinner

Schriftstellerin

AR Als mein Mann in Ungnade fiel, begann unser neues Leben. Und keine Geringere als Hedda Zinner hat diese Wende eingeleitet. Unsere ganz persönliche Wende, sieben Jahre vor der großen weltpolitischen im Jahr 1989.

Hedda Zinner? Ihre Bücher und Dramen werden heute kaum noch verlegt. Zu DDR-Zeiten war die Schriftstellerin mindestens genau so berühmt wie heute Jenny Erpenbeck, ihre Enkelin.

Vielleicht noch berühmter. Doch bevor ich von Hedda Zinner rede, muss ich von uns erzählen.

Wir lebten damals in der Grenzstadt Frankfurt (Oder),

wohin wir nach unserem Journalistikstudium 1971 staatlich gelenkt worden waren. Noch vor unserem ersten Arbeitstag in der dortigen Bezirkszeitung erhielten wir die Schlüssel zu einer 2-Zimmer-Wohnung mit Kachelöfen, Bad und Balkon, mitten im Zentrum, nur ein paar Gehminuten zur Redaktion entfernt. Wir freuten uns auf unseren Sohn, der im selben Jahr geboren wurde, und wir hatten Pläne! Wir wollten den DDR-Journalismus aus den Angeln heben, natürlich. So dachten wir uns das und sahen keinen Grund, an uns zu zweifeln.

Unser Anfangsgehalt betrug 2 mal 600 Mark der DDR, wobei das Gehalt meines Mannes dann von Jahr zu Jahr beträchtlich stieg. Für unsere Altneubauwohnung zahlten wir monatlich 35 Mark, für den Krippenplatz wohl 10 Mark weniger. Und als unsere Tochter sechs Jahre später auf die Welt kam, zogen wir in eine der begehrten Neubauwohnungen mit Balkon, Fahrstuhl und Müllschlucker. Den größten Teil unseres Gehalts ließen wir im Exquisitladen. Für alle, die es nicht wissen oder längst vergessen haben: Im Exquisit gab es hochwertige Bekleidung made in GDR, vorwiegend für den Westexport bestimmt und dann über den Otto- oder Neckermann-Katalog verschleudert. Wir wiederum verschleuderten unser Geld in diesen Läden. Wir wollten keine Dederon-Kittelschürzen und keine sandfarbenen Präsent 20-Anzüge. Es ging uns gut.

Es wäre uns noch besser gegangen, hätten wir uns angepasst und eingefügt. In die sozialistische Menschengemeinschaft zum Beispiel, oder in das redaktionelle Kollektiv. Hauptsache Kollektiv. Wir aber schrieben stattdessen, was und wie wir dachten (was meist wieder gestrichen wurde), richteten uns mit Möbeln aus Haushaltsauflösungen ein und waren stolz auf die beiden dicken alten Klubsessel, die wir bei schönem Wetter auf unseren Balkon wuchteten. Wir hatten keine Lust auf Sitzgruppe und Schrankwand, die fast jeder hatte. Wir wollten nicht in der Masse untergehen. Damals war das fast unser Untergang. Dabei waren wir zunächst auf dem Weg nach oben.

RR Meine Arbeitsverträge änderten sich alle zwei, drei Jahre. Lokalredaktion, Nachrichtenredaktion, Kulturredaktion, Redaktion Außenpolitik, Chefreporter, Mitglied des Redaktionskollegiums. Die Partei, in die ich als Volontär der Schweriner Volkszeitung eingetreten worden war, hatte noch einiges mit mir vor. Die Perspektive hieß Chefredaktion. Dafür reichte kein Diplom als Journalist. Ich sollte auf die vielerorts gefürchtete Parteihochschule, drei Jahre lang, dorthin, wo der Stahl gehärtet wurde. Entlassung dann als Diplomfunktionär. Um Himmels willen!

Die mögliche Alternative sagte mir mehr zu: Promotion an der Sektion Journalistik, damals noch Karl-Marx-Universität. Ich fuhr nach Leipzig. Mein Wunschthema hatte ich mir schon zurechtgelegt: Wirkungsforschung. Wie kommt die DDR-Presse beim Volk an? Professor Wittenbecher, den meine Frau und ich schon aus der Studienzeit kannten und mochten, antwortete: Das ist schon alles erforscht.

Sein stilles, wissendes, hilfloses Lächeln werde ich nie vergessen.

Zugeteilt wurde mir dann ein Thema, das die „offensive Umsetzung der politischen Linie der Partei“ in den SED-Bezirkszeitungen analysieren und verallgemeinern sollte, natürlich unter Berücksichtigung der sowjetischen Erfahrungen. Am Ende sollte die Promotion stehen. Doch meine Linien-Untreue zerschlug diesen Plan.

April 1981. Der X. Parteitag der SED naht, und wie immer sollen Vertreter der Arbeiterklasse vor den Delegierten das Wort ergreifen. Dafür müssen sie aufgebaut werden, in der Presse interviewt. Was sie dann vor dem Plenum sagen, haben andere geschrieben. Geplant ist auch der Auftritt eines Stahlwerkers, ich soll ihn vorab ganzseitig porträtieren. Ich fahre zu ihm nach Eisenhüttenstadt, wir reden lange, und beide wissen wir um die Verlogenheit einer solchen Inszenierung. Dem Chefredakteur sage ich am nächsten Tag: Ich werde nicht eine Zeile schreiben.

Die Weigerung schlägt Wellen bis nach ganz oben. Plötzlich bin ich kein Chefreporter mehr und kein Mitglied des Redaktionskollegiums. Ich soll nun, um besser unter Kontrolle zu sein, Mitarbeiter der Chefredaktion werden. Abermals sage ich nein.

Im September 1982 kommt offizielle Post aus Leipzig. Meine außerplanmäßige Aspirantur wird „aus Gründen der Nichterfüllung gesellschaftlicher Anforderungen mit sofortiger Wirkung beendet".

Untergang eines mutigen Kämpfers? Ein Held war ich nie. Ich hätte viel früher – und dann auch noch viel später! – zu manchem Auftrag oder Angebot nein sagen müssen, statt geschmeichelt zu sein. Aber nun war die Katastrophe da. Wer weiter kommen wollte in der Redaktion, machte einen Bogen um uns. Was man sagte, wurde mitgeschrieben, als Beweismittel. Altstalinisten erwachten zu neuem Leben, forderten Stellungnahmen und Parteistrafen wie in schlimmen alten Zeiten.

Und dann die Ironie des Schicksals: Ich, der Fahnenflüchtling, erhalte eine Einladung zu einem Festakt am 7. Oktober 1982, dem Tag der Republik. Man überreicht mir für meine journalistische Arbeit die Verdienstmedaille der DDR, plus Umschlag mit 1000 Mark. Der Fluch der Planwirtschaft: Was vor Monaten in die Wege geleitet wurde, ließ sich wohl nicht mehr rückgängig machen. Vorwärts immer, rückwärts nimmer, Honeckers Schlachtruf.

Wir aber wollten weg, lieber heute als morgen, koste es, was es wolle. Nicht das Land verlassen, nur die Provinz. Unser Sehnsuchts-Ort heißt Berlin.

AR Aber noch sind wir in Frankfurt an der Oder.

Mit solchen wie euch ist kein Kampf zu gewinnen, tadelt der stellvertretende Chefredakteur, als er meinen Text redigiert und wieder mal alle Ichs rausstreicht. Wer ist ich?, fragt er lauernd und belehrt mich: Auf das Wir kommt es an! Mädel, begreif es doch endlich, wir sind zu allererst Parteiarbeiter. Hast du in deinem Studium nicht gelernt, was der Journalist sein muss? Kollektiver Agitator, Propagandist und Organisator!!

Ich schweige. Er sieht kurz von meinem Text auf und stöhnt: Ach, ihr beide macht nur Probleme.

Unsere Lage spitzt sich zu, und auch die Ausweglosigkeit. Wer in Berlin Arbeit bekommen will, muss eine Wohnung in der Hauptstadt vorweisen können. Und eine Wohnung in Berlin bekommt nur, wer Arbeit in Berlin hat. Ein Teufelskreis, sagt mein Mann.

Teufelskreis? Ein Stichwort für mich, in diesem Moment fällt mir Hedda Zinner ein. Ein Schauspiel von ihr über den Reichstagsbrand 1933 und den anschließenden Schauprozess heißt „Der Teufelskreis“. Bei uns geht es natürlich nicht um Leben und Tod, bei uns geht es nur um unsere berufliche Zukunft.

Du hast doch über Hedda Zinner geschrieben und kamst gut mit ihr klar, sagt mein Mann. Vielleicht kann sie uns helfen.

Vielleicht. Die Frau, das weiß ich, ist eine Nummer zu groß für uns. Mindestens.

Einige Monate vorher, als unsere kleine Welt noch halbwegs in Ordnung schien, hatte ich sie in ihrem Refugium am Scharmützelsee besucht. Der Chefredakteur war misstrauisch. Er sah es nicht gern, wenn sich seine Redakteure ohne Redaktionsauftrag mit Prominenten trafen. Wer weiß, was da geredet wurde...

Nicht jedem Parteifunktionär hatte Hedda Zinners neues Buch „Die Lösung" gefallen. Erzählt wurde darin die Geschichte einer berufstätigen Frau Ende vierzig, die plötzlich Angst vor dem Alter bekommt. Angst, nicht mehr gebraucht zu werden. Und das im Sozialismus.

Die Lösung: Sie löst sich von allem. Von der Familie, von der Arbeit. Wagt einen Neubeginn; sogar mit neuem Partner. Kühn für damalige Verhältnisse. Die Frau im Sozialismus sollte zwar stark sein, aber zweifeln sollte sie nicht.

Ich hatte das Buch verschlungen und wollte Hedda Zinner unbedingt kennenlernen. Und weil bei mir immer alles schnell gehen muss, wartete ich nicht auf die Zustimmung meiner Vorgesetzten. Ich besorgte mir irgendwie die Telefonnummer der Schriftstellerin und vereinbarte mit ihr einen Interview-Termin.

Mit unserer fünfjährigen Tochter, die ich manchmal bei Dienstfahrten einfach mitnahm, fuhr ich an den Scharmützelsee, nach Diensdorf. Das villenartige Haus, in dem wohl immer schon Prominenz gelebt hatte, ist inzwischen in die jüngere Literaturgeschichte eingegangen: Jenny Erpenbeck, Enkelin von Hedda Zinner, erzählt davon in ihrem berührenden Roman „Heimsuchung". Ich aber erlebte damals das Refugium der Familie Zinner als Besuch in einer anderen Welt. Hier gab es keine Einheitsflure, kein braunes oder graues Linoleum. Stattdessen antikes Zinn, edle Teppiche, Kunst in allen Räumen. Hier war der Sozialismus schon weitergezogen – oder nie angekommen.

Hedda Zinner registrierte meine stille Bewunderung und genoss sie wohl auch. Die gebürtige Wienerin, die mit ihrem Mann, dem Schriftsteller und Regisseur Fritz Erpenbeck, vor den Nazis durch die Welt floh, viele Jahre in Moskau lebte, bevor sie1946 ins zertrümmerte Deutschland zurückkehrte, war auch mit Ende Siebzig immer noch eine elegante Erscheinung. Wir tranken Kaffee aus feinstem Porzellan, die Haushälterin brachte Kuchen und Kekse, wir lachten ein bisschen über das Kind, das die aufgereihten Zinnkrüge bestaunte. Ein schöner Tag. Ein leichter Tag.

Ich fragte die Schriftstellerin nicht nach all ihren schwierigen Lebenskapiteln der dreißiger und vierziger Jahre. Ich wollte nicht wissen, wie sie und ihr Mann damals die angstvollen Nächte im Moskauer Hotel Lux überstanden haben. Stunden der Todesangst, wo doch meist im Morgengrauen Mitbewohner von Stalins Schergen abgeholt wurden. Kein Wort darüber. Aufs Nachfragen war unsereiner nicht trainiert.

Hedda Zinners Lebenserinnerungen „Selbstbefragung" erschienen 1989, fünf Jahre vor ihrem Tod. Mit einer gewissen Melancholie, Dankbarkeit und kritischer Distanz erzählt sie von den russischen Verhältnissen der dreißiger Jahre. Den Terror unter Hitler spart sie nicht aus. Ein spätes, wichtiges Buch.

Doch zurück ins Jahr 1982, zurück zu unseren Problemen, leichtgewichtig im Vergleich zu Hedda Zinners Emigrationsjahren. Wir brauchen Hilfe, um wieder Arbeit zu finden. Nicht irgendwo, sondern in Berlin, wo der Horizont weiter ist als der in Frankfurt (Oder). Hoffen wir.

Ich rufe Hedda Zinner an, erzähle unsere Geschichte. Brauchen Sie Geld?, fragt sie. Sie müssen sich nicht genieren. Wenn ich kann, helfe ich.

Nein, Geld brauchen wir nicht, sage ich. Wir brauchen Arbeit.

Arbeit? Hedda Zinner lacht. Das ist ja noch schlimmer als Geld. Aber ich werde mal Leute anrufen, die sich in den Berliner Redaktionen besser auskennen als ich. Meine journalistische Zeit ist ja lange vorbei. Damals in Moskau war ich mit Leib und Seele Reporterin. Mal sehen, was ich für euch machen kann.

Wer's glaubt, sagt mein Mann – und irrt.

RR Ein paar Tage später ein Anruf von der Chefredaktion einer Illustrierten, die *Freie Welt* hieß und überwiegend vom Thema Sowjetunion geprägt war. Nein, leider keine freie Planstelle. Aber die *Berliner Zeitung* würde Sie nehmen!

Und die tat es dann auch, nach peinlicher Befragung. Das ABC des Journalismus lernte ich noch einmal neu, nun nach hauptstädtischen Regeln. Auch eine Wohnung hatten wir inzwischen, wieder nur fünf Minuten Fußweg zur Redaktion.

Die Wohnung in den berühmten Hackeschen Höfen in Berlin-Mitte war aber gar keine Wohnung, sondern ein 100 Quadratmeter großer Saustall. Ergattert durch einen gigantischen Ringtausch, in den fünf Parteien eingebunden waren. Und wir nur deshalb, weil wir in bester Provinzlage wirklich was zu bieten hatten.

Unser neues Berliner Heim – total verwahrlost. An den Wänden klebten Blutspritzer, Küche und Bad mussten besonders gründlich desinfiziert werden. Der Fußboden im Bad federte weich, kein Wunder bei zentimeterdickem Dreck. Die Kinder wiesen wir strikt an, nichts anzufassen. Trotzdem tauchte unser Sohn plötzlich mit einem Holzbein unterm Arm auf. Dass unser Vormieter eine Beinprothese brauchte, wussten wir; dies hier war wohl sein Ersatzbein. Und während wir noch überlegten, wohin damit, kam unsere vierjährige Tochter triumphierend mit einem Briefumschlag angerannt und rief: Ich hab auch was gefunden! Im prallgefüllten Umschlag befanden sich Fotos in Schwarz-Weiß, die sich bei näherer Betrachtung als private Pornosammlung entpuppten. Unser Vormieter, ein Mann zwischen 50 und 60, hatte sie beim Umzug offenbar ebenso vergessen wie sein Holzbein.

Sein neues Zuhause war eine schicke 2-Zimmer-Neubauwohnung in Berlin-Lichtenberg, seinen Umzug haben wir komplett bezahlt. Das war seine Bedingung. Und wir hatten noch Glück. Wochen später stand ein Briefträger an unserer Wohnungstür, brachte eine Einschreib-Sendung. Als ich das letzte Mal hier klingelte, sagte er, lag im Flur eine tote Frau. Brennpunkt Berlin.

AR Mit Hedda Zinner haben wir uns noch dreimal getroffen. Einmal lud sie uns zum Brunch nach Diensdorf ein. Wir waren nicht die einzigen Gäste. Für uns überraschend kam plötzlich eine geradezu berühmte Nachrichtensprecherin der Aktuellen Kamera die Treppe herunter. Sie ging stumm an uns vorbei, nickte kurz, das war's.

Eingeladen waren wir auch zu Zinners 80. Geburtstag am 20. Mai 1985. Gefeiert wurde in ihrem Berliner Haus. Ich gebe zu, wir waren geschmeichelt, aber wohl war uns nicht inmitten der versammelten Prominenz. Erst recht nicht, als uns die Schriftstellerin als Vertreter der großen Zeitung vorstellte, bei der wir nun dank ihrer Vermittlung arbeiteten. Wir fühlten uns ein bisschen wie Hochstapler, wir waren doch nicht dienstlich, sondern nur privat da.

Das Zentralorgan „Neues Deutschland", Chefredakteur war Günter Schabowski, brachte die Grußadresse des ZK der SED: „Erfüllt von Hochachtung und Anerkennung blicken wir auf Deinen beispielhaften Lebensweg, der von Standhaftigkeit und der Kampfentschlossenheit einer Kommunistin zeugt, die zeit ihres Lebens..." und so weiter und so fort.

Ein letztes Mal besuchte ich die Schriftstellerin wieder dienstlich. Hat Ihre Chefin Sie geschickt?, fragte sie. Als ich nickte, war sie beruhigt. Das Interview dauerte keine halbe Stunde, dann war alles gesagt, was sie sagen wollte und was ich brauchte.

Was es denn Neues von Gorbatschow gäbe, wollte sie plötzlich wissen. Ausgerechnet von mir? Ich hatte doch keinen Kontakt zum Kreml. Sie hakte nach. Hat die Genossin Herrmann nichts gesagt?

Ich war verwirrt. Die Genossin Herrmann? Ich sah sie ratlos an. Nun endlich begriff Hedda Zinner, dass sie mich falsch zugeordnet hatte. Ich war nur eine freischaffende Journalistin. Ich hatte keinen Zugang zu Politbüro-Kreisen, auch wenn meine Arbeitgeberin die Gattin des mächtigsten Medienmannes der DDR war. Erich und Margot Honecker waren im Politbüro-Ghetto Wandlitz ihre unmittelbaren Nachbarn. Das ließ sie immer wieder gern so nebenbei fallen. Meine Nachbarn in Berlin-Mitte hingegen waren nachtaktive Säufer. Hatte die angesehene Schriftstellerin mit mir aufs falsche Pferd gesetzt? Hoffte sie, durch mich weltpolitisch brisante Neuigkeiten zu erfahren?

Ein paar Sekunden Schweigen. Dann stand sie auf, putzte ihre Brille und erinnerte sich spontan, dass sie noch einen Termin wahrnehmen müsse. Das Gespräch war beendet. Sie brachte mich zur Tür und sagte: Um ehrlich zu sein, ich hatte mehr erwartet...

Und ich? Ich auch.

Das Eichhörnchen kostet nichts extra

Gerhard Goßmann

Maler und Grafiker

RR Was hat der Maler und Grafiker Gerhard Goßmann mit der Beutelumleitung römisch zwo in Leipzig zu tun? Und mit Frankfurt (Oder)? Das muss ich kurz erklären.

In der Beutelumleitung II versammelten sich zu DDR-Zeiten vor Weihnachten all diejenigen, die ein paar Mark zuverdienen wollten. Gelegenheitsarbeiter, Rentner, Hausfrauen, Studenten.

Die Beutelumleitung II befand sich irgendwo auf dem Leipziger Reichsbahngelände, wo genau, konnte ich schon damals nicht sagen, denn sie war in ständiges Dunkel gehüllt. Wer stundenweise angestellt werden wollte, musste spätestens halb fünf in der Früh da sein. Ein Hauch von Sklavenmarkt lag über den Bahnschienen, denn wenn man Pech hatte und zu viele Leute Geld brauchten, war man umsonst gekommen.

Mir, dem damals 22-jährigen Studenten, ist das nie passiert, ich fühlte mich im Kreis der vielen Kittelschürzen wie ein schlachtreifer Hahn im Korb.

Eine, ich weiß noch, sie hieß Bärbel, suchte besonders auffällig meine Nähe. Mein Mann ist lieb und nett, aber er küsst mich nicht, sagte sie und sah mich eine Spur zu lange an. Eine andere, nicht ganz so korpulent, sagte: Augen zu und Mund auf. Und schon steckte eine halbe Tafel Sarotti-Schokolade in meinem Mund. Da wusste ich, wieder mal war ein Weihnachtswestpaket vom Förderband in der Beutelumleitung II des Güterbahnhofs gefallen und geplatzt, so ein Missgeschick aber auch. Und niemand war es gewesen.

Ob man fürs Postsack-Sortieren 2 oder 3 DDR-Mark pro Stunde bekam, weiß ich nicht mehr. Irgendwann aber hatte ich die 90 Mark für das Objekt meiner Begierde zusammen: eine Radierung von Gerhard Goßmann, einen unerhört verschmitzten, witzig-frechen Eulenspiegel. Ich hatte das Blatt im Schaufenster einer Kunsthandlung gegenüber dem Leipziger Rathaus gesehen und konnte es jetzt endlich kaufen, mein allererstes Original. Der Name Goßmann sagte mir damals nichts, obwohl er schon lange zu den bedeutenden deutschen Grafikern zählte; bereits in den dreißiger Jahren hatten große Verlage Bücher von ihm illustrieren lassen.

Ein paar Jahre später lernten meine Frau und ich den großen Meister persönlich kennen, und so oft es unsere journalistische Arbeit zuließ, besuchten wir ihn in seinem großen Haus in Fürstenwalde. Er lebte in einem Bildermeer, aber trennte sich nur äußerst ungern von seinen kleinen und großen Schätzen. Wir durften immer nur eine bestimmte Etage betreten, und wenn wir von Zimmer zu Zimmer gingen, schloss er den eben verlassenen Raum sofort ab. Wie Hans Geiz im Fallada-Märchen.

Ebenso gern wie seine Bilder zeigte er seinen traumhaft schönen Garten, auch ein Kunstwerk für sich. Obst- und Blumenschätze, wohin man sah. Manchmal wuchs Goßmann über sich selbst hinaus. Dann sagte er beim Abschied: Du darfst dir zwei Äpfel mitnehmen, aber nimm die vom Boden, das Fallobst schmeckt am besten.

Dass ich als armer Student in Leipzig in der Beutelumleitung römisch zwo Paketsäcke sortiert hatte, um eine Goßmann-Originalgrafik kaufen zu können, signiert und nummeriert, rührte ihn sichtlich. Rabatt gab er trotzdem nicht, wenn ich wieder mal ein Blatt von ihm kaufte. Obwohl ich mehrfach nebenbei erwähnte, was ein Kulturredakteur bei der Bezirkszeitung so brutto im Monat verdient: 650 Mark.

Einmal sah ich ihn an einem Ölbild arbeiten, das mir auf Anhieb gefiel. Goßmann nannte es „Der Pilzsammler“, der in einem Meer von Fliegenpilzen mit Korb und Messer zuwege war. Unmittelbar hinter ihm drei kapitale Wildschweine, größer als der Sammler selbst. Skurril und stimmig wie fast alle Goßmann-Werke. Das wollte ich haben, obwohl die Farbe noch nicht trocken war, und der Rahmen noch nicht fertig. Ein wunderbares Weihnachtsgeschenk für meine Frau. Ich fragte nach dem Preis. Für dich 500 Mark, bestimmte er. Was soviel bedeutete: eigentlich 700 Mark. Goßmann ließ sich auf Ratenzahlung ein, 100 Mark gab ich sofort, was auf der Rückseite mit Bleistift korrekt vermerkt wurde.

Beim dritten Atelierbesuch war dann alles abbezahlt, und der Meister überreichte mir das kleine Gemälde wie eine Auszeichnung.

Guck mal genau hin, sagte er, ich hab dir noch zusätzlich was rauf gemalt. Ein Eichhörnchen! Kostet aber nichts extra.

Man mag mich

Hans-Joachim Preil / Schauspieler, Regisseur, Autor
Margitta Lüder-Preil / Model und Schauspielerin

AR Er war empört. Von wegen Humor! Kein bisschen! Dabei war der wütende Leserbrief-Schreiber von Beruf Komiker. Star-Komiker der DDR: Hans-Joachim Preil. Erfinder des Duos Preil/Herricht.

Empört hatte er sich über meine Kritik an seinem TV-Lustspiel, das ich weder lustig noch komisch fand. Und das hatte ich auch geschrieben, in der schon damals nicht unwichtigen Berliner Zeitung. Dass Preil ebenfalls nicht unwichtig war, bekam ich kurz nach der Veröffentlichung zu spüren.

Du solltest mal mit ihm reden, schlägt die Chefin der

Kulturredaktion vor. Also rufe ich den Star-Komiker an, der offenbar privat keinen Spaß versteht, und treffe mich mit ihm in einem der neuen Luxusrestaurants zwischen Alexanderplatz und Friedrichstraße. Also in einem dieser Devisentempel, in denen alles grand ist – und in denen man DDR-Bürger nicht so gern sieht. Aber für einen wie Preil wird gern ein Tisch reserviert. Ich bin pünktlich, aber er ist schon da.

Auftritt Preil, erster Akt: Hallooo, meine Liebe, wie schön, dass Sie gekommen sind! Nun sehen wir uns endlich mal – und können reden...

Während er mich ziemlich laut begrüßt, steht er auf und breitet seine Arme aus, um mich zu umarmen – obwohl ich doch kritisch über ihn geschrieben habe. Ich weiche diesem Flügelschlag aus und gebe ihm die Hand. Er rückt mir – ganz alte Schule – den Stuhl zurecht. Der Kellner kommt, ich will nur Kaffee, mehr nicht.

Meine Liebe, sagt der Star-Komiker dann wieder, Sie sehen doch gar nicht so bissig aus. Warum beißen Sie denn so? Das Stück, das Sie zerrissen haben, wird vom Publikum geliebt! Man mag mich!

Er schaut über seine Goldrahmenbrille, lächelt und fügt an: Sie mögen keine Komödien, das spüre ich.

Soll ich ihm noch einmal sagen, dass sein Lustspiel mit Musik absolut nicht lustig ist? Und der feine Humor selbst bei größter Anstrengung nicht zu entdecken? Dass die Preilschen Liedtexte (Ich schick mein Herz zu dir per

Post, mit Treue ist's frankiert, in Liebe kuvertiert...) eine Zumutung sind? Ich rühre still meinen Kaffee um, obwohl es nichts zum Umrühren gibt, ich trinke ihn schwarz. Preil legt nach: Sie sollten sich für Spaß öffnen, Sie sind da möglicherweise zu verklemmt. Sie trauen sich bloß nicht, zu lachen!

Dafür lacht er jetzt.

Spaß habe ich an den köstlichen Herricht-Preil-Sketchen, sage ich. Er: Ach, die mögen Sie? Wie schön!

Dabei spitzt er seinen Mund, als wolle er ein Luftküsschen senden. Besuchen Sie mich doch mal, schlägt er vor, dann können wir länger reden, und Sie erleben vielleicht einen anderen Preil.

Wir verabschieden uns, wobei er seine Arme wieder flügelähnlich ausbreitet, um mich zu umarmen. Ich drehe mich wie beim Tanz, um dem zu entkommen, und schaffe es nicht: Preil hat mich fest im Griff. Das allerdings ist schon komisch.

Na, wie war's?, fragt anderntags meine Chefin. Er hat mich zu sich nach Hause eingeladen, es könnte eine Art Homestory werden, berichte ich. Meine Chefin ist zufrieden.

Berlin-Schöneweide, irgendwann im Frühjahr 1988. Die geräumige Sechseinhalb-Zimmer-Altbauwohnung ist ein Schmuckkasten, und das muss man wörtlich nehmen. Bilder bis an die Decke, überall Porzellan, Zinn und andere Dekorationen. Die geräumige Küche mit Kupfer-Geschirr bestückt. Das Arbeitszimmer von Sketch-Erfolgsautor Preil hingegen klein. Hier sitzt er Stunden, denkt und schreibt. Ist für niemanden zu sprechen, nur für Margitta, seine Frau, die ihm immer pünktlich seine Tabletten bringt. Ein Ritual, an dem ich nun teilnehmen darf. Preil setzt eine süß-saure Miene auf, dann schluckt er die Pillen tapfer runter.

Margitta passt auf, dass auch sonst alles seine Richtigkeit hat. Er sucht ein bestimmtes Manuskript, das er mir zeigen will und nicht findet. Margitta weiß, wo es liegt. Margitta, die Vierte. Groß, schlank, blond, lange Beine. Auch zu Hause elegant gekleidet, undenkbar in Jogginghose. Ganz im Gegensatz zu mir, die ich zu Hause gern meinen grauen Jersey-Zweiteiler trug, bis er nach der Wende verschwunden war. Grau ist vorbei, sagte mein Mann lakonisch.

Margitta, die farbenfrohe Elegante, kommt mit dem angeforderten Manuskript zurück, jetzt ist Preil in seinem Element. Er liest vor, vielmehr er spielt vor, und selbst bei sich zu Hause will er Beifall haben. Margitta reagiert zuerst, sie kennt das. Schööön, sagt sie und deutet Beifall an. Ich mache mit, freiwillig.

Bin gespannt, was Sie schreiben, ruft er mir zu, als wir uns verabschieden. Margitta zeigt auf die Uhr, sie müssten heute noch nach Westberlin, Hansis Mutti besuchen. Sie dürfen fahren, selbstverständlich, Margitta chauffiert. Sie fährt gut, lobt Preil und wirft ihr ein spitzes Luftküsschen zu. Sie küsst zurück, auch per Luft. So küssen nur Prominente.

Mein Artikel über Preil gefiel sowohl dem Künstler als auch der Kultur-Chefin, nur mein Mann krittelte und meinte, das sei Preil mit Zuckerguss.

Dass wir später bei Hansi – längst waren wir per du – erneut in Ungnade fielen, ist eine andere Geschichte. Preil hatte meinem Mann und mir angeboten, seine Memoiren zu schreiben. Einen Verlag hatte er auch schon gefunden. Wir sagten nach vielen Gesprächen zu und ertranken zu Hause in Preil-Dokumenten. In schicken Alu-Koffern schleppte er sein ganzes Archiv an: Kassetten, Tonbänder, Fotos, Manuskripte, gedruckte und ungedruckte Sketche, Rezensionen, Artikel – sein ganzes Künstlerleben. Doch das Buch kam nicht zustande. Zum einen hatte der Meister von seinen Memoiren andere Vorstellungen als wir, zum anderen strich der Verlag Hansis Erinnerungen aus seinem Programm. Offizielle Begründung: Das plötzlich gekürzte Papierkontingent lasse ein Preil-Buch in nächster Zeit nicht zu. Das war vielleicht sogar die Wahrheit, manchmal gab es ja nicht mal Toilettenpapier zu kaufen. So fand unsere Kurzzeit-Freundschaft ein jähes Ende.

Ihr habt es gut, sagte seine Frau Margitta viele Monate später, als sie zu uns auf einen Tee kam: Ihr könnt einfach gehen. Ich muss bleiben…

Irgendwann aber ging auch sie. Nicht ohne Blessuren. Ich war sein Antrieb, erinnert sie sich, ich habe ihn immer wieder angeregt, doch ein Theaterstück oder einen neuen Sketch zu schreiben. Er hatte so viele Talente, war aber manchmal nicht so interessiert. Ich war nervlich sehr angespannt, all die Jahre. Er musste doch immer im Mittelpunkt stehen, alles musste nach seiner Pfeife tanzen.

Zwanzig Jahre war sie mit ihm verheiratet. Margitta, die Vierte – sie hat die lange Hansi-Zeit doch auch für sich genutzt. Als sie ihm eines Tages mitteilt, dass sie auf die Schauspielschule wolle, hält Preil das für eine Grille. Er will vor allem sein Mannequin und Fotomodell behalten. Margitta ist sein Schmuckstück, das er nur allzu gern vorzeigt. Besitzerstolz überkommt ihn, wenn er sich mit Margitta blicken lässt. Doch das Model, das exquisite DDR-Mode damals auch im Westen präsentieren darf, will irgendwann nicht mehr nur die Frau für alles sein. Sie will ins Schauspielfach. Preil gibt ein bisschen nach und schreibt ihr kleine Mundart-Rollen. In seinem sechsteiligen Lustspiel *Ferienheim Bergkristall*, auf das man im Silvester-Fernsehen stets wartete, darf Margitta allen zeigen, woher sie kommt: aus Sachsen. Als Fotografin Fräulein Fitzmann ist sie fortan der Hingucker, meist in Hot Pants, auch wenn es draußen kalt ist. Mehr Zuschlag aber gibt ihr Hansi nicht. Sie versucht es trotzdem, beginnt 1988 als Externe an der Berliner Hochschule für Schauspielkunst „Ernst Busch“ ein Studium. Als sie die Prüfung besteht, ist auch ihr Hansi irgendwie stolz, wenngleich er immer noch Bedenken hat, dass sie seinem guten Ruf schade.

Ab und an sitzt die frisch gekürte Schauspielerin in unserer geräumigen Berliner Altbauwohnung, die vor 1945 doppelt so groß war und nach dem Krieg durch dünne Wände geteilt wurde. Eigentlich können wir nur nachmittags ungestört Besuch empfangen. Abends erwacht nebenan das pralle Leben und erreicht seinen Höhepunkt oder auch mehrere, wenn unsere Nachbarin, eine Barfrau, frühmorgens in wechselnder Begleitung nach Hause kommt. Kein Vergleich zur Belle Etage der Preils in Schöneweide. Margitta kommt trotzdem gern, stöckelt durch die rußigen Hinterhöfe, sitzt auf unseren roten Samtsofas (die mal ein Glückskauf waren: drei Stück zu je 666 DDR-Mark, Exportartikel, von Neckermann oder Ikea nicht mehr gewollt), und trinkt Tee mit uns. Träumt von der Zukunft. Ohne Hansi, ohne Krach und Stress und blaue Flecken. Anders leben, auf jeden Fall. Vielleicht mit einem neuen Mann?

Der Neue kommt zur Krisenzeit, ist ihr Anästhesist bei einer schweren OP. Bevor er je ein privates Wort mit ihr wechseln kann, erlebt er sie zunächst schlafend. Ein stiller Flirt sozusagen. Als Margitta wieder aufwacht, lädt er sie zum Tee ein. Danach beginnt das Leben tatsächlich neu, mit Professor. Und irgendwann dann die Scheidung von Hansi.

Das Jahr 1988 nennt sie ihre Wende. Sie bekommt ihr erstes Bühnen-Engagement, und das bei einer Theater-Legende – bei Boleslaw Barlog. Am Westberliner Hansa-

Theater spielt sie die Dame in Trauer in Schillers Stück *Minna von Barnhelm* und erntet viel Lob: Ich habe es nie bereut, Ihnen diese Rolle anvertraut zu haben... Es war um Sie die Aura einer beeindruckenden Tragödin, bedankt sich später der Generalintendant a.D.. Die Eintrittskarte in eine neue Welt.

Und dann stand eine Hochzeit ins Haus. Was meinst du, fragte sie mich, wie soll ich mich dann nennen: Preil-Lüder oder Lüder-Preil? Ich riet zu Letzterem, und Margitta nahm meinen Rat dankend an. Wenn Margitta mir etwas riet, meist in Modefragen, war ich eher zögerlich, wenn nicht gar ablehnend. Eines Tages stand sie mit einer noblen Tüte vor unserer Tür und zog eine graue, nach edlem Parfüm duftende Seidenbluse heraus: Ein wenig getragenes Stück, sündhaft teuer. Ich glaube, die steht dir.

Ich habe die Bluse sehr, sehr zögerlich angenommen und kaum getragen. Als wir dann nach Hamburg zogen, ließen wir sie in Berlin. Und als wir schon in Boltenhagen wohnten, kam wieder ein Kleidungsgeschenk aus dem Hause Lüder-Preil. Ich habe es per Post zurückgeschickt. Margitta konnte es einfach nicht lassen.

Ihr neues Leben kannten wir nur vom Hörensagen. Sie hatte ihren Professor, dessen Patientin sie einst war, geheiratet. Und Preil gab wie zum Trotz einer Krankenschwester aus dem Team von Professor Dr. Lüder sein Ja-Wort.

Für uns war das Kapitel Berlin längst abgeschlossen. Dass wir Margitta wieder für uns entdeckten, lag an einem Zufall. Mein Mann sah sich eine TV-Sendung an, in der sie plötzlich auftauchte. Schlagfertig, hemmungslos, elegant, ursächsisch. Wir sollten mit ihr einen Preil-Abend machen, schlug er vor.

Der 19. Juni 2009 ist ein warmer Tag. Obwohl schon 72, trägt Margitta Hot Pants, als sie mit ihrem Professor durch Boltenhagen läuft. Die Leute drehen sich nach ihr um, immer noch. Nie im Leben würde ich mit kurzen Höschen durch Boltenhagen laufen, sage ich zu meinem Mann. Hast ja auch nicht die langen Beine, merkt er an. Abgesehen davon würde ich auch keine bestickte weiße Jacke tragen, sage ich. Warst ja auch nie Model, beendet mein Mann unseren Dialog.

Der Talk am Abend ist ausverkauft. Ich hatte auf irgendwelche Preil-Devotionalien gehofft, die man hätte zeigen können, aber Margitta hat keine mehr. Da müsstest du seine jetzige Frau fragen, also seine fünfte, sagt sie und lacht laut und fröhlich. Ich werd's schon machen, meint sie in feinstem Sächsisch, werste seh'n!

Der Professor – sie nennt ihn vor anderen nur so – steht immer in ihrer Nähe. Das Leben des renommierten Arztes und Wissenschaftlers hat sich radikal verändert seit der Wende. Der einstige Chefarzt der Abteilung für experimentelle und klinische Anästhesiologie am Zentralinstitut für Krebsforschung der Akademie der Wissenschaften der DDR war bis 1991 amtierender Direktor des Instituts. Über sich und die Nachwende-Wirren erzählt er wenig. Wen interessiere das schon. Er habe auf die neue Zeit reagiert und war sich zum Beispiel nicht zu schade, ein Angebot als Brockhaus-Vertreter anzunehmen. Als Brockhaus-Vertreter?

Warum nicht, meint er, Bücher haben mich immer interessiert, und Geld musste ich ja verdienen. Außerdem war ich neugierig, habe viel gelernt über neue Strukturen, Steuern und so weiter. Ich fand das nicht unehrenhaft. Nichts zu machen, das hätte mich gestört.

Dass der Wissenschaftler und Langzeit-Junggeselle, der bis zur Ehe mit Margitta im Elternhaus lebte, sich dann doch von Gefühlen leiten ließ, mag ihn selbst verwundert haben. Er hat ja sogar seinen Arm zurückgezogen, als ich ihn in der Oper sanft berührte, erzählt Margitta. Na ja, sagt Mani, du warst ja auch noch verheiratet, das kam für mich nicht infrage.

Gentleman ist er geblieben. Er steht auf, wenn eine Dame an den Tisch kommt, er steht auf, wenn sie den Platz verlässt, er rückt ihr den Stuhl zurecht. Er schaut ihr in die Augen, wenn er das Glas erhebt, auch wenn kein Alkohol drin ist. Er macht keine blöden Bemerkungen wie mein Mann. Die einen haben's eben, die anderen nicht.

Der Professor ist etwas ganz Besonderes, bekräftigt Margitta Lüder-Preil. Irgendwie finden wir das auch. Wie aus einer anderen Zeit. Aber aus welcher?

Das Kurhaus ist an diesem Abend proppenvoll. Die

Leute stehen sogar vor dem Eingang, falls jemand seine Karte nicht abholt. Der Name Preil zieht immer noch, auch viele Jahre nach seinem Tod. Preil, der ewige Besserwisser in den genialen Sketchen mit seinem Bruder, wie er Herricht oft nannte. Das Schachspiel war der erste gemeinsame Sketch der beiden, das war 1953, Preil gab den beflissenen Schachspieler, Herricht den Unwissenden. Das Prinzip des schwarzen und des weißen Clowns funktionierte bis zum Schluss. Preil konnte Pointen auf den Punkt genau schreiben – und spielen.

An unserem Preil-Abend gibt es Konserven – und eine frische Margitta. Sie genießt das Bad in der Menge, ist zufrieden, dass Mani in ihrer Nähe sitzt, mustert mich und mein Jackenkleid und flüstert mir zu, dass ich immer Farben wie dieses wunderbare Aprikot tragen sollte. Dann nimmt sie auf einem der beiden harten Stühle Platz, kerzengerade. Mein Rücken schmerzt schon nach ein paar Minuten. Margitta bemerkt mein Hin- und Her-Rutschen und gibt laut Sitz-Tipps: Du musst dich gerade halten, dann entspannst du auch dein Kreuz.

Sie könne stundenlang so gerade sitzen, sagt sie, das komme von ihrer Ballettausbildung, die sie schon als Sechsjährige genossen habe. Sie sagt tatsächlich genossen und wirkt dabei noch ein wenig gerader. Sie sei nach wie vor gelenkig wie ein Gummiball, und jeder im Saal glaubt ihr. Ich frage, ob sie noch ein paar Model-Schritte machen könne. Was heißt hier noch?? Sie sieht mich herausfordernd an und schreitet los. Und dann passiert etwas, womit niemand gerechnet hat: Der kleine Kursaal wird zum Laufsteg. Margitta setzt ihre langen Beine, die in engen Jeans stecken, gekonnt in Bewegung, dreht sich zum Publikum, schwenkt ihren Blazer wie ein leichtes Seidentuch und erzählt nebenbei von ihren internationalen Auftritten. Die Leute klatschen, und der Professor schickt seiner Frau verliebte Blicke.

Mir fallen in diesem Moment wieder die spitzen Luftküsse ein, mit der Hansi Preil und sie ihre Verliebtheit öffentlich zelebrierten. Damals war es die Belle Etage mit sechseinhalb Zimmern. Heute, erzählt Margitta, wohnen wir in einem hübschen kleinen Schließfach in Berlin-West, das ist so richtig kuschelig. Der Professor nickt.

Auch nach einer guten Stunde sitzt Margitta noch entspannt auf dem harten Kurhaus-Stuhl, die langen Beine fotogen in Stellung gebracht. Sie weiß, wie man sitzen, stehen, gehen und liegen muss. Sie kann es einfach. Mit ihren Beinen habe sie viel Geld verdient, erzählt sie. Mancher würde sich doch vielleicht noch an die DDR-Fußcreme Beline erinnern, oder? Sie schaut verschwörerisch ins Publikum. No glar, ruft jemand. Beifall für Beline, einst vom VEB Patina Halle produziert. Dafür habe sie Reklame gemacht. Und sie trage nie Strümpfe in Schuhen, auch im Winter nicht.

Ungläubiges Murmeln im Saal. Zum Beweis streckt sie ein Bein in die Luft, gerade wie ein Lineal. Begeistertes

Klatschen, fast hat man Preil, den Sketch-König, vergessen. Er war ja ein absoluter Pascha, erzählt sie. Also habe sie gelernt, viel zu akzeptieren, nicht zu widersprechen, auch wenn sie anderer Meinung war.

Ob sie nach der Scheidung noch Kontakt zu ihm gehabt habe, will ich wissen. Nein, sagt Margitta, schon viele Jahre vor seinem Tod nicht. Seine Frau Bärbel wollte das so. Deshalb habe sie ihn auch während seiner Krankheit nicht besucht. Von seinem Tod habe sie erst durch eine Meldung im Radio erfahren. Preil ist für Margitta Vergangenheit.

Kürzlich haben wir sie und ihren Professor wieder getroffen. Margitta hatte eine Rolle in der TV-Krimi-Serie Soko Wismar. Ich lade euch zum Essen ein, sagt sie am Telefon. Wir verabreden uns in Boltenhagen. Wieder ein schöner Sommerabend, wie damals beim Talk im Kurhaus. Und wieder drehen sich die Leute nach der langbeinigen Blondine um. In weißen Jeans schreitet sie ins Hotel, Mani trägt eine rote Hose und ein passendes rotweiß gestreiftes Hemd. Hätten wir uns nicht auch ein bisschen schmücken sollen?, zische ich meinem Mann zu, der mich irritiert anschaut. Aber unser Outfit spielt an diesem Abend wirklich keine Rolle. Wir essen und reden, es geht immer noch um die Arbeit, ein bisschen auch um Krankheiten, und es geht um nächste Pläne. Margitta hat wieder kleine TV-Angebote, Mani begleitet sie, wie immer. Und wir schreiben an einem Buch. Gott sei Dank fragt niemand, wie alt wir sind.

RR Eigentlich wollte ich diesem Kapitel nichts zufügen, aber nun finde ich in unseren aufgehobenen Briefen und Mails doch noch ein Preil-Original, vor Mitternacht mit der Maschine geschrieben:

Liebe Angelika und lieber Rüdiger.-
Der heutige Abend ist nicht nur im Fioretto für mich ein Erlebnis gewesen, sondern auch ein notwendiges Zusammentreffen unter Freunden.
Es wurde inhaltsreich geplaudert und auch diskutiert, aber hoffentlich kam auch die kulinarische Seite nicht zu kurz?
Nun habe ich großen Appetit auf einen guten Kaffee und auch auf eine neue erfolgreiche Bergkristall-Folge.
Ich weiß, daß die gelingen muß.
Hansi
Am Samstag d. 9.1.88
22.45

Ich erkenne mich wieder

Prof. Heinrich Dathe

Zoologe und Tierparkdirektor

AR Du hast vielleicht mit den Augen geklimpert, aber wie!, behauptet meine Tochter. Daran würde sie sich noch ganz genau erinnern. Und sonst an nichts?, frage ich zurück, als wir über Heinrich Dathe reden. Professor Dathe, den legendären Tierparkdirektor, den beliebtesten Sachsen in Berlin.

Ich weiß nur noch, dass ich von ihm Papier und Kugelschreiber bekommen habe, damit ich während eures Gesprächs beschäftigt war, sagt sie. Und lacht, als ich ihr das Blatt von damals zeige, Zufallsfund meines Mannes, der in unserer Familie das undankbare Ehrenamt eines Archivars ausübt (die Betonung liegt auf übt, denn nicht alles Gesuchte wird auch gefunden, wie auch nicht alles Gefundene Freude auslöst).

August 1987. Ich sollte und wollte für die *FFdabei*, die einzige Funk- und Fernsehzeitschrift der DDR, millionenfach gedruckt, über Dathe schreiben. Keine Ahnung, ob es um irgendein Jubiläum ging. Allein die Tatsache, mit dem berühmten Professor durch den Berliner Tierpark zu laufen, vielleicht auch mal ein Tiger-Baby im Arm zu halten, war nicht nur für meine Tochter eine schöne Aussicht.

Dass wir zu spät kamen, lag möglicherweise an ihren bunten Haarspangen, die sie beharrlich suchte, um sie dann endlich in ihre Haare zu klemmen. Die Stimmung auf dem Weg zur U-Bahn war also schon leicht gereizt, weil ich ahnte, dass wir den Zeitverlust nicht mehr aufholen und zu spät kommen würden.

So passierte es dann auch. Professor Dathe war längst irgendwo im Tierpark unterwegs, und ein Handy hatten wir damals noch nicht. Dass der Tierparkchef dann eher zufällig doch noch in sein Büro zurückkam, war unser pures Glück.

Allerdings hielt sich das Glück zunächst in Grenzen, denn Dathe ließ mich wissen, dass er eigentlich keine Zeit mehr habe. Eigentlich. Dass er sie sich dann doch nahm, lag wohl an meiner Tochter. Sie war so bitter enttäuscht und zeigte es so überzeugend, dass der Herr der Tiere Erbarmen hatte. Er stellte sogar einen ausführlichen Tierpark-Rundgang in Aussicht, nach getaner Arbeit, wie er betonte. Er meinte unser Interview, das er sich wohl doch nicht entgehen lassen wollte. Routiniert beantwortete er Fragen, die ich noch gar nicht gestellt hatte. Und während sich der international geschätzte Zoologe in Begeisterung redete, verschwand Stück für Stück auch der Groll auf mich, die Zuspätkommerin.

Inzwischen zeichnete die Zehnjährige den prominenten Mann, den fast jeder aus der Fernsehsendung Tierparktreff kannte, zumindest aber aus der sonntäglichen Radiosendung *Im Tierpark belauscht*. Sehr akribisch, mit emsig ausgemalten Augenfalten. Anbei der Beweis.

Ich erkenne mich wieder, soll Dathe gesagt haben - behauptet die Zeichnerin. Und signiert hat er das Bild auch, fügt sie noch an. Na ja. Aber behalten hat er es nicht.

RR Dass unsere Tochter eines Tages die Kunst zu ihrem Beruf machen würde – wer hätte das damals geahnt. Sie ist Bildhauerin und Grafikerin geworden.

Meine Frau spricht in diesem kleinen Kapitel von sich selbst als von der Zuspätkommerin. Ein treffendes Wort, auch wenn sie unserer Tochter versteckt die Schuld gibt. Zuspätkommerin war meine Frau schon immer, als Studentin, bei Verabredungen, ja selbst bei der eigenen Hochzeit 1971. Das Standesamt im Leipziger Neuen Rathaus hatte mir an diesem schönen Maientag einen Termin für 12.30 Uhr gegeben. Halb eins. Die Trauung wäre um ein Haar ausgefallen, wenn ich auf meine Frau gehört hätte. Sie behauptete damals stur und steif, wir wären um 13.30 Uhr dran. Halb zwei. Nicht auszudenken, wenn unsere lieben angereisten engsten Verwandten ohne uns vor dem Standesbeamten gestanden hätten. Wer zu spät kommt, den bestraft das Leben! So deutlich und noch eine Spur schärfer habe ich das damals meiner Braut gesagt. Heute wird dieses Wort Gorbatschow zugeschrieben. Nun ja, wer schmückt sich nicht gern mit fremden Federn?!

Ich bin Waffenträger

Karl-Eduard von Schnitzler

Journalist und DDR-Chefkommentator

RR Die Suppe, die er uns auftischte, schmeckte, wenngleich sie uns zunächst den Atem nahm: Da war reichlich roter Pfeffer drin. Das passte schon, denn der Koch galt ohnehin als Scharfmacher. Karl-Eduard von Schnitzler, die Hassfigur schlechthin. *Wann immer sein Schwarzer Kanal* gesendet wurde, schalteten Hunderttausende das Ostfernsehen aus. Nur die DDR-Bürger im Raum Dresden ließen die Fernsehkiste an: An diesen Montagabenden, gleich nach einem alten UFA-Film, durften sie ARD und ZDF im Original sehen. Allerdings schnipselweise, bissig kommentiert von Karl-Eduard von Schnitzler alias Sudel-Ede, dem östlichen Gegenstück zum nicht weniger geifernden Gerhard Löwenthal vom ZDF.

Freunde durften ihn Kled nennen. Dass er für den Rest der Welt nur Sudel-Ede war, störte ihn wenig oder gar nicht, zumal sich ein Westjournalist diesen Namen ausgedacht hatte. Und dieser Sudel-Ede – ob man's glaubt oder nicht – hat im Frühjahr 1989 für uns gekocht. Nur für uns. Ja, wirklich.

Ob das nun eine Ehre war, sei dahingestellt. Das war schon damals fraglich. Wir schrieben seinerzeit gerade gemeinsam an einer Serie über die Geschichte des DDR-Fernsehens, da durfte Karl-Eduard von Schnitzler nicht fehlen. Den strittigen, verhassten, von Legenden umwobenen Adelsspross nun privat zu erleben, das wollten wir uns auf keinen Fall entgehen lassen.

Meine Frau war dem Chefkommentator keine Unbekannte. Als sie mal in Berlin-Adlershof zu einem Interview mit ihm verabredet war, hatte er zur Begrüßung zwei Wassergläser auf den Tisch gestellt. Dann ging er zum Panzerschrank, in dem gemeinhin streng vertrauliche oder gar geheime Dokumente lagerten (in der DDR, das nur nebenbei, wurde auch die BILD-Zeitung im Panzerschrank verschlossen). Mit einer Flasche Wodka zurückgekehrt, goss er mit geübtem Schwung den Schnaps in die Wassergläser, die mindestens Platz für drei Doppelte boten. Weil meine Frau nur kurz genippt hatte und er nichts umkommen lassen wollte, kippte er sich im Laufe des Gesprächs auch den Gast-Wodka hinter die Binde. Dann, so erinnert sich meine Frau, wanderte die Wodka-

Flasche wieder in den Tresor. Was sie damals über das Treffen schrieb, weiß sie nicht mehr.

Zum berühmten Eintopf à la Schnitzler holte uns der Gastgeber pünktlich mit seinem Wartburg (nicht Volvo, wie Honecker & Co.) aus Berlin ab. In rasantem Tempo ging es in Richtung Königs Wusterhausen.

Wir sind überrascht. Sein Haus ist eher ein schlichter Bungalow, eingerichtet, wie wir uns dunkel erinnern, mit vielen Büchern und Bildern, typischen Gastgeschenken und Reise-Mitbringseln. Meine Frau will auch ein Klavier gesehen haben.

Márta Rafael, Sängerin und Schauspielerin, seine vierte Frau, wuselt im langen Kleid durch die Räume. Im Zimmer nebenan ist ein riesengroßer Fernseher auf superlaut gestellt. Live wird gerade vom Besuch Ligatschows im Ausland berichtet. Ligatschow, Mitglied des Politbüros unter Gorbatschow, aber ein Reformbremser. Ligi, Ligi!!, ruft Márta Rafael fast beschwörend, als wäre er die letzte Hoffnung. Ihr Mann schweigt und schenkt derweil Suppe und Hochprozentiges nach.

Die Suppe ist wirklich köstlich. Heiß und scharf und toll gewürzt. Das sagen wir ihm auch, aber wir vermeiden tunlichst die Anrede. Er hatte uns im Auto angeboten, ihn mit Kled anzureden. Kled, wie ihn seine Freunde nennen. Kled, das ist uns wirklich zu intim. Und Sudel-Ede, das wäre unhöflich.

Irgendwann zeigt er uns eine Flasche Bergmanns-

Schnaps. Den Deputat-Schnaps schicken mir die Kumpel regelmäßig nach Hause, erzählt er, als wolle er beweisen, wie eng sein Kontakt zur Arbeiterklasse ist. Und dann steht er auf, verschwindet irgendwo im Haus und kommt mit einer Pistole wieder. Er legt sie behutsam, beinahe zärtlich, auf den Tisch neben Suppenteller und Bergmannsschnaps. Ich bin Waffenträger, sagt er.

Uns wird mulmig. Was hat er vor? Er wird doch jetzt nicht etwa...? Nein, nein. Er will nur deutlich machen, dass er kein einfacher Bürger der DDR ist, kein Mensch wie du und ich, sondern ein ganz besonderer. Ein höchst gefährdeter. Der Gegner ist noch längst nicht besiegt, sagt er. Das ist seine Botschaft.

Wir fühlen uns wie in einem absurden Theaterstück. Márta Rafael, die Sängerin, ist verstummt. Wir wollen nach Hause. Karl-Eduard von Schnitzler, den wir nicht Kled nennen mögen, aber auch nicht Sudel-Ede, fährt uns trotz der vielen Deputat-Schnäpse zum nächsten S-Bahnhof. Er fährt wieder atemberaubend schnell und schimpft jetzt auf die DDR-Verräter von einst und jetzt. Wir sind plötzlich stocknüchtern.

Wenige Monate später ist alles aus und vorbei.

Ich traue euch Brüdern nicht

Erich Böhme / Journalist und Moderator
Geert Müller-Gerbes / Journalist und Moderator

AR Ich sitze in Wien in einem kleinen Café dicht beim Naschmarkt, esse Gugelhupf und muss an Erich Böhme denken. Ob man's glaubt oder nicht, ich war mal in seinem Schlafzimmer. Ein Vierteljahrhundert ist das jetzt her, und ein Gugelhupf spielte damals eine besondere Rolle – für mich keine rühmliche.

Erich Böhme? Für mich, und nicht nur für mich, war dieser Mann mit der ewig schwingenden Brille eine Entdeckung. Mit seinem *Talk im Turm* bekam der Bildschirm plötzlich Nähe und Brisanz. Bei Böhme vergaßen die Talkgäste offenbar, was sie eigentlich für sich behalten wollten, und plauderten vieles aus.

Der Fernsehsender SAT.1 hatte in den 1990er Jahren mit Böhmes Talkshow wirklich Erfolg, und Talkshows waren noch keine Massenware. Also schlug ich einer Fernseh-Illustrierten ein Gespräch mit ihm vor. Ich besichtigte die *Talk im Turm*-Örtlichkeiten und erlebte Erich Böhme bei seinen Vorbereitungen für das abendliche Debattieren. In den Kulissen saß in weißer Bluse und Jeans still eine junge Frau, die Böhme ebenfalls aufmerksam beobachtete. Bescheiden stellte sie sich vor: Sandra Maischberger. Der Hingucker, wie Böhme es selbst mal formulierte. Viel mehr Chancen hatte sie damals nicht bei ihm. Wenn sie dem Talkgast Fragen stellte, nahm ihr Böhme nach kurzer Zeit das Zepter wieder aus der Hand. Er war kein Gemeinschafts-Talker. Ich weiß nicht, wie oft Sandra Maischberger noch seine Beisitzerin war. Irgendwann saß er, seine Brille schwingend, ohne sie in der illustren Runde. Ich kann's am besten allein, bekannte er. Dass er später stolz war, seine inzwischen sehr erfolgreiche Kollegin während ihrer Schwangerschaftspause zu vertreten, ist wohl Ironie des Schicksals und eine andere Geschichte.

Meine Böhme-Story beginnt tatsächlich mit einem Gugelhupf. Wir sind zum Interview verabredet. Böhme lädt in seine Berliner Wohnung ein. Um pünktliches Erscheinen wird gebeten, ermahnt er, und ich ahne nicht, wie ernst es ihm damit ist.

Ich fahre mit dem Fotografen durch das Brandenburger Tor, Richtung Siegessäule – irgendwo dort in der Nähe müsste Böhmes Quartier sein. Da wir noch kein Navi kennen, geschweige denn eines haben, suchen wir verzweifelt die Wohnung. Das Problem: Ich habe die Adresse zu Hause liegen lassen, glaube aber, mich ungefähr erinnern zu können. Mein chauffierender Fotograf kann mit dieser nebulösen Erinnerung natürlich nichts anfangen, und so müssen wir uns Hupkonzerte aus allen Richtungen anhören. Dass wir irgendwann doch noch vor Böhmes Haus stehen, gleicht einem Wunder. Wir haben eine gute Stunde Verspätung.

Ich klingele, niemand öffnet. Ich klingele noch mal und noch mal. Nach langen Minuten sind endlich Schritte zu hören. Betont langsam wird die Tür aufgemacht, Böhme lugt ungläubig über den Brillenrand: Dass Sie hier doch noch aufkreuzen?! Wir waren vor einer Stunde verabredet, jetzt muss ich weg.

Der Fotograf bleibt auf Abstand. Die Stimmung ist mies. Ich versuche, unser Missgeschick zu erklären, doch Böhme bleibt ungnädig. Erst nachdem ich aus seiner Sicht genug gelitten habe, bittet er uns rein. Aber nur kurz, sagt er, ich muss weg.

Wir steigen hinter ihm die schmale Treppe hoch und sind nach vielen Stufen endlich in Böhmes Wohnung. Während wir sie besichtigen müssen, wird seine Laune allmählich besser. Ich darf Fragen stellen, der Fotograf knipst, und wir zeigen unsere Bewunderung für diese Art Wohnluxus ganz offen. Das gefällt dem Meister. Stolz zeigt er uns, sozusagen als Zugabe, seine beiden riesigen Terrassen, deren Fußböden einem Schachbrett gleichen. Wir sind wirklich beeindruckt. Über die Terrassenbrüstung hat man einen weiten Blick in die Stadt. Das erinnert mich an den EX-DDR-Kulturminister Klaus Gysi, den Vater von Gregor Gysi, der mir mal mit ähnlichem Stolz seinen Balkon in der Leipziger Straße präsentierte. Mit bestem Westberlin-Blick.

Böhme unterbricht meine Gedanken. Was überlegen Sie denn? Wollen Sie wissen, wie teuer die Wohnung war? Sage ich nicht. Aber wenn Sie noch Fragen, dann los, ich muss wirklich weg.

Dann stellt er selbst eine Frage: Wollen Sie mal mein Schlafzimmer sehen?

Ich bin baff, aber neugierig. Der Fotograf wird nicht gebeten. Ich traue euch Brüdern nicht, sagt Böhme zu meinem Kollegen.

Das Schlafzimmer ist nur über eine sehr schmale Treppe zu erreichen, sie ist aus Plexiglas, also durchsichtig. Wer nach oben will, wird notgedrungen erst mal durchleuchtet. Ich lasse also Erich Böhme den Vortritt. Oben angekommen, setzt er sich auf ein sehr breites Bett, das maßgenau in den Schlafraum eingebaut ist, und telefoniert. Ich höre mit, ungewollt. Dass man endlich mal wieder zusammen essen solle, dann könne man alles besprechen. Heute wäre gut. Ja, er freue sich…

Dann fährt Böhmes Brille wieder Karussell, und er

blickt lauernd. Wollen Sie wissen, wer dran war? Sage ich nicht.

Seine Tonlage macht mir deutlich, dass es ein sehr wichtiger, auf alle Fälle aber sehr bekannter Mensch gewesen sein muss. Dann ist die Audienz im Schlafzimmer beendet. Wir gehen die durchsichtige Treppe wieder hinunter, wobei ich darauf achte, jetzt vorgelassen zu werden. Unten empfängt mich verlockender Kuchenduft. Böhme ahnt meine Vorfreude – und macht sie mit einem Schlag zunichte. Wie ein strenger Vater sagt er: Hier, diesen Gugelhupf hat meine Haushälterin heute extra für Sie gebacken, aber Sie sind ja nicht pünktlich gekommen. Pech!

Böhme verabschiedet uns, noch immer leicht beleidigt. Er müsse jetzt weg, das habe er ja schon gesagt. Der Gugelhupf steht in der Küche wie ein Mahnmal. Der hätte dir gehören können, oder wenigstens ein Stück davon, denke ich. Einen kleinen Trost gibt er mir doch noch mit auf den Weg. Er fände mein Ausfragen gar nicht so schlecht, sagt er: Sie können talken, Sie können das! Aber Unpünktlichkeit ist eine Todsünde!

Er lächelt hintergründig. Das war's.

Später, als Erich Böhme bereits Herausgeber der Berliner Zeitung war, haben wir uns noch einmal getroffen, zufällig in einem der langen Flure des Verlages am Alexanderplatz. Man sah ihm an, dass er Bruchteile einer Sekunde überlegte, ob er mich kenne oder kennen müsse. Er entschied sich dagegen. Einen Erich Böhme lässt man nicht warten. Trotzdem bin ich ihm irgendwie dankbar. Er war der Anstifter zu unserem *Ostseetalk mit Prominenten*, auch wenn er es nie erfahren hat.

RR Das ist nun wohl zu viel der Ehre. Auf die Talk-Idee kamen wir schon viel früher. Das heißt, der eigentliche Impulsgeber war Geert Müller-Gerbes, damals sehr bekannt aus der RTL-Verbrauchersendung *Wie bitte?!* Er schlug meiner Frau kurz nach der Wende einen gemeinsamen Ost-West-Fernsehtalk vor. Geplanter Titel: Gemischtes Doppel. Sie war nicht abgeneigt, hatte zu DDR-Zeiten ab und an vor der Fernsehkamera gestanden. Zwar nur spätabends und mit dem Mikrofon in zittrigen Händen, aber immerhin live.

Aus dem Gemischten Doppel wurde nichts, obwohl Müller-Gerbes auch beim Adlershofer Fernsehen ein Zugpferd gewesen wäre. Der gerade frisch ins Amt berufene Fernseh-Generalintendant Hans Bentzien, früher mal DDR-Kulturminister, dann von Ulbricht abgesetzt, wollte seine Stellung wohl nicht mit selbständigen Entscheidungen gefährden.

So war es wohl eine Art Trostpflaster, als Geert Müller-Gerbes meiner Frau die Co-Moderation des 5. Deutschen Kommunikationstages Ende Mai 1991 in Berlin anbot. Von Co war auf der Bühne dann nichts mehr zu spüren, eher von K.o.: Müller-Gerbes, eine klassische Rampensau, spielte meine arme Angelika glatt an die Wand, und das vor anderthalbtausend Gästen! Er vergaß alle Absprachen, sie kam kaum zu Wort. Stargäste wie Helga Hahnemann und Jochen Busse, die mit von der Partie waren, konnten sich nur wundern.

Mit Geert sind wir trotzdem freundschaftlich verbunden geblieben. Er war dann später ein prominenter Gast unseres *Ostseetalks* in Boltenhagen. Er kam mit Wohnwagen und Ehefrau (einer Patentanwältin, was er stets respektvoll erwähnte) tatsächlich vom Rhein an die Ostsee. Er freute sich aufs Meer, wohl auch auf uns und vor allem aufs Publikum.

Dass er am Abend dann nur einer von drei Talkgästen war, das verschlug dem einstigen Pressesprecher von Bundespräsident Gustav Heinemann fast die Sprache. Nur einer von dreien.

Zufall? Absicht? Späte weibliche Rache? Ich halte mich da lieber raus. Ich bin befangen.

Die Leute haben sogar geweint

Harald Juhnke

Schauspieler und Entertainer

AR Wir müssen endlich den Boden aufräumen, sage ich zu meinem Mann. Hm, antwortet er, machen wir mal im Herbst oder Winter.

Wir müssen früher entrümpeln, denke ich. Was, wenn wir morgen tot umfallen? Denn unser Dachboden, begehbar nur in gebückter Haltung, ist zugestopft bis hoch zum First. Es sind ja nicht nur die Kisten und Kartons, die Aktenordner und diversen Koffer. Bewahrt ist dort auch die komplette Kindheit von Sohn und Tochter in Gestalt von Fotoalben, Schlittschuhen, Teddys und Puppenstube. Plus höchstens einmal genutzte Fitnessgeräte, Haushalts-Fehlkäufe aus Tchibo-Filialen, Lampen, ungeliebte Geschenke, Kaffeemaschinen, Reservedrucker, zwei

Tonnentaschenfederkernmatratzen. Was eben so anfällt, wenn man schon fünfmal umgezogen ist und einen Mann hat, der sich von nichts trennen kann. Manches ist natürlich zu Recht tabu, seine Sammlung von Zeitungen und Zeitschriften aus drei Jahrhunderten zum Beispiel. Er ist, denke ich, die personifizierte Anti-Wegwerfgesellschaft.

Und ich bin neuerdings die Nutznießerin. Ich krame also auf dem Boden in einem seiner Papierberge, um die fällige Aufräumaktion in aller Stille anzuschieben, und was fällt mir in die Hände? Ein dicker Hefter mit vergilbten Manuskriptseiten. 1989 Tonband Juhnke 1 bis 13, lese ich. In den neunziger Jahren hatte ich mir nach Gesprächen mit Schauspielern und Regisseuren öfter die Mühe gemacht, das Aufgenommene mühsam in meine Erika-Reiseschreibmaschine zu tippen. Was für eine schöne Überraschung, jetzt wieder an das Treffen mit Harald Juhnke erinnert zu werden. Sogar wortwörtlich!

Wir hatten uns damals zum Interview im Berliner Hotel Kempinski verabredet. Er wollte mich in einem Separee zum Essen einladen. Ein Essen mit Juhnke im Separee! Ich glaubte damals noch alles, was Prominente dieser Klasse versprachen, und trank zum Frühstück nur eine Tasse Kaffee. Auf ins Kempinski!

Als er mich freundlich in der Hotel-Lobby begrüßte, sagte er: Ich weiß nicht, wie es Ihnen geht, aber ich habe schon ausführlich gefrühstückt. Ich denke, dass wir hier doch auch ganz gut sitzen, hier in der Lobby.

Dann bestellte er zwei Kaffee und schaute sich gut gelaunt und freudig um. Viele hatten den Promi bereits erkannt und wollten Autogramme. Gerne!

Juhnke schrieb und schrieb, und ich hörte meinen Magen knurren. Endlich konnte ich das Band anschalten und Fragen stellen. Dass er es zwischendurch immer wieder mal abstellte, lag nicht an irgendwelchen pikanten Bemerkungen, sondern an den Juhnke-Fans, die nun schon an unserem Tischchen Schlange standen. Irgendwann sagte er dann: Leute, wir müssen! Hier wartet Arbeit!

Es waren Stunden voller Mühseligkeit, alles Gesagte und Gehörte abzuschreiben. Und dann wollte die Zeitschrift doch kein großes Interview mehr, sondern nur ein kurzes, knappes Statement. Damals war ich traurig, heute bin ich doppelt froh: Zum einen, weil ich die verloren geglaubte Abschrift wiedergefunden habe, zum anderen, weil wir in diesem Buch nun erstmals Juhnke im O-Ton veröffentlichen können. Er hat nicht druckreif gesprochen, und ich war nur Stichwortgeber. Hier das unkorrigierte Zeitdokument.

Juhnke und die DDR

Wenn mich Honecker damals eingeladen hätte, wäre ich da nicht hingegangen? Ist doch Quatsch, das den Leuten heute vorzuwerfen. Vorwerfen kann man nur Leuten was, die ein

Verbrechen begangen haben. Man muss da sehr differenzieren.

Ich und DDR-Abstinenz? Nein. Erst mal war es schwierig für uns, einfach wegen der Termine. Immer, wenn ich wollte, klappte es nicht. Ich wollte jetzt zum Beispiel meinem Sohn mal, der jetzt 17 ist, die DDR zeigen. Da ist immer was dazwischen gekommen, weil ich viel gearbeitet habe. Damals brauchte man ja auch noch so eine umständliche Bescheinigung. Obwohl ich ja eigentlich 'ne starke Beziehung habe, weil ich ja einen Teil meiner Jugend in Frankfurt/Oder verbracht habe. In Beresinchen hatten meine Großeltern 'ne Bäckerei. Ich war in den Ferien ja immer da. Und neulich bin ich rübergefahren, da war der Saarländische Rundfunk, weil ich da die Goldene Europa für den besten Entertainer bekommen habe. Wird in Saarbrücken verliehen. Und da ist der Saarländische Rundfunk mit mir rüber und hat so meine Jugend mit mir aufgespürt. Und da waren wir in Frankfurt in der alten Bäckerei, die ja noch existiert. Ist immer noch Bäckerei, aber eben HO, Endstation Linie 3, da beim Friedhof. Es lebt ja keiner mehr von meiner Familie. Aber alle Leute, die da waren und mich sahen, wussten: Der Juhnke ist aus Frankfurt/Oder. Das war komisch.

Am Eingang, wo ich mit dem Wagen reinfuhr, standen zwei Volkspolizisten und haben mich reingebracht in die Innenstadt, bis zum Kaiser-Wilhelm-Platz, heute heißt er wohl Wilhelm-Pieck-Platz. Ehrengeleit! Beinahe so wie damals in Cottbus, das war ja wundervoll. Da sind wirklich alle Leute... ich habe so was überhaupt noch nicht erlebt, ich hatte ja überhaupt noch nichts gemacht... ich bin aufgetreten und alle Leute sind aufgestanden und haben geklatscht. Ich weiß auch nicht, warum. Die Leute haben ja sogar geweint. Vielleicht strahle ich so was aus, ich weiß nicht.

Ich habe ja viele so volkstümliche Rollen gespielt, zum Beispiel Taxifahrer, Postboten..., und das haben die ja auch gesehen. Und daher kommt das. Und wahrscheinlich durch das Entertainment, wo ich ja immer die Zuschauer in der DDR begrüßt habe.

Entertainer *und* Schauspieler?

Ja, das geht manchmal bei mir zwar ineinander über, aber ich bin sehr stolz, dass ich auf der einen Seite Entertainer bin, Sketche spiele und singe - und auf der anderen Seite ganz klassische Rollen spiele, wie den *Entertainer* von Osborne, oder den *Tartuffe*, den ich vor zwei Jahren gespielt habe. Und die Leute nehmen es mir ab, die Vorstellungen sind genau so voll. Ich bin der Einzige, bei dem das funktioniert. Ich spiele jetzt eine ganz dramatische Rolle: *Eines langen Tages Reise in die Nacht* im Renaissance Theater, das geht dann auch ins Fernsehen. Und mir nehmen sie es ab. Das ist ja das Tolle. Genau dasselbe Publikum, das früher in die Lustspiele zu mir gekommen ist.

Und ich behaupte sogar, ich habe ein neues Publikum hinzubekommen. Ein jüngeres. Die typischen Boulevardstücke, die haben sich in erster Linie ja nur ältere Leute angesehen. Aber auch die akademische Jugend, die früher gar nicht zu mir gekommen ist, kommt heute zu mir ins Theater. Die sehen sich den Juhnke an und sagen: Das ist eigentlich ein toller Schauspieler! Und für diejenigen, die immer sagen: Ach, was haben wir über den Harald gelacht, für die mache ich den anderen Quatsch im Fernsehen auch. Aber beides ist machbar. Das wurde mir ja auch von der Presse so bestätigt: Ich bin wirklich der Einzige, der das geschafft hat.

Manchmal ist mir das unheimlich, weil ein Wust von Arbeit natürlich dazu kommt. Weil man das eigentlich gar nicht schaffen kann. Man muss beide Sachen abdecken. Also, ich muss jedes Jahr zwei seriöse Stücke spielen. Auf der anderen Seite muss ich sechs Mal im Jahr meine Show machen. Es ist viel Arbeit, aber ich arbeite gerne.

Ohne Zweifel ist man einem Erfolgsdruck ausgesetzt. Man erfährt vor jeder neuen Rolle eine Anspannung, man muss eigentlich immer perfekt sein, man darf sich keine Schwächen leisten. Das ist anstrengend. Mal sehen, wie lange ich's durchhalte... Für die Familie bleibt noch genügend Zeit. Ich habe eine glückliche Familie mit meiner Frau und meinem Sohn.

Ich habe auch noch nie einen Journalisten bei mir zu Hause reinsehen lassen. Das ist meine Oase. Die würden ja sonst wie die Geier über mich herfallen. Geht nicht!

Zurück zur Arbeit. Also auf unserem Sprachsektor habe ich da keine Konkurrenz. Ich wüsste niemanden, der beides macht – so wie ich. Aber im Ausland ist das schon anders. Zum Beispiel Yves Montand, der im Olympia ist und am nächsten Tag einen Brecht spielt oder Sartre. Bei uns wird man immer so in ein Kästchen gesteckt, und wehe, du springst da raus.

Ich habe es einfach gemacht. Es hätte ja auch daneben gehen können. Ich bin als *Entertainer* von Osborne hier aufgetreten, eine Rolle, die vor mir gespielt hat Laurence Olivier, Martin Held und Gustaf Gründgens. Und nun kam ich, den man eigentlich aus einer leicht flattrigen, amüsanten Ecke kennt, und spielt uns einen Mann vor, der uns zu Tränen rührt. Und das war mein Erfolg. Wenn man es einmal gespielt hat, weiß man in der Regel: Das kann er. Aber nun wollte ich's wissen: Gehen sie denn auch mit mir mit, wenn ich bösartig und hinterhältig bin?

Erfolg ist 'ne Sucht. Und wenn ich den Mephisto noch mal spiele! Ich habe gesagt: Das mache ich noch! Ihr werdet euch wundern! Ich bin so'n total besessener Schauspieler.

Das Elternhaus

Ich habe das Glück gehabt, vom Leben mehr begünstigt zu sein. Ich bin am Wedding groß geworden, und wenn ich gefragt werde: Was war eigentlich Ihr weitester Weg?, dann sage ich: Die weiteste Reise war aus dem Wedding bis zum Grunewald. Das ist eine gewaltige Strecke, die schon zu schaffen: aus einem Milieu heraus - ins andere. Ein prominenter, berühmter Schauspieler zu werden – und auch noch finanziell abgesichert zu sein. Da ist eine Reise nach Rio gar nichts dagegen, da kann sich jeder ins Flugzeug setzen.

Mein Vater war ein kleiner Angestellter bei der Polizei, im Innendienst, in der heutigen DDR, an der Weidendammer Brücke. War ein einfacher Mann. Und als ich sagte, ich will Schauspieler werden, hat er nicht nein gesagt. Aber er meinte: Einer von Tausenden wird vielleicht mal was. Ich darauf: Pass mal auf, Papa, dann bin ich der eine.

Ich erzähle ja auch immer die schöne Geschichte: Ich bin nach dem Krieg am Gendarmenmarkt in dem alten zerbombten Schauspielhaus gewesen. Stand da, wo mal die Bühne war, als Junge. Vorm Abitur noch – und wollte immer schon Schauspieler werden. Und hab gedacht: Also hier mal stehen... Richtig innerlich aufgewühlt bin ich nach Hause gegangen und habe gesagt: So, jetzt werde ich Schauspieler. Dafür brauchte ich Kraft und Zuversicht. Ich bin dann zur Schule gegangen bis zum Abitur, hab das Abitur aber im ersten Anhieb nicht geschafft. Und hab gesagt: Na, brauchst es eh nicht. Hab 'ne Aufnahmeprüfung bei 'ner Schauspielschule gemacht hier in Berlin, bin genommen worden, und dann ging's los.

Erste Engagements

Die ersten Engagements waren in Neustrelitz. Da habe ich mit einer Schauspielerin gespielt, die heißt Hannelore Turka, die lebt heute noch in der DDR. Und die hat mich neulich besucht und hat sich ein Stück mit mir angesehen im Renaissance-Theater. Das ist schon ein komisches Gefühl. Ich hätte sie gar nicht erkannt. Sie hatte mir aber ein Kärtchen hinterlegt: Wenn Du willst, will ich Dir gerne guten Tag sagen. Da bin ich rausgekommen. Natürlich ist sie auch älter geworden, und da stand sie da. Und das hat mir eigentlich sehr gefallen. Sie sagt, sie lebt in Dresden, ihr Mann ist auch Schauspieler.

Dann wurde ich engagiert an der Freien Volksbühne. Da war ich jahrelang. Habe damals schon angefangen, quer durch die Bank zu spielen. Habe Komiker gespielt, aber auch Shakespeare.

Dann kam der Spielfilm auf mich zu, der damals ja nicht so anspruchsvoll war, Heimatfilm und was das alles war. Da habe ich ja immerhin sechzig Filme gemacht, aber war kein großer Star. Ich war bekannt, aber eben kein Star. Dann kam das Fernsehen.

Das Fernsehen hat mich eigentlich entdeckt. Habe gleich verschiedene Rollen gespielt. Der erste wesentliche Bildschirmauftritt, daran kann ich mich erinnern, das war *Preußenkorso*, die Geschichte einer alten Berliner Familie. Und da spielte ich alle Rollen: den Großvater, Vater, Bruder und noch einen Nebenbruder. Das war so in den siebziger Jahren. Dann ein paar Lustspielsachen, dann kam *Das verrückte Paar*, das war sehr erfolgreich. Dann habe ich gemacht *Ein Mann für alle Fälle*. Und dann, als Frankenfeld starb, kam die

Übernahme von *Musik ist Trumpf*. Und dann war das Entertainment da.

Juhnke als Entertainer

Am Entertainment reizt mich die Spontaneität. Ein Entertainer ist einer, der singt, spielt, moderiert, tanzt - ein Alleskönner. Ein Unterhalter, der fähig ist, ohne Requisiten vor einer schwarzen Wand die Leute gut zu unterhalten. Da haben wir ja ganz wenige. Die jungen Leute heute sind durch die vielen Spielshows ja gar nicht so gefordert. So 'n Mann wie Gottschalk hat zwar ein paar witzige Sprüche drauf, aber er muss selber nichts machen. Er braucht immer was, was er anbieten kann. Er muss etwas präsentieren.

Davon haben wir 'ne ganze Menge recht gute. Kuli ist schon eher... so 'n Alleinunterhalter. Der kann das von sich aus. Der ist ja schon Legende. Er ist Urgestein! Lippert könnte auch, der müsste jetzt ran, gefordert werden.

Ich pflege kaum private Kontakte zu Kollegen. Ich bin kein Schauspielersitzer oder so. Manne Krug erzählte mir neulich, dass er ähnlich ist wie ich. Der geht auch kaum in Schauspielerlokale. Er trifft sich mal mit Jurek Becker. Der gilt ja was unter Kollegen. Und er sagte noch zu mir: Ich bewundere dich, und das habe ich auch allen anderen gesagt. Da kommt der Juhnke raus mit einer Sicherheit. Hätte ich nicht gekonnt. Da habe ich mich gefreut. Ich hätte es nicht gemacht, sagte er. Noch dazu vor einem Weltstar wie der Minnelli ihren Song zu singen. Und vor den ganzen Knallköppen.

Ich bin da auch so. Wenn ich jemanden gesehen habe, der mir gefiel, rufe ich den auch an.

Juhnke und die Kritiker

Nach der Premiere sitzt man noch kurz mit Kollegen. Dann gehe ich mit meiner Frau nach Hause. Sie war auch Schauspielerin, hat dann aufgehört, weil sie sich nur völlig um die Familie kümmert.

Und dann warte ich, bis die Presse kommt. Spielt eine große Rolle für mich. Wir haben hier unseren Luft, der sehr gut ist, finde ich. Der scheint mich auch noch zu mögen, das kommt noch hinzu. Ich habe einen anderen Kritiker in der Stadt, der mich nicht so mag, aber den ich auch respektiere. Der hat nicht immer gut über mich geschrieben. Ich respektiere seine Meinung. Dann hole ich mir früh die Zeitung und muss erst alleine lesen. Das darf keiner vorher.

Ich bin kein Morgenmuffel, stehe früh auf, weil ich ja auch meinen Sohn immer wecke. Dann lese ich erst mal die Zeitung, und dann lerne ich. Meine Frau hält sich da raus, sie mischt sich nicht ein. Das ist gut. Aber sie sagt mir bei Shows so Sachen, die für mich wichtig sind. Zum Beispiel: Da sitzt du so doof. Oder: Sag doch das nicht, denn da wirkst du so eitel.

Ein eitler Mensch bin ich eigentlich nicht, aber ich achte auf meine Bewegungen, mein Äußeres. Vielleicht bin ich mehr ein misstrauischer Mensch. Das Zum-Munde-Reden hasse ich.

Juhnke und die Regisseure

Ich bin noch nie in der Situation gewesen, dass ich mir vorstellen müsste, mal nicht gefragt zu sein. Ich habe immer gesagt: Mit mir kann jeder 'ne Mark verdienen. Weil ich so vielseitig bin. Selbst wenn eine Sache mal nicht so klappt. Als Schauspieler zum Beispiel: Je älter man wird, desto interessanter sind die Rollen. Ich lerne leicht und schnell. Wenn ich für 'ne Show lerne, lerne ich das kurz vorher. Auch beim Film lerne ich gar nicht, sehe ich mir abends an. Theater ist anders.

Ich finde es immer wichtig, dass man Regisseure hat, die einen nicht bevormunden, sondern die mit einem etwas erarbeiten wollen. Ich kann nicht so mit diktatorischen Regisseuren. Habe mit Helmut Käutner noch gearbeitet, fürs Fernsehen, in letzter Zeit mit vielen Jüngeren.

Ich habe gestern nur beim Guten-Tag-Sagen bei der Minnelli gewusst, mit der könnte ich. Ich hab immer am liebsten die erste Garnitur Schauspieler. Und für mich können Kollegen auch schwierig sein. Das stört mich alles nicht, wenn sie gut sind. Und ich muss sie auch nicht unbedingt leiden können. Hauptsache, wir passen für die Rolle zusammen. Es ist ja ein Beruf.

Ich habe zwei Bücher geschrieben. Eins über mein wildes, bewegtes Leben. Das hieß ursprünglich sehr anspruchsvoll *Die Kunst, ein Mensch zu sein*. Dann haben wir es noch mal rausgebracht - weil sehr erfolgreich, unter dem Titel *Na, wennschon*. Haben die ganzen Krisen mit eingebaut, die da noch waren.

Und dann hab ich eins über Alkohol geschrieben: *Alkohol ist keine Lösung*. Und habe aus meiner Situation alles geschildert. Ohne Ratschläge zu geben. Kein medizinisches Buch. Zustandsbeschreibung, vor drei, vier Jahren erschienen. Ich bin mal in solche Alkoholmisere reingekommen.

Wenn ich das heute so sehe, dann hatte das vielleicht mit der Krise mitten im Leben zu tun. Habe kürzlich den ZDF-Programmdirektor getroffen, der mir sagte: Du, heute sehe ich deine Krise – die dann ja zu einer Trennung vom ZDF geführt hat, ich bin ja dann zur ARD gegangen –, heute sehe ich das ganz anders: Du brauchtest das, du hast eine Auseinandersetzung gehabt mit dir selbst. Du brauchtest eine Möglichkeit, mal auszubrechen, mal verrückt zu spielen, um einfach gewisse Ängste und Hemmungen loszuwerden. Wir haben eigentlich alle nur Angst, du kommst aus diesem Teufelskreis nicht mehr raus und fällst immer wieder in diese Mühle. Aber das ist dir gelungen, da rauszukommen. Heute sagt jeder: Na und? Hat er eben Mist gebaut. Er hat niemandem was angetan, höchstens sich selbst.

Juhnke und das Geld

Ich hab's gerne. Ich sag zwar auch nicht, was ich verdiene, weil – das geht keinen was an. Über mich schrieben sie mal, er verdient zweieinhalb Millionen D-Mark im Jahr. Stimmt nicht, aber würde ich gerne. Wenn ich 'ne eigene Show mache, schreibe ich ja auch. Sagen wir mal: Ich lasse mir keine Zwischentexte schreiben.

Wenn mir was nicht an einem Buch oder Sketch gefällt, lehne ich es ab. Total. Ich setze mich doch nicht in die Nesseln, nur weil der Sketch von einem internen Boss der Firma ist. Das ist mir scheißegal.

Willkommen im Club ist für mich gemacht. War auch meine Idee, diese Verquickung mit Sketchen, Gästen und Sängern. Wir haben sie etwas gekürzt, weil wir gemerkt haben, das kommt besser an. Sind jetzt sechzig Minuten.

Juhnke und das Familienleben

Morgens esse ich nur eine Kleinigkeit, meist nur Müsli. Danach auf Probe oder Drehtag. Und dann marschiere ich meistens ins Theater. Nach der Vorstellung gehe ich gleich nach Hause. Das ist ein arbeitsreicher Tag.

Urlaub mache ich immer spontan. Wir machen meistens im Winter Urlaub. Über Weihnachten fahren wir irgendwo hin und sind dann Anfang des Jahres wieder da. Damit ich wieder voll einsatzfähig bin. Da wir einen sehr schönen Garten zum Haus haben, außerdem auch einen Swimmingpool, bleiben wir im Sommer meistens da.

Ich wohne im Grunewald. Der Sohn leidet nicht unter der Berühmtheit seines Vaters. Der nimmt das gar nicht zur Kenntnis. Dem ist das völlig wurscht, der ist ja schon so aufgewachsen. Ist für ihn nichts Besonderes. Er macht auch Witze über seinen Vater und sagt: Also, det fand ick nich jut... Ich habe ein gutes Verhältnis zum Sohn.

Juhnke und die Politik

Ich habe kein Obrigkeitsdenken. Habe kein Verhältnis zu Orden. Ich habe weder die Ernst-Reuter-Plakette noch das Bundesverdienstkreuz. Ich weiß auch gar nicht, ob ich's nehmen würde. Weil – die Inge Meysel hat mal was Richtiges gesagt: Unser Orden ist der Applaus des Publikums. Ich bin kein Soldat. Bin auch kein Militärverehrer.

Ein politischer Mensch bin ich nur, wenn's an Grenzbereiche geht. Ich bin völlig unabhängig, bin in keiner Partei. An allgemeinen Themen wie Umwelt bin ich natürlich interessiert. Ich würde auf jeden Fall etwas gegen jede Form von Extremismus tun. Gegen Republikaner bin ich natürlich. Ich wähle oft nach Jacke. Ich habe zum Beispiel Helmut Schmidt gewählt, den mochte ich. Für den habe ich auch mal Wahlkampf gemacht.

Ich habe jetzt meinen Theatervertrag bis '96 gemacht. Im Herbst spiele ich den *Geizigen*. Bin eins vierundachtzig. Bin gegen missmutige Leute und Intrigen. Da kann ich dann auch mal zuschlagen. Das heißt, ich wehre mich.

Ich bin ein gutmütiger Mensch, bin Zwilling. Meine Frau sagt immer, der Harald sieht über Intrigen und alles Schlechte hinweg. Stimmt.

Ich bekomme viel Post. Habe einen Vertrag mit der ARD, so einen Vertrag auf gegenseitige Absprache. Ich finde es nicht gut, wenn Schauspieler unkündbare Verträge kriegen. Freie Marktwirtschaft bedeutet eben Leistung.

Ich vermute, Sie haben blaue Augen

Bengt von zur Mühlen / Produzent, Dokumentarfilmer
Rudolf Augstein/ Journalist und Verleger

AR Hamburg 1995. Ziehen Sie sich möglichst Hackenschuhe an, sagt Bengt von zur Mühlen, mein Auftraggeber. Er hat das größte private Dokumentarfilmarchiv Europas. Hat er auch eine Schwäche für High Heels?

Nur, dass Sie wissen, stellt er richtig, Ihre Schuhe interessieren mich nicht. Aber Augstein mag große Frauen. Sie sind doch höchstens eins sechzig, sollten aber eins achtzig sein. Mindestens.

Er lächelt vielsagend. Dann klappt er seinen schwarzen Lederaktenkoffer zu, in dem zu DDR-Zeiten, wenn er uns besuchte, meist ein *Spiegel*, Schokolade für die Kinder und ein Päckchen *Jacobs Krönung* war. Eingekauft stets in einer Tankstelle, weil seine kostenbewusste Frau nichts davon wissen sollte.

Nun, im geeinten Deutschland, hat der schwarze Lederkoffer seinen Reiz verloren. Kaffee, Schokolade, *Spiegel* - wir können uns alles selbst kaufen. Ab und an bringt Bengt irgendwelche Manuskripte und Buchkonzeptionen mit, nur so zur Ansicht, und immer mit demselben Satz begleitet: Nur, dass Sie wissen! Manchmal fischt er auch kopierte Artikel über Geheimdienste und Agenten aus dem Koffer. Es ist die Zeit der Vermutungen und Beschuldigungen.

Bengt kennt manches und manchen. Um seine Filmeinkäufe und Quellen gibt es Geschichten und Gerüchte. Die einen sagen so, die anderen sagen so. Er wolle irgendwann ein Buch darüber schreiben, habe er beschlossen.

Es gibt viele Beschlüsse, die er im Laufe unserer Bekanntschaft verkündet. Manchmal habe ich Glück und bin Bestandteil seines Beschlusses.

Nun also soll ich ein Porträt über Rudolf Augstein drehen. Bengt bietet mir den Auftrag zwischen Tür und Angel an, wie meist, wenn er Arbeit zu vergeben hat. Augstein, der legendäre Erfinder, Verleger und Chefredakteur des *Spiegel*. Augstein, der große kleine Mann!

Ich bin begeistert und verdränge, noch nie ein Porträt über jemanden gedreht zu haben, geschweige denn über einen so bedeutenden Zeitgenossen. Aber offenbar habe ich mir die Leichtigkeit, mit der von zur Mühlen das Leben ernst nimmt, ein bisschen angewöhnt. Wenn es weiter nichts ist, als High Heels zu tragen, denke ich, dann bin ich dabei. Ich traue mir also viel zu und engagiere auf Zeit einen Kameramann, den ich noch aus DDR-Zeiten kenne. Auf zu Augstein!

Allerdings – mein Auftraggeber vermutet nur, dass ich den König der Journalisten auf der Trauerfeier für den verstorbenen ZEIT-Verleger Bucerius treffen könnte. Eventuell. Mit etwas Glück. Unter Umständen.

Und was mache ich, wenn er nicht da ist?

Der ist da, hundertprozentig! Bengt von zur Mühlen lässt keine Zweifel zu und will keine Nachfragen mehr hören. Er geht selbstverständlich davon aus, dass ich die Medien-Legende treffe. Und dass Augstein Zeit und vor allem Augen für mich haben würde. Allmählich glaube ich das selbst.

Der 10. Oktober 1995 ist ein sonniger Herbsttag. Ich bin auf dem Weg zum Michel, wie die Hamburger ihre Hauptkirche nennen, und trage tatsächlich meine höchsten Hackenschuhe, die mich aber höchstens zwei Zentimeter größer machen. Alles in allem bin ich an diesem Oktobertag wohl eins zweiundsechzig groß. Ob das für Augstein reicht? Vorsichtig stöckele ich Richtung Michaelis-Kirche, vor der nun schwarzgekleidete Damen, meist mit Hut, und dunkel gewandete Herren auf den Prominentesten dieser Veranstaltung warten, auf Alt-Bundespräsident Richard von Weizsäcker. Er wird das Lebenswerk des ZEIT-Verlegers und Juristen Gerd Bucerius gebührend würdigen.

Ich warte auch, allerdings nur auf Augstein. Ich vergesse die schmerzenden Füße in den zu engen Schuhen und tue, als würde ich zur Trauergesellschaft gehören.

Der Kameramann will von mir wissen, was er filmen soll. Bilder von der Trauerfeier? Auch. Wobei es ja eigentlich um Augstein geht, aber der ist nicht da. Der Kameramann fängt ein bisschen Atmosphäre rund um den Michel ein, dann packt er seine Sachen. Zeit ist Geld, sagt er. Und tschüs!

Ich bleibe draußen und überlege, was sich Bengt von zur Mühlen wohl dabei gedacht hat, mich hierher zu schicken. Er, der Wanderer zwischen den Welten. Zwischen Ost und West. Immer entdeckt er Nischen. Mal hier und mal da. Mancher verteufelt ihn, mancher verehrt ihn. Wir, mein Mann und ich, mögen ihn.

Schon kurz nach der Wende fragte er, ob ich nicht Lust hätte, eine Dokumentation über Hamburg im Krieg zu machen. Ich sagte sofort zu. Die Nachwendezeit war voller Experimente. Obgleich schon Mitte Vierzig, kam ich mir jung vor. Noch hielt die Euphorie über die gefallene Mauer an. Noch waren wir Brüder und Schwestern. Noch.

In jenen Jahren kam Bengt von zur Mühlen oft und gern zu uns. Fast jede Woche, immer in Hast und Eile. Immer dasselbe Ritual: Während er ein Stück ungarische Salami aß – er sagte immer Ssalami –, Tee dazu trank, unsere

Grusinische Mischung, erzählte er von neuen Ideen und Vorhaben: Nur, damit Sie wissen!

Nie erwartete er eine Antwort. Er wollte einfach nur reden. Manchmal wollte er uns auch nur deutlich machen, dass wir und er in zwei Welten lebten. Wenn er zum Beispiel selbstironisch über seine Pflichttermine in Adelskreisen erzählte, oder über seinen Filius, der gerade mit dem Sohn von Harald Juhnke nach London nur so zum Frühstücken gejettet war.

Und manchmal wollte er nur einen Auftrag erteilen. An einen erinnere mich mit gemischten Gefühlen.

Bengt besucht uns, der Tee ist noch nicht ausgetrunken, da sagt er: In einer halben Stunde müssen wir bei Jost von Morr sein. Wenn Sie mit dem Filmtext fertig sind, hole ich Sie wieder ab.

Welcher Filmtext? Welcher Film? Welcher Mann? Genaueres erfahre ich unterwegs im Auto. Der Mann, dem ich beim Textformulieren helfen soll, ist Autor des Oscar-nominierten Dokumentarfilms *Schlacht um Berlin*. Was also soll ich bei ihm?

Sie kennen doch die Geschichte um Pieck, Ulbricht und die Gründung des Nationalkomitees Freies Deutschland, sagt zur Mühlen. Darum geht es. Da könnten Sie noch etwas aus Ihrer Sicht ergänzen.

Der Film heißt: *Man nannte sie Verräter*. Erzählt wird die Geschichte deutscher kriegsgefangener Soldaten und Offiziere, die mit kommunistischen deutschen Emigranten im

Juli 1943 in Krasnogorsk bei Moskau das Nationalkomitee Freies Deutschland gründeten.

Bengt setzt mich bei Jost von Morr ab, der mich mit nobler Distanz begrüßt: Darf ich Ihnen einen Earl Grey anbieten?

Am frühen Nachmittag schon Schnaps? Wohin soll das führen?

Danke, keinen Alkohol, sage ich höflich, aber bestimmt.

Earl Grey ist eine Teesorte, flüstert Mühlen mir zu. Das passiert einem eben, wenn man nur Grusinische Mischung kennt. Und da Herr von Morr schwerhörig ist, geht er in die Küche und setzt Teewasser auf. Ich nehme in einem riesigen Klubsessel Platz, dessen ausgediente Sprungfedern den Parkettboden berühren, und warte auf weitere Anweisungen. Aber von zur Mühlen rafft nur seinen Aktenkoffer, schaut auf seine Armbanduhr und meint: In vier Stunden bin ich wieder da, wenn der Text fertig ist.

Der Text ist natürlich nicht fertig, da Herr von Morr mit mir wenig anfangen kann. Wir denken anders, wir schreiben anders. Dann entschließt er sich doch, mit mir zu reden und fragt, welches Sternzeichen ich denn sei? Waage, sage ich laut.

Na dann, murmelt er, die sind doch viel zu emotional.

Dann wendet er sich wieder seinem Text zu. Es ist still. Ich schreibe leicht beleidigt vor mich hin, ohne dass der Hausherr von mir Notiz nimmt. Der Earl Grey in der Kanne wird kalt, und er bietet keinen neuen an.

Bengt erlöst mich zur verabredeten Zeit und bringt überraschend Besuch mit: Graf von Einsiedel, prominenter Zeitzeuge, einer der Mitbegründer des Nationalkomitees Freies Deutschland. Er kann erfreulicherweise mit einigen meiner Textpassagen etwas anfangen. Vielleicht ist er auch nur höflich, jedenfalls atme ich auf. Als wir nach Stunden die große Altbauwohnung verlassen, beschließe ich, mich nie wieder spontan zu einer Von-zur-Mühlen-Aktion überreden zu lassen.

Und dann bin ich mir doch untreu geworden. Diesen Filmauftrag im Hamburger Michel im Oktober ´95 hätte ich nicht annehmen dürfen.

Wollen Sie nicht reingehen?, fragt ein schwarz gekleideter Herr. Ich warte noch, sage ich. Er nickt und geht in den Michel. Die meisten Trauergäste sind schon längst in der Kirche, da kommt er! Langsam, vorsichtig, klein, krumm. Rudolf Augstein!

Er schlurft zum Kirchen-Eingang und dann geradewegs zum Kondolenzbuch, als sei er nur deshalb gekommen. Aus seiner Jackentasche holt er eine Lupe, mit der er sich prüfend über das Buch beugt. Er liest bedächtig, er blättert zurück, er liest sich fast fest, als handele es sich um eine spannende Lektüre. Er scheint, als habe er Zeit und Raum vergessen. Erst kurz vor Beginn der Trauerfeier, als jemand ihn zu seinem Platz geleiten will, hört er mit dem Lesen auf.

Die Bänke im Michel sind voll besetzt. Mondäne Hüte,

schwarze Schleier. Wer wird die Millionen oder gar Milliarden von Bucerius erben? Der Verleger hat keine Kinder, aber eine Lebensgefährtin. Später lese ich, dass Bucerius sein Vermögen der ZEIT vermacht hat. 1,5 Milliarden D-Mark gehen in seine Stiftung.

Ob von zur Mühlen und Bucerius sich näher kannten, weiß ich nicht. Trotzdem sagte er meist: Ich bin gut befreundet. Sein Alltag war aber für Freundschaften viel zu schnell. Befreundet war er im Grunde nur mit seiner Frau, die er auf einem Adelsball kennengelernt hatte. Er wohnte mit ihr, der Oberstudienrätin und Dokumentarfilm-Regisseurin, und seinen drei Kindern im bürgerlich-beschaulichen Berlin-Zehlendorf, lebte aber irgendwie hektisch-amerikanisch.

Als ich ihn vor Jahren mal nach Amerika begleitete, stolperte er im Eiltempo durch New York. Dass er dabei seine Brieftasche verlor, störte ihn nicht. Irgendwer hat sich dann um die verlorenen Papiere gekümmert, Mühlen jedenfalls nicht. Sein Vater habe ihm früh beigebracht, dass er Arbeit delegieren müsse: Lass andere für dich arbeiten! Dabei lachte er und lud mich zum Essen ein, das ich erst mal bezahlte, weil ja die Brieftasche weg war.

Bengt von zur Mühlen nahm alles leicht, vielleicht sah es aber nur so aus. Und bei aller Hektik, die er verbreitete, bewahrte er seine innere Gelassenheit. Nichts hinderte ihn, keine Absperrung, kein Verbot. Und wo er nicht eingeladen worden war, lud er sich selbst ein.

Auch zur Trauerfeier von Gerd Bucerius hat er keine offizielle Einladung. Jetzt bin ich in seinem Auftrag da. Die Gäste werden nach dem offiziellen Teil im Michel zu einem kleinen Imbiss gebeten – ich gehe einfach mit. Und da ich niemanden persönlich kenne, stehe ich mit meinem Glas Orangen-Saft ziemlich verloren da. Ich suche in dem Menschengewühl nur einen: Rudolf Augstein. Schließlich entdecke ich ihn, an einem Tisch sitzend, auf seinen Stock gestützt. Er blickt gedankenverloren in die palavernde Menge. Worauf wartete ich noch?

Ich gebe ich mir einen Ruck und gehe vor ihm in die Hocke. Ich stelle mich vor und erzähle, dass ich ein Porträt über ihn drehen möchte. Das wollen viele, sagte er. Dann endlich sieht er durch die dicken Brillengläser in meine Richtung und sagt: Ich vermute, Sie haben blaue Augen.

Graublau, korrigiert ich. Na meinetwegen, seufzt er. Dann melden Sie sich doch. Rufen Sie mich an. Sie können kommen, warum nicht.

Als ich gerade nach seiner Telefonnummer fragen will, hat Augstein schon andere Gesprächspartner, lauter wichtige Leute, glaube ich. Die Chance, den berühmten Mann noch einmal nach seiner Telefonnummer zu fragen, ist nun futsch. Diese verfluchte ostdeutsche Bescheidenheit! Wir haben nicht gelernt, unsere Ellenbogen zu gebrauchen.

Bliebe mir nur, mich irgendwann in Augsteins Büro zu

melden, mich auf das kurze Gespräch zu berufen – oder auf meine blauen Augen, die eigentlich graublau sind. Aber das traue ich mich nicht.

Nicht schlimm, befindet mein Auftraggeber, so wichtig war Augstein nun auch nicht.

RR Manches war Bengt von zur Mühlen aber doch wichtig. Uns zu helfen, zum Beispiel. Wir lebten schon in Hamburg, als ich wegen eines Bandscheibenvorfalls ins Krankenhaus musste. Am Tag der Entlassung sagte der Stationsarzt: Sie können jetzt erst mal nach Hause, müssen aber in spätestens einer Woche wiederkommen – wir haben einen Tumor bei Ihnen entdeckt.

Ein Schock, der die ganze Familie traf. Bengt von zur Mühlen meldete sich umgehend. Für den Fall der Fälle, verkündete er, würde er die Ausbildung unserer beiden Kinder finanzieren. Nur, dass Sie wissen!

Das war dann Gott sei Dank nicht nötig, aber diese noble Gesinnung gehörte einfach zu ihm.

Er selbst hat nie über seine Krankheiten gesprochen. Dann und wann rief er uns an, in Hamburg, später auch in Boltenhagen, schickte uns Kopien von Dokumenten, die ihm wichtig waren. Seine Stimmc am Telefon war irgendwie schleppend geworden, er war 15 Jahre älter als wir.

Bei unserem nächsten Besuch in Berlin wollten wir ihn treffen, unbedingt.

Ich buche also ein Zimmer nahe unserer alten Berliner Wohnung am Hackeschen Markt, bestelle zwei Karten für ein Konzert am 2. Juli, anderntags wollen wir ihn dann anrufen, um spontan endlich ein Treffen zu verabreden.

Zum Frühstück am Sonntag holen wir uns eine Berliner Zeitung. Was wir dann eher zufällig auf der Kulturseite lesen, wollen wir nicht glauben: Filmproduzent Bengt von zur Mühlen am Donnerstag gestorben. Als würde da gedruckt stehen: Nur, dass Sie wissen...

Bleiben Sie heute Nacht doch hier!

Hans-Joachim Kulenkampff

Schauspieler und Showmaster

AR Die erste Begegnung mit ihm ist ein Auftrag. Mein Chefredakteur fragt mich, ob ich zu Kuli fahren will. Ist doch was für Sie!

Ich bin mir nicht ganz sicher, ob er damit auf mein Alter anspielt oder einfach nur ein freundliches Angebot macht. Egal, ich fliege von Berlin nach München, um den legendären Fernsehunterhalter zu interviewen.

Ich nehme mir ein Taxi zum Hotel, in dem die Pressekonferenz stattfinden soll und überlege während der Fahrt, wieviel ich wohl zahlen muss. Wahrscheinlich erkennt man die Ex-Ossis schon an ihrer ewigen Rechnerei.

Im Hotel warten schon etliche Journalisten auf Show-Legende Hans-Joachim Kulenkampff. Mit einer neuen Literatur-Sendung will er sich bescheiden auf den Bildschirm zurückmelden. Die großen Show-Zeiten sind längst vorbei, und so interessieren sich die meisten Anwesenden auch nur am Rande für diese neue Sendung. Wichtiger ist, den Mann mal wieder aus nächster Nähe zu sehen. Oder genauer gesagt: zu betrachten. Schließlich ist er nicht mehr der Jüngste und auch nicht der Gesündeste. Dabei sind die anwesenden Interviewer auch keine 20 mehr. Die Redaktionen, das sehe ich nun deutlich, haben die Generation 50plus geschickt.

Dann kommt Kuli, wie ihn die Zuschauer all die Jahre genannt haben. Er grüßt nach links und rechts, winkt diesem und jener zu. Man kennt sich, ich kenne niemanden. Es darf nun gefragt werden. Man erkundigt sich nach seinem gesundheitlichen Befinden. Dünn sieht er aus, flüstert mir jemand zu. Aber da ich nicht weiß, ob er mal dicker war, antworte ich nicht. Man fragt nach einer möglichen Assistentin für die Show. Er hatte doch immer eine. Und während ich noch darüber nachdenke, was ich ihn denn fragen könnte, ist die Interview-Zeit vorbei. Der große Quizmaster verbeugt sich galant und will verschwinden. Und ich? Ich habe nichts. Nichts! Keine Antwort auf meine Fragen, die ich nicht gestellt habe. Was tun? Ich laufe dem Idol einer ganzen Generation einfach hinterher und erwischte ihn kurz vor dem Fahrstuhl.

Entschuldigung, Herr Kulenkampff, ich würde Sie gern noch einiges fragen...

Kuli sieht ungläubig in meine Richtung. Waren Sie denn eben nicht dabei? Jetzt ist Schluss. Tut mir leid...

Kulenkampff blickt streng und müde.

Ich überwinde mich und lege nach: Ich würde gern noch mit Ihnen reden, schließlich sind Sie der Traummann meiner Mutter gewesen. Das scheint ihm zu gefallen. Plötzlich ist er putzmunter. Ich steige einfach mit in den Fahrstuhl und erzähle ungefragt von den gemütlichen Fernseh-Abenden mit meiner Mutter. Sie steckte sich kurz vor Beginn der Sendung immer eine Zigarette der Marke F6 in die Spitze, lehnte sich entspannt in den Sessel zurück und wartete auf Kuli. In unser 10-Quadratmeter-Zimmer zog Frieden ein.

Der Fahrstuhl hält, Kulenkampff will aussteigen, dreht sich kurz zu mir um und sagt: Na, dann kommen Sie mal mit. Ich stolpere der lebenden Legende hinterher. Er schließt sein Appartement auf , macht wieder diese typische Kuli-Verbeugung und bittet mich, einzutreten.

So so, meint er, während er sein Sakko gegen seine berühmte Strickjacke austauscht, Sie kommen also aus dem Osten.

Ich nicke. Während ich auf der Hotelcouch Platz nehme, geht Kulenkampff zur kleinen Kochzeile und stellt den Herd an. Wir reden nicht, und ich glaube, dass er einfach vergessen hat, dass ich da bin. Eine Fremde, die dem großen Entertainer beim Spiegeleierbraten zusieht! Dann schaltet er den Herd aus, deckt den Tisch, nur für sich, stellt ein Bier auf den Tisch und freut sich aufs Essen. Während er beginnt, fragt er, was ich trinken will. Wein, Wasser, Kognak, Bier? Es ist alles hier, er zeigt auf die Mini-Bar. Und wenn nicht, bestellen wir was. Also, was darf es sein?

Ich möchte Saft, Orangensaft.

Komisch, sagt Kuli, die Ossis trinken immer O-Saft.

Mir ist das peinlich, aber es stimmt, wir lieben Orangensaft, weil es den bei uns nicht gab.

Haben Sie Hunger?, fragt er plötzlich. Ich brate Ihnen auch ein Spiegelei.

Ich danke, aber er geht schon zum Herd und macht sich erneut ans Braten, diesmal für mich. Lassen Sie es sich schmecken! Kuli lächelt, und während ich verlegen esse, liest er Zeitung und trinkt sein Bier. Zwischendurch sagt er: Diese Schmierfinken. Ich weiß nicht, was und wen er damit meint, ich ahne es nur. Schließlich schiebt er die Zeitung zur Seite und fragt, ob es geschmeckt habe. Ich nicke und will abräumen. Nicht doch, sagt der Meister, und räumt alleine ab. So, jetzt können Sie fragen, da bin ich mal gespannt.

Ich wische das Fett von meinem Mund und will fragen. Aber ich komme nicht dazu, weil er fragt. Er will wissen, wo ich herkomme. Wie ich lebe – und mit wem. Er fragt nach meinen Kindern und nach meiner Mutter, die ja eine Verehrerin von ihm ist. Und er erzählt von sich. Vom Krieg, von seinem Einsatz an der Front. Er lässt auch die erfrorenen Zehen nicht aus, die er sich damals selbst amputiert hat. Er erzählt von seiner Sehnsucht nach dem Meer. Nichts anderes interessiere ihn so sehr.

Wir reden noch eine gute Stunde, das heißt, eigentlich redet nur er. Er will wissen, wie wir die Wende erlebt haben. Ich freue mich, dass er sich für die Ossis tatsächlich interessiert und frage ihn, ob er nicht Lust habe, mit uns ein *Ferienhaus Europa* zu gründen?

Er sieht mich irritiert an. Was wollt ihr gründen? Ein Ferienhaus Europa? Für Leute, die nun verreisen dürfen, aber nicht können, weil sie kein Geld haben? Kuli lächelt milde. Glaubt ihr wirklich, dass die Wessis dafür Geld geben? Illusion!

Kulenkampff, der Realist. Reist nun bloß nicht dauernd durch die Welt, sagt er. Ihr macht sonst alles kaputt. Entdeckt erst mal Deutschland! Irgendwie ist der Quizmaster in Gesprächslaune und kein bisschen müde.

Dann sagt er unvermittelt: Was halten Sie davon, wenn Sie heute Nacht hier bleiben? Keine Angst, ich tue Ihnen nichts. Ich bestelle Ihnen ein Zimmer und lade Sie ein, nachher mit mir wirklich schön essen zu gehen. Dann können wir, so lange Sie wollen, reden. Na, einverstanden?

Ich bin sprachlos und denke an alles Mögliche. Wie soll ich eine Nacht im Hotel bezahlen? Ich habe noch keine große D-Mark-Barschaft. Was würde aus dem Flugticket, das von der Redaktion schon bezahlt war? Was würde mein Mann denken, wenn ich heute nicht mehr nach Hause käme? Und erst die Kinder? Kuli beobachtet mich und meint: Natürlich sind Sie mein Gast! Ich bezahle auch den Rückflug, alles.

Ich sage nichts.

Na, was ist? Kulenkampff wird ungeduldig: Ich sehe schon, Sie wollen unbedingt nach Hause. Dann müssen Sie eben nach Hause. Ich bestelle jetzt ein Taxi, das Sie zum Flughafen bringt.

Als ich ins Auto steige, gibt er dem Fahrer Geld, und mir auch. Für unterwegs, sagt er und umarmt mich. Rufen Sie mich mal an! Nein, ich rufe Sie an!

Er schreibt sich meine Nummer auf und winkt dem Taxi nach.

Kulenkampff hat mich tatsächlich noch öfter angerufen, aber dabei meist von sich erzählt. Ein letztes Mal trafen wir uns in Hamburg. Er hatte vor, sich ein Schiff zu kaufen. Ich kam zum verabredeten Zeitpunkt. Er stand inmitten einer großen Gruppe, heftig diskutierend. Als er mich sah, winkte er mich heran und stellte mich als Kollegin aus dem Osten vor.

Ach, sagte einer seiner Bekannten, waren Sie nicht auch beim letzten Dreh dabei? Kuli lachte und meinte: Nein, aber sie sieht aus, als wäre sie überall dabei gewesen.

Der Tross setzte sich Richtung Schiff in Bewegung. Ohne mich. Kuli, glaube ich, hat das gar nicht bemerkt.

RR Noch heute frage ich mich: Wie hätte ich wohl reagiert, wenn meine Frau bei Kulenkampff übernachtet hätte? Hätten sie nur zusammen gekocht? Was wäre gewesen, wenn wirklich was gewesen wäre? Aus heutiger Sicht, nach 48 Jahren Ehe, eine gänzlich überflüssige Frage. Kulenkampff hätte über solche Sorgen nur nachsichtig gelächelt, wie über unsere Idee vom *Ferienhaus Europa*. Wir setzten sie trotzdem um, frei nach Gorbatschows Vision vom gemeinsamen Haus Europa. Freunde und Bekannte kamen zur Gründungsversammlung in eine kleine Kneipe nahe unserer Berliner Wohnung.

Es gibt nichts Gutes, außer man tut es – diese Kästner-Worte schrieb Schauspielerin Margot Ebert in unser Gründungsprotokoll. Doch dabei blieb es. Noch ehe der erste Urlaubsscheck an Bedürftige überreicht werden konnte, mussten wir unseren frisch gegründeten Verein wieder auflösen. Das eingesammelte Geld reichte gerade für die Notargebühren. Keiner hatte wirklich Lust, zu spenden. Wer nichts hatte, konnte nichts geben. Und wer hatte, der wollte nicht.

Kuli sah das weise voraus und kaufte sich lieber ein Schiff.

Was wollen Sie eigentlich von mir?

Hannelore Hoger

Schauspielerin und Regisseurin

AR Über unserem ersten Treffen schwebte eine dunkle Wolke. Misstrauen, Argwohn, unverhohlene Drohung, in dieser Reihenfolge. Den Ort für das Interview hatte sie selbst vorgeschlagen, ein Lokal unweit ihrer Hamburger Wohnung. Der Misserfolg war vorprogrammiert, obwohl ich mich mehr als gründlich vorbereitet hatte. Ich war Tage zuvor sogar zu einem ihrer Abende gegangen, Texte und Lieder zur Liebe, am Piano Siegfried Gerlich, ihr Freund. Ihr sehr junger Freund, hatte mein Auftraggeber betont, der als neuer Chefredakteur noch mehr Boulevard in die Fernseh-Illustrierte pressen wollte. Auch ich sollte dabei helfen, zum Beispiel mit einer Geschichte über die Hoger und ihren jungen, zu jungen Freund. Weil ich in meiner West-Redaktionszeit schnell gemerkt hatte, dass meine ganz persönliche Meinung genau so wenig gefragt war wie vorher in der Berliner Ost-Redaktion, schwieg ich, notierte die Wünsche meines Chefs und machte mich auf den Weg.

Das von ihr bevorzugte Lokal ähnelte einem Wartesaal. Tatsächlich harrte ich fast vierzig Minuten aus, trank einen Tee nach dem anderen. Endlich ließ sie sich blicken, mit Einkaufstüten bepackt, in roten Stiefelchen (oder waren es blaue?) und in ziemlich kurzem Rock, die Bluse darüber weit geschnitten. Sie sah aus wie immer. Wie Bella Block, die berühmte Krimi-Kommissarin, von ganz Fernseh-Deutschland über viele, viele Jahre geliebt, auch heute noch, wenn auch nur in der TV-Wiederholung. Ich winkte ihr zu und gab mich so zu erkennen. Sie hatte Hunger und bestellte sich ein Omelett, von dem sie mir, da es reichlich war, etwas abgab. So was Ähnliches hatte ich schon mal mit der Krimi-Schriftstellerin Ingrid Noll erlebt, die bei unserem Gespräch ihren Eisbecher mit mir teilte. Wahrscheinlich wirke ich mitunter etwas bedürftig. Hannelore Hoger orderte ein Zweitbesteck, zog aber mit ihrer Gabel gleich die Grenze durch die luftige Eierspeise auf dem großen Teller: Das ist Ihre Seite!

Als meine prominente Spenderin genug vom Essen hatte, fragte sie: Was wollen Sie eigentlich von mir?

Ein Interview natürlich!

Was denn sonst, erwiderte sie. Wenn Sie meine Arbeit interessiert, dann fragen Sie doch!

Da war es wieder, dieses spöttische Hoger-Lächeln, das mir an ihrer Bella Block so gefiel. Doch jetzt galt es mir, und es glich einer Kampfansage. Dann wurde sie deutlich: Geben Sie ruhig zu, dass Sie mich nach meinem Freund und nach Botox oder Lifting fragen wollen oder sollen, was anderes interessiert doch nicht.

Ich widersprach, führte als Beweis meinen Besuch ihres Lese- und Liederabends an. Die Hoger fuhr sich durchs aufgeplusterte rötliche Haar und blickte wohlwollend.

Dem Rat erfahrener Kollegen folgend, schmeichelte ich ihr und erwähnte ihre erfolgreiche Theaterarbeit in Bochum und ihre Zusammenarbeit mit Peter Zadek, dem großen Regisseur. Ich war aber noch nie in Bochum, bis heute nicht, und was ich von Zadek wusste, war angelesen. Wie sollte ich auch mitreden können?! Als Zadek und die Hoger in den siebziger Jahren als Bühnenstars gefeiert wurden, lebten wir als Jung-Redakteure in der brandenburgischen Provinz, in Frankfurt an der Oder, immerhin Geburtsstadt von Heinrich von Kleist. Und wenn wir gutes Theater erleben wollten, fuhren wir nach Berlin Ost, gingen ins Berliner Ensemble oder ins Deutsche Theater. Unsere Theaterstars hießen Gisela May, Eberhard Esche und Inge Keller. Bochum, wo die Hoger in Falladas *Kleiner Mann, was nun?* das gefeierte Lämmchen gab, lag für uns in einer anderen Welt.

Das merkte nun auch Hannelore Hoger: Sie müssen mir nichts über mich erzählen, ich weiß, was ich kann! Und dass ich gut aussehe, weiß ich auch!

Wir redeten dann noch über ihre Familie, den Vater, der als Schauspieler und Inspizient am Hamburger Ohnsorg-Theater wirkte, die Mutter, die als Schneiderin die Familie mit ernährte, und Tochter Nina, die ebenfalls Schauspielerin ist. Eine sehr gute!, fügte sie kategorisch an.

Ich fragte nach diesem und jenem, nur nach ihrem jungen Freund fragte ich nicht, Siegfried, Jahrgang 1967, ein Vierteljahrhundert jünger als die Hoger.

Als könne sie meine Gedanken erraten, sagte sie unvermittelt, dass sie mir den besten Medienanwalt auf den Hals hetzen werde, sollte ich etwas über ihr Privatleben schreiben. Natürlich wollte ich nicht gehetzt werden, und schon gar nicht vom besten Medienanwalt, wer immer das auch sein würde. Kein Wunder, wir Ex-Ostler haben eine angeborene Angst vor jeder Sorte Staatsgewalt – vor Polizei und Anwälten und Richtern und dem Finanzamt, ja sogar vor Knöllchen-Verteilern.

Dann zückte die Hoger ihr längliches Portemonnaie, gab dem Kellner ein gutes Trinkgeld, schnappte ihre Shopping-Tüten, ließ mich unmissverständlich wissen, dass sie das Interview selbstverständlich vor dem Druck lesen wolle, und nickte mir kurz zu: Sie melden sich!

Was ich dann mit viel Leidenschaft und Sympathie schrieb, fiel krachend durch. Nicht bei der Hoger, denn sie sah meinen Text nie, sondern bei meinem Chefredakteur. Er las meine Zeilen und lief rot an: Was ich an seinem Auftrag – die Hoger und ihr junger Freund – nicht verstanden hätte?! Seine Stimme kletterte in schrille Höhen, und mit fuchtelnden Armen wies er mir die Tür. Er war als Choleriker gefürchtet und soll, so erzählte man, nach missliebigen Redakteuren auch schon mit kleineren Gegenständen geworfen haben. Meinem Mann, der immer etwas renitent war, drohte er mal: Herr Rätzke, Sie werden beobachtet!

So gesehen, hatte ich Glück: Ich bekam von einem Unterchef lediglich den Auftrag, mit Frau Hoger abermals Kontakt aufzunehmen, um die gewünschte Lovestory endlich ins Blatt zu bringen. Aber das tat ich nicht und gehörte fortan nicht mehr zu den auserwählten Schreibern.

Hannelore Hoger allerdings wusste meine recht riskante Schreibverweigerung zu schätzen. So ergab es sich fast von selbst, dass sie in den folgenden Jahren – wir waren inzwischen von Hamburg ins Ostseebad Boltenhagen gezogen – noch einige Male unseren Einladungen folgte.

Schon bei meiner ersten Anfrage sagte sie spontan zu, fragte nicht nach der Höhe des Honorars, geschweige denn nach einer Fernsehkamera, die hatten wir nie bei unserem *Ostseetalk mit Prominenten*. Sie reiste pünktlich und gut gelaunt an, die Tür der schummrigen kleinen frischluftarmen Kellerbar des Hotels blieb geöffnet, im

Gang standen all die Leute, die keine Karte mehr bekommen hatten. Applaus kam also von innen und von außen, und so erlebte man hautnah eine sehr irdische Künstlerin, die unter Beifall sogar ein Backrezept ihrer Mutter verriet, in Null Komma Nichts zubereitet, billig, lecker.

Spontan und irgendwie unberechenbar, so habe ich sie einige Male erlebt. Eines schönen Tages stand sie mit einer großen Reisetasche voller Bücher vor unserer Galerie und Buchhandlung, hatte die 140 Kilometer Autobahn von Hamburg nach Boltenhagen nicht gescheut und auch nicht die 1000 Meter vom Parkplatz zu unserem Laden. Die können Sie verkaufen, sagte sie, ich will nichts dafür haben. Und geduldig gab sie eine gute Stunde lang Autogramme.

Aber sie kann auch anders. Du musst bei ihr auf alles gefasst sein, hatte mich eine gute Bekannte, selbst Schauspielerin, mal gewarnt. Die Hoger hätte ihr bei Dreharbeiten ziemlich zugesetzt, gemeinerweise Faxen hinter dem Kameramann gemacht, wenn sie dran war. Sie hätte sich kaum konzentrieren können, und der Regisseur sei stinksauer gewesen, aber eben nicht auf die Urheberin hinter seinem Rücken.

Auch mich hat die Hoger bei einem weiteren *Ostseetalk* böse auflaufen lassen. Ich hätte schon am Nachmittag gewarnt sein müssen, als mein Mann sie aus Hamburg abgeholt hatte. Vor dem Talk wollten wir an diesem heißen Augustnachmittag in unserem Garten Kaffee trinken.

Ein großes Kuchenpaket stand schon auf dem Terrassentisch, ich schenkte den frisch gebrühten Kaffee ein, sie nahm einen Schluck und befand dann: Der Kaffee schmeckt nicht! In einem Ton, als hätte Bella Block einen Täter überführt. Ich schluckte die Kritik herunter, mein Mann, ihr Verehrer auf Lebenszeit, brühte für die TV-Legende ruck, zuck einen Kaffee türkisch, und das war's dann.

Nein, das war's dann leider nicht. Ich bat unseren Gast, am Abend eine kleine Geschichte von Wladimir Kaminer zu lesen, die ich aus seinem Buch *Meine kaukasische Schwiegermutter* ausgewählt hatte, zumal die Hoger vielen Hörbüchern ihre unverwechselbare Stimme gegeben hatte. Und warum gerade Kaminer?, fragte sie.

Weil er witzig ist und zeigt, wie die Kaukasier so sind: leicht entflammbar, aber doch mit viel Herz, meinte ich, zumal der tragische Kaukasuskonflikt gerade einen Höhepunkt erreicht hatte. Mein Stargast war einverstanden: Na, meinetwegen...

Wir freuten uns auf den Abend.

Gut 200 Leute waren gekommen, ausverkauft, wie immer. Sitzt mein Haar?, fragte die Hoger und fuhr mit beiden Händen durch die rötliche Mähne. Nur noch Sekunden vor dem Auftritt, dann betraten wir die Bühne und redeten. Sie war gut drauf, ließ sich ausfragen, zumindest ein bisschen, erzählte von ihrer Bella-Block-Rolle, was die vielen Leute am meisten interessierte, und sollte dann als kleine Einlage die Kaminer-Geschichte lesen. Sie nahm das Buch, schlug die Seite auf und schwieg. Dann schaute sie ins Publikum und meinte: Ich weiß überhaupt nicht, was das soll, aber Frau Rätzke wollte das. Ich hätte lieber was anderes gelesen.

Dann las sie, aber so lustlos, dass ich mich weit weg wünschte. Endlich war die Pein vorbei, die Geschichte zu Ende. Kein Mensch hatte verstanden, worum es ging. Dennoch wurde geklatscht, mehr aus Mitleid und Höflichkeit. In der Pause stand mein Stargast in einer kleinen Gruppe, die sich mokierte: Wie könne man dieser großen Schauspielerin so etwas zumuten!? Warum habe die Moderatorin nicht Hogers grandiose Theaterkarriere in den Mittelpunkt gerückt?? Warum stattdessen Kaminer? Man werde einen Leserbrief an die Zeitung schicken.

Ich war verunsichert wie noch nie. Wie würde es nun nach der Pause weitergehen?

Es ging weiter mit einer Siegerin. Sehen Sie, sagte die Hoger, ich habe Ihnen gleich gesagt, dass ich damit nichts anfangen kann – und die Leute offensichtlich auch nicht.

Bestens gelaunt stapfte sie auf die Bühne, ich schlich hinterher. Den zweiten Teil des Abends bestritt sie zumeist allein mit Witz und Schlagfertigkeit. Dass ich beim anschließenden gemeinsamen Abendessen ziemlich schweigsam war, fiel weder ihr noch meinem Mann auf. War doch wieder gut, sagte sie und lachte mich an. Und ich schwor mir: die Hoger? Nie wieder!

Aber wie das Leben so spielt: Man sage niemals niemals.

November 2015, Fuerteventura, Hotel Tres Islas in Corralejo. Zwei Urlauber, mein Mann und ich, marschieren bestens gelaunt in Richtung Fahrstuhl, und wer steht davor? Hannelore Hoger - als hätte sie hier sieben Jahre auf uns gewartet. Eine routinierte Schauspielerin wie sie versteht es, solchen Eindruck zu erwecken. Mein Mann ist begeistert. Wir begrüßen uns wie alte Freunde und fühlen uns selbst wie Prominente, aber schon am nächsten Morgen, beim Frühstücksbüffet, sind wir wieder näher an der Wirklichkeit. Verraten Sie mir doch mal, wer Sie sind, sagt Frau Hoger am Omelettestand zu meinem Mann. Ich kenne Sie, aber Ihren Namen weiß ich jetzt nicht. Mein Mann erinnert an den letzten Ostseetalk. Genau, sagt sie. War doch ein schöner Abend.

War gut, antwortet mein Mann und erwähnt natürlich nichts von meiner nachhaltigen Wut. Wir sehen uns, ich melde mich. Dann geht sie, mit einem Sektglas in der Hand. Könnten wir auch mal machen, zum Frühstück ein Glas Sekt trinken, sagt mein Mann. Ich sage nichts.

Zwei Tage später finden wir eine Nachricht in unserem Hotelfach, von Hannelore Hoger.

Wir treffen uns abends in der Bar. Ich würde am liebsten Tee trinken, sagt sie, aber wir ordern Cocktail Margarita. Kenn ich nicht, sagt die Schauspielerin. Der Cocktail kommt, er schmeckt ihr nicht, mein Mann trinkt auch ihren aus, und sie bestellt etwas anderes. In der Bar sind etliche Deutsche, man erkennt die Schauspielerin und lächelt ihr zu. Dann beginnt die Band zu spielen. Mein Mann will es sich gerade mit einem weiteren Cocktail bequem machen, als die Hoger ihm das Glas aus der Hand nimmt und ihn auf die Tanzfläche zieht. Und da gerade Rock'n'Roll gespielt wird, kennt sie kein Pardon, bewegt sich wie eine Zwanzigjährige und bringt alle schon beim Zuschauen in Wallung. Sie macht sogar die Rock-Brücke, und ich habe für einen Moment Angst, dass sie nicht mehr hochkommt. Mein armer Mann wischt sich den Schweiß aus dem Gesicht, will zurück auf seinen Platz, aber die wilde Hannelore kennt kein Erbarmen, auf zur nächsten Runde! Sie will tanzen, tanzen, tanzen, und er? Er kann und will nicht mehr, beruft sich auf ein Herzleiden. Jetzt bin ich dran. Sie zerrt mich, ohne groß zu fragen, auf die Tanzfläche. Die Leute sind begeistert und klatschen rhythmisch mit. Beifall für zwei ältere Frauen, die sich plötzlich jung fühlen. Dann ist Schluss, die Band packt die Instrumente ein. Ich hätte gern noch weitergemacht, sagt die Hoger.

Wir bringen sie bis vor die Tür ihres Luxuszimmers. Sie schließt auf, der interessierte Blick meines Mannes entgeht ihr nicht. Nun kommen Sie schon rein, sagt sie.

Viel zu sehen ist nicht, auf dem Bett liegen verstreut ein paar Bücher, aber der Blick zum Meer ist phänomenal, jedenfalls für uns, die wir Landseite gebucht hatten.

Blumen nach lebhaftem Talk: Wenn Schauspielerin Hannelore Hoger kam, gab es nie freie Plätze

Tagesschau-Lady Dagmar Berghoff war zweimal unser Gast. Von unserer Freundin Aja, der Malerin Adelheid Jaenisch, kaufte sie ein Gemälde

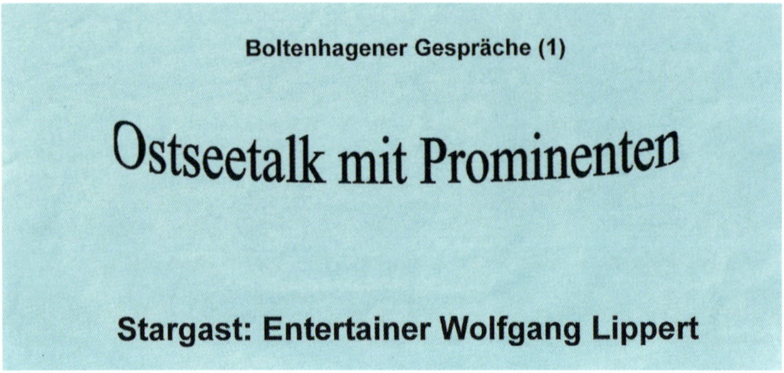

Bescheiden, mit selbstgemachtem Plakat, fing alles an. Lippi war am 18. Mai 2002 unser erster Ostseetalk-Gast. Das veranlasste einen späteren Gast, Ilja Richter, zu einem ganz besonderen Kommentar mitsamt Zeichnung und Zeitungsfoto

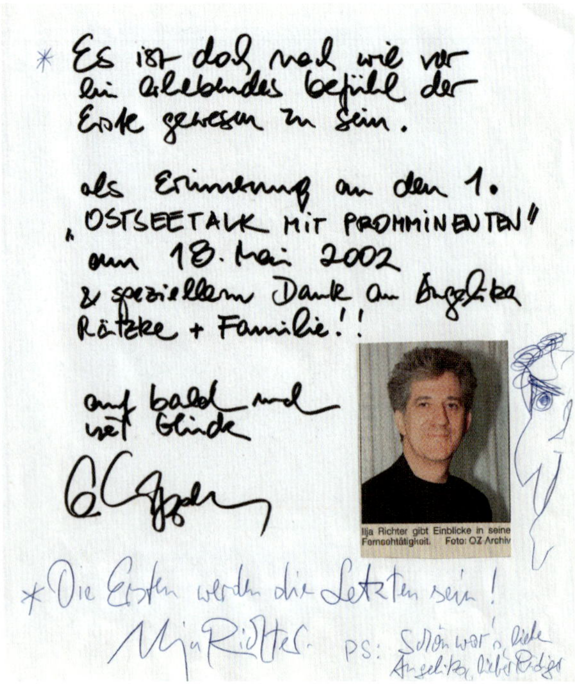

* Es ist doch nach wie vor ein erhebendes Gefühl der Erste gewesen zu sein.

als Erinnerung an den 1. „OSTSEETALK MIT PROMMINENTEN" am 18. Mai 2002 & speziellem Dank an Angelika Rätzke + Familie!!

auf bald und viel Glück

Ilja Richter gibt Einblicke in seine Fernsehtätigkeit. Foto: OZ Archiv

* Die Ersten werden die Letzten sein!

Ilja Richter.

PS: Schön war's, liebe Angelika, lieber Rüdiger

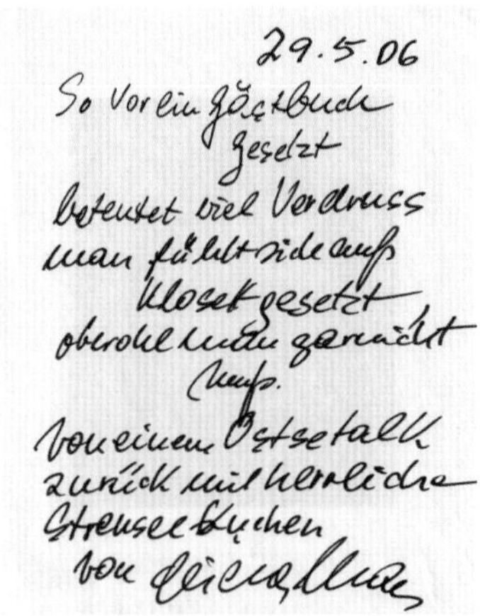
29.5.06
So vor ein Gästebuch
gesetzt
bedeutet viel Verdruss
man fühlt sich aufs
Klosett gesetzt
obwohl man gar nicht
muss.
Von einem Ostseetalk
zurück mit herrlichem
Streuselkuchen
von Gisela May

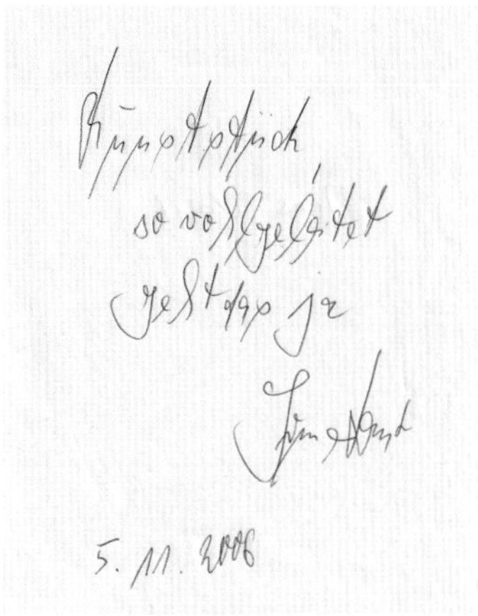
5. 11. 2006

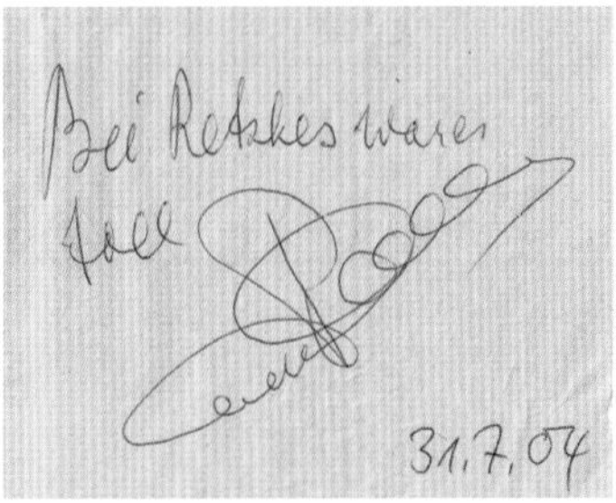
Bei Retzkes waren
toll
31.7.04

Das Fotografieren unserer prominenten Gäste haben wir leider oft vergessen, zum Glück gab es ein Gästebuch. Hier Einträge von Schauspielerin Gisela May, Schriftsteller Hermann Kant, Show-Legende Rudi Carrelll, Schauspielerin Katrin Saß, Talkshow-Moderatorin Bettina Böttinger und Schauspieler Wolfgang Stumph. Manchmal muss man raten, was drinsteht.

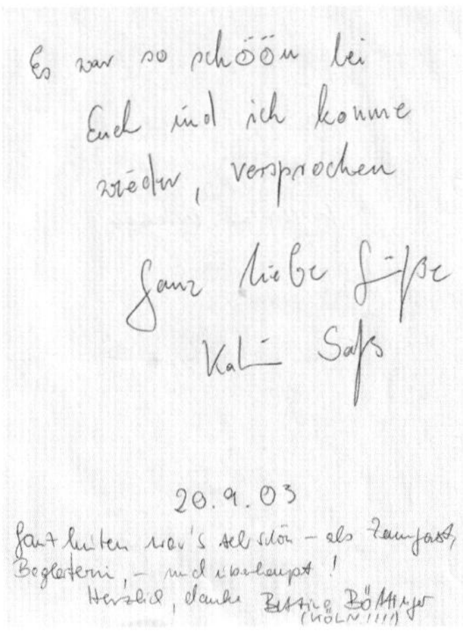
Es war so schööön bei
Euch und ich komme
wieder, versprochen
Ganz liebe Grüße
Katrin Saß
20.9.03
Gut hinten war's sehr schön – als Zaungast,
Begleiterin, – und überhaupt!
Herzlich, danke Bettina Böttinger
(KÖLN!!!)

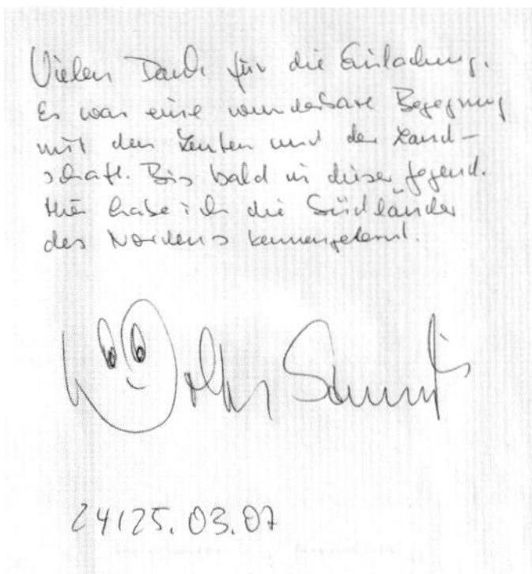
Vielen Dank für die Einladung.
Es war eine wunderbare Begegnung
mit den Leuten und der Land-
schaft. Bis bald in dieser Gegend.
Hier habe ich die Südländer
des Nordens kennengelernt.
Wolfgang Stumph
24./25.03.07

Ein Blick auf einige unserer Gäste. Die Plakate für den jahrelangen Ostseetalk im Schlossgut Groß Schwansee schuf der Grafiker Prof. Wolf-Dieter Pfennig, von dem auch das Titelbild dieses Buches stammt.

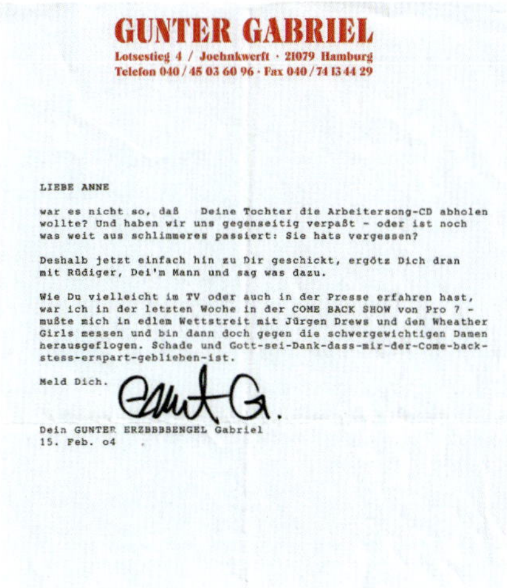

GUNTER GABRIEL
Lotsestieg 4 / Jochnkwerft · 21079 Hamburg
Telefon 040 / 45 03 60 96 · Fax 040 / 74 13 44 29

LIEBE ANNE

war es nicht so, daß Deine Tochter die Arbeitersong-CD abholen wollte? Und haben wir uns gegenseitig verpaßt - oder ist noch was weit aus schlimmeres passiert: Sie hats vergessen?

Deshalb jetzt einfach hin zu Dir geschickt, ergötz Dich dran mit Rüdiger, Dei'm Mann und sag was dazu.

Wie Du vielleicht im TV oder auch in der Presse erfahren hast, war ich in der letzten Woche in der COME BACK SHOW von Pro 7 - mußte mich in edlem Wettstreit mit Jürgen Drews und den Wheather Girls messen und bin dann doch gegen die schwergewichtigen Damen herausgeflogen. Schade und Gott-sei-Dank-dass-mir-der-Come-back-stess-erspart-geblieben-ist.

Meld Dich.

Dein GUNTER ERZBBBBENGEL Gabriel
15. Feb. o4

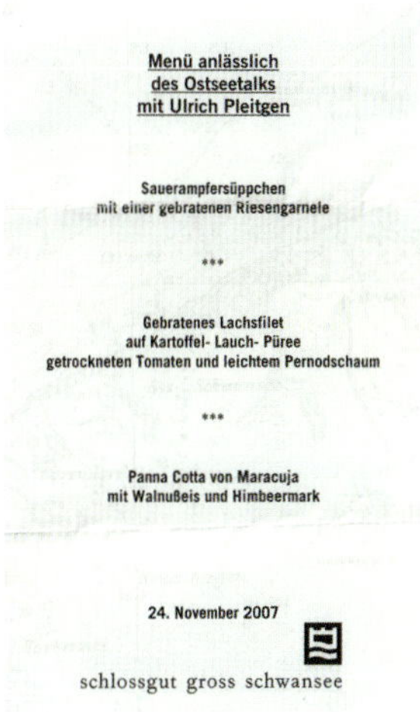

Menü anlässlich
des Ostseetalks
mit Ulrich Pleitgen

Sauerampfersüppchen
mit einer gebratenen Riesengarnele

***

Gebratenes Lachsfilet
auf Kartoffel- Lauch- Püree
getrockneten Tomaten und leichtem Pernodschaum

***

Panna Cotta von Maracuja
mit Walnußeis und Himbeermark

24. November 2007

schlossgut gross schwansee

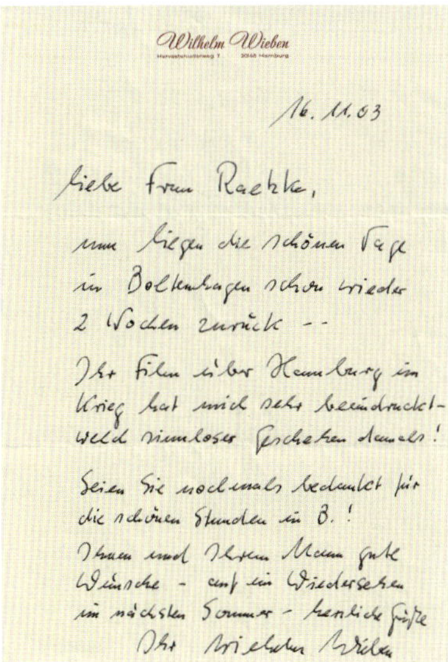

Wilhelm Wieben

16.11.03

Liebe Frau Raetzke,

nun liegen die schönen Tage in Boltenhagen schon wieder 2 Wochen zurück --

Ihr Film über Hamburg im Krieg hat mich sehr beeindruckt – welch sinnloses Geschehen damals!

Seien Sie nochmals bedankt für die schönen Stunden in B.!

Ihnen und Ihrem Mann gute Wünsche – auf ein Wiedersehen im nächsten Sommer – herzliche Grüße

Ihr Wilhelm Wieben

Hallo Ihr Lieben,

vielen Dank für die schönen Fotos und die schöne Zeit in Boltenhagen. – besonders das „Wadenkrampfballett" nach einer Choreografie von R.R.
Lasst uns bald mal wieder-sehen!!

sehr liebe
Grüße von
Nana – Genie & Wolle

P.S. freue mich auf Nachricht in Sachen [illegible].

P.S. PS. Fotos [illegible]
Poesie Album [illegible]
[illegible] super!

Aus unserer Postmappe: Briefe von Country-Star Gunter Gabriel, „Mister Tagesschau" Wilhelm Wieben und Wolfgang Lippert. Rechts oben: Für jeden Ostseetalk wurde ein eigenes Menü kreiert.

Schon ein paar Jährchen her: Die Rätzkes mit Geert Müller-Gerbes und Helmut Markwort auf einem Kongress in München. Foto oben: Co-Moderation mit Geert Müller-Gerbes beim 5. Deutschen Kommunikationstag in Berlin. Neben Helga Hahnemann war auch Jochen Busse (Bildmitte) einer der Star-Gäste

Erinnerungen in Schwarz-Weiß: Caféhaus-Plausch in Berlin mit Sketch-König Hans-Joachim Preil. Foto unten: Im Sommerhaus der Schriftstellerin Hedda Zinner. Ihre Enkelin Jenny Erpenbeck schrieb ein berührendes Buch über dieses Haus in Diensdorf am Scharmützelsee

Oben: Ein Ostseetalk der heiteren Sorte – Schauspielerin Esther Esche hatte ihren Kollegen Jochen Busse überzeugt, unbedingt an die Küste zu kommen.
Foto links: Show-Legende Rudi Carrell begeisterte das Publikum – aber auf sein Bier musste er lange warten

Kleine Kaffeerunde mit dem Schauspieler Peter Sodann im Kurpark von Boltenhagen. Hätte er die Wahl zum Bundespräsidenten gewonnen, wäre die Einladung zum Ostseetalk sicherlich schwieriger geworden. Angela Merkel ließ im August 2005 über ihr Büro wissen, dass es ihr „aufgrund der Vielzahl ihrer terminlichen Verpflichtungen" nicht möglich wäre, zu kommen. Verständlich. Wenige Monate später war sie Bundeskanzlerin

Beim 17. Ostseetalk gab es eine Überraschung: Lore Strack (neben ihrem Sohn Michael) hatte zwei Flaschen Wein aus dem Privatweingut von Günter Strack mitgebracht. Für 210 Euro wurden sie zugunsten der Kinderluftbrücke von Schauspielerin Witta Pohl (l.) versteigert

Der Ostseetalk war auch immer ein Glückstag für Autogrammsammler. Oben: Die weltberühmte Diseuse Gisela May. Foto unten: Hermann Kant, einer der bedeutendsten DDR-Schriftsteller

Erinnerungsfoto mit Meerblick: Links der Schauspieler Wolfgang Winkler mit seiner Frau, rechts sein „Polizeiruf 110"-Kollege Jaecki Schwarz. Unten: Diese beiden lassen Frauenherzen höher schlagen. So auch Pfingsten 2007 beim Ostseetalk: Tenor Björn Casapietra (l.) und sein Halbbruder, Uwe Hassbecker, Gitarrist und Geiger der Rockband „Silly". Ihr Vater war der berühmte Dirigent Prof. Herbert Kegel

Die Sängerin Katja Ebstein und ihr Mann Klaus Überall beim Ostseetalk auf Gut Brook. Die Boltenhagener Malerin schenkte dem Paar den Kalender „Lichtblicke“ mit ihren schönsten Bildern. Foto unten: Pausenspaziergang im Grünen

Im Fernsehen war er „Unser Lehrer Doktor Specht", bei uns war Robert Atzorn ein gefragter Talkgast. Auch seine Frau, die Schauspielerin und Yoga-Lehrerin Angelika Hartung, unterhielt das Publikum bestens – mit einem Mini-Kurs Lach-Yoga. Foto rechts: Schauspieler Wolfgang Stumph mit seiner Frau. Unten: Weltall, Erde, Mensch – wer konnte das dem Ostseetalk-Publikum besser vermitteln als Dr. Sigmund Jähn, der erste Deutsche im All...

Der Linken-Politiker und Rechtsanwalt Gregor Gysi war Stargast des 43. Ostseetalks und stellte sich vor 225 Besuchern im Kur- und Festsaal von Boltenhagen den Fragen von Moderatorin Angelika Rätzke.

Musical-Star Angelika Milster war im Juli 2005 gefeierter Gast des Ostseetalks. Vor Beginn der Veranstaltung gab die gelernte Kosmetikerin der Moderatorin gut gemeinte Ratschläge: „Zupfen Sie Ihre Augenbrauen!“

Foto unten links: Täve Schur wird immer noch als Held des DDR-Radsports gefeiert. Das zeigte sich auch beim „kleinen“ Ostseetalk, dem „Talk im Kurhaus“ Boltenhagen. Unten rechts: Auch ein Held, aber Held der Tour de France, ist Radrennsportler Jens Voigt, ein Mecklenburger. Der Ostseetalk war also ein Heimspiel für ihn

Pudhy-Fans kamen voll auf ihre Kosten, als Dieter „Maschine" Birr zum Ostseetalk kam. Foto unten: Fernseh-Kommissar Erol Sander lieferte beim 50. und letzten Ostseetalk eine Charme-Offensive: für die Moderatorin und das Publikum, das ihn stürmisch feierte

So, nun raus mit euch! Morgen früh am unbeheizten Pool, nicht verschlafen! Und dann, die Tür ist schon geschlossen, ruft sie uns nach: Neugierig wie sieben Raben!

Am letzten Abend sitzen wir wieder zu dritt in der kleinen Bar. Abschied, Frau Hoger muss zurück nach Hamburg. Mein Mann hat einen Wunsch. Ob sie zum Abschied dieses wunderbare Lied singen könne, das auch zu ihrem Programm *Liebesschluchzen* gehörte: *La vie en rose*. Und sie singt das Lied von Edith Piaf tatsächlich für uns – oder nur für meinen Mann? Sie singt es auf französisch. In der deutschen Version heißt es: *Schau mich bitte nicht so an*. Wir summen mit, und jeder von uns denkt sich sein Teil.

RR *Liebesschluchzen*! Wir hatten seinerzeit von diesem Hoger-Programm gehört und wollten es unbedingt auch nach Boltenhagen holen. Kurzerhand fuhren wir nach Potsdam-Sanssouci, wo sie mit ihrem Freund und Pianisten gastierte. Die Eltern von Gerit und Anja Kling boten uns an, bei ihnen zu übernachten, und wir revanchierten uns mit zwei Konzertkarten für die beiden. Keine gute Idee, denn Vater Kling schlief während Hogers Liebesschluchzen ein.

Nach dem Auftritt trugen wir anhand des Programmzettels unsere Wünsche für Boltenhagen vor. Ein großer Fehler. Gerade das, was uns besonders gefallen hatte, wollte sie nicht. Siegfried Gerlichs Blick deutete ich so: Liebe Leute, wählt immer das, was ihr nicht wollt. Dann macht sie das Gegenteil, und euer Wunsch geht in Erfüllung.

Ich bekenne, ein großer Verehrer von Hannelore Hoger zu sein. Und ein treuer. In größeren Abständen rufe ich sie an, auch um meine Frau ein bisschen zu ärgern. Weil ich glaube, dass sie eifersüchtig auf die Hoger ist. Ich hoffe es zumindest. Dann erzähle ich der Bella Block meines Herzens, wo wir unseren letzten Urlaub verbracht haben, und prompt bittet sie mich, ihr Prospekte des Hotel zu schicken. Hat sie das empfohlene Haus dann gebucht? Nichts mehr gehört. Oder ich schwärme von einem Buch, sie will mehr wissen, ich schicke es ihr, frage nach einem halben Jahr, ob es ihr auch so gefallen habe, aber sie weiß von nichts. Das verstehe ich, sie ist nach wie vor eine gefragte und viel beschäftigte Schauspielerin. Nur als ich ihr einmal ein Buch über Gewichtsreduktion geschickt hatte, meldete sie mir per Fax den Erfolg in Kilogramm.

Vor ein paar Monaten war sie wieder bei uns, las aus ihren autobiografischen Erinnerungen. Ihr Buch hat einen bemerkenswerten Titel: *Ohne Liebe trauern die Sterne.* Die Leute haben es ihr aus der Hand gerissen, nach der Lesung zum Signieren. Vor der Lesung gab es den gewohnten Stress. Sie scheuchte die Hotel-Techniker hin und her, ihr Lesehocker war mal zu niedrig, dann zu hoch, das Licht viel zu dunkel und dann viel zu grell, auch ich wurde wie gewohnt zusammengefaltet und nach Hause geschickt, um eine akzeptable Leselampe zu holen. Als ich mit der Lampe zurückkam, brauchte sie keine mehr – sie hatte sich mit der Hotel-Lampe angefreundet. Und dann war es doch wieder ein wunderschöner Abend. Die Leute waren begeistert, und auch meine Frau, die den Abend moderierte, ging ohne bleibende Schäden aus der Veranstaltung.

So kann und wird es weitergehen. Irgendwann werden wir sie wieder einladen.

Aber eine Richtigstellung muss sein: Ich bin kein gewöhnlicher Fan von Hannelore. So nenne ich sie jetzt mal ganz vermessen. Denn ich bin mehr, ich bin Mitwisser ihres streng vertraulichen Kosenamens, den nur ihr engster Familienkreis kennt. Und ich hüte dieses mir anvertraute Geheimnis. Einmal waren wir schon fast per Du, und hätten wir noch ein Gläschen mehr getrunken, wäre es geschehen. Aber es sollte wohl nicht sein.

Ein Traum ist mir bitter aufgestoßen. Wir sitzen zu dritt in einer Bar und schlürfen unseren Cocktail Margarita, meine Frau geht kurz mal raus – zur Toilette, vermute ich –, da fragt mich Hannelore: Rüdiger, wie alt bist du eigentlich? Ich antworte: Über 70, verehrte Hannelore, aber ich fühle mich wie 50. Darauf Hannelore: 50? Herr Rätzke, Sie sind mir einfach zu alt.

Sie müssen kämpfen!

Maria von Welser

Journalistin und Moderatorin

AR Die kleine Bar in Hamburg lag gegenüber der Redaktion. Und viele Kollegen trafen sich dort mit anderen Kollegen, manchmal auch mit Prominenten. Der Weg war kurz - zumindest für die Redakteure. Weshalb auch ich mich mit Fersehmoderatorin Maria von Welser dort verabredete. Grund war der Auftrag meines damaligen Chefredakteurs, etwas über die „Alice Schwarzer des Fernsehens" zu schreiben. Es war noch frische Nachwendezeit. Und die Neugier auf die lange vorenthaltenen Brüder und Schwestern noch ungebrochen.

Ich sitze also schon viele Minuten vor meiner Verabredung mit Maria von Welser in der kleinen Bar und vertreibe mir die Zeit mit Tee trinken und Zeitung lesen. Nachdem der Kellner einige Male nachfragt, ob denn auch alles in Ordnung sei, nehme ich noch einen Tee. Als er ihn mit großer Geste bringt, nennt er verschwörerisch einige Weine, die gerade geliefert worden sind. Ob ich nicht...

Ich danke, gieße Sahne in meinen Tee und wartete auf Frau von Welser. Endlich kommt sie. Der Flieger habe Verspätung gehabt. Der Flieger! In der DDR sagte man Flugzeug, aber das behalte ich lieber für mich. Durst habe sie, sagt die Fernsehfrau und bestellt sich ein Glas Champagner. Der Kellner eilt und kredenzt der Prominenten das Getränk. Sie nicht?, fragt sie mich. Ich nicht. Dann kommen wir zum Eigentlichen, dem Text, den ich über sie schreiben soll. Sie spricht druckreif, ich kann fast mitschreiben. Nach zehn Minuten ist dieser Teil erledigt. Eigentlich hätten wir uns nun verabschieden können. Aber wir kommen – liegt's am einseitig genossenen Champagner? – ins Gespräch.

Wir, beide Jahrgang 1946, stellten fest, dass unsere Biografien doch sehr unterschiedlich verlaufen sind. Deutsch-deutsche Lebensläufe, voller Gegensätze. Sie will nun wissen, wie es mir in der Westredaktion gefalle. Ich rühre länger als notwendig im Tee. Ich solle mir ja nichts gefallen lassen, sagt sie und ordert noch ein Glas Champagner. Sie kenne diese Machotypen, die meinten, den Journalismus für sich gepachtet zu haben. Kämpfen Sie!

Maria von Welser sieht mich lächelnd an, und ich stelle mir für Sekunden vor, wie ich kämpfe. Allein der Gedanke, dass ich dem Chefredakteur, der für seine cholerischen Ausbrüche weithin bekannt ist, mal die Meinung sagen würde, begeistert mich.

Nach etwa zwei Stunden registriert Frau von W., dass der Chefredakteur ihr ein ziemlich kleines Licht zum Interview geschickt hat. Sie beendet unser Treffen, besteht jedoch darauf, den Text vorher noch mal zu lesen. Sie winkt den Kellner heran: zahlen! Der machte die Rechnung fertig und bringt sie mir. Ich sehe, dass sie meine Barschaft deutlich übersteigt.

Maria von Welser erbarmt sich. Muss ich also zahlen?!

Und während sie in ihrer ziemlich großen Tasche nach der Geldbörse kramt, sagt sie, dass ihr so was auch noch nie passiert sei: eingeladen zu werden und dann zu zahlen! Aber sie nimmt es sportlich und ruft mir, während ich über die Straße zur Redaktion laufe, noch einmal nach: Kämpfen Sie!

Ich schreibe den Text und schickte ihn, wie vereinbart, der berühmten TV-Moderatorin, die der ZDF-Sendung *ML Mona Lisa* viele Jahre eine besondere, eine politische Handschrift verpasste. Wenn ich mich recht erinnere, waren es nur kleinste Änderungswünsche an meinem Artikel. Das war's.

Ich atme auf, denn ich ahne, dass mit dieser Frau nicht gut Kirschen essen ist. Wobei sich die mittelalterliche

Redewendung eigentlich auf Männer bezieht, denn es heißt: Mit hohen Herren ist nicht gut Kirschen essen, sie spucken einem die Steine ins Gesicht.

Auch das bekomme ich zu spüren. Mein Chefredakteur, der Peiniger, ändert Text und Überschrift nach Gutsherrenart. Er fragt mich nicht, er informiert mich nicht, obwohl ich die Autorin bin. So erscheint der Artikel, der nicht mehr meiner ist.

Das Telefon bleibt nicht lange still. Die einflussreiche Moderatorin macht Krach, weil sie die Änderungen unerhört findet, und droht mit anwaltlichen Konsequenzen. Mir wird mulmig, und ich verspreche, die Sache sofort zu klären. Was in diesem Falle heißt: Schadensbegrenzung.

Maria von Welser fordert als Wiedergutmachung mehr Text – über sich und ihren Job. Inzwischen hatte sie auch mit meinem aufbrausenden Chef gesprochen, der mich flugs antanzen lässt. Was ich mir denn dabei gedacht habe, einen abgesprochenen Text einfach zu ändern? Mein zaghafter Einwand, dass ja nicht ich es war, die geändert habe, sondern er, beendete er mit einem kräftigen Schlag auf den Tisch. Ach, jetzt sei er wohl der Sündenbock! Von wegen! Ich sei die Autorin und habe ja offenbar mit Frau von W. Vereinbarungen getroffen, von denen er nichts wisse. Ich solle nun mal zusehen, wie ich die Sache wieder hinbekomme. Gespräch beendet.

Die Geschichte ist insofern nichts Besonderes, da sie sich so oder ähnlich in vielen Redaktionsstuben abgespielt haben könnte. Und ich will die Aufforderung Maria von Welsers, zu kämpfen, sich nichts gefallen zu lassen, auch gar nicht so herausstellen.

Aber irgendwie geholfen hat sie mir doch. Ich habe, für mich völlig überraschend, tatsächlich gekämpft. Am Ende ging die Sache unentschieden aus. Der Text, der neue, erschien ungekürzt. Der Chef, der alte, wollte mich nun wirklich nicht mehr sehen. Und ich war dankbar: für den unerwarteten Kampf, für das ungeplante Ende, für die ungewissen Aussichten.

Jahre später dann ein Wiedersehen. Die Moderatorin kommt zu unserem *Ostseetalk*.

Maria trägt einen sehr roten Blazer. Da kannste mal sehen, sagt mein Mann, wie Farbe wirkt! Was man mit Farbe signalisieren kann! Was denn?, will ich wissen. Na, Selbstbewusstsein. Führungsstärke.

Ich blicke an mir runter. Ich trage, wie meist, Schwarz.

Die Leute hängen an den Lippen der ehemaligen TV-Moderatorin, die jetzt Direktorin des Landesfunkhauses Hamburg ist. *Sie* moderiert, obwohl ich neben ihr sitze. Wenn sie nach einer Weile mal Luft holt, nickt sie mir zu, was soviel heißt wie: jetzt bist *du* dran. Es stört mich nicht. Ich fühle mich wie die Beisitzerin im Auto. Ich könnte getrost die Augen schließen, sie würde die Karre schon steuern. Sie weiß das.

Der Abend geht schnell vorbei. Und Maria von Welser will schnell nach Hamburg zurück. Essen möchte sie eigentlich auch nichts. Danke, sagt sie. Vielleicht eine Kleinigkeit für den Fahrer. Dann läuft sie zum Auto, wieder schnell. Hat mir gefallen, sagt sie. Ähnliches hat sie auch in unser Gästebuch geschrieben. Als ich noch an unser Treffen vor Jahren in der kleinen Hamburger Bar erinnere, nickt sie. Es sei doch alles gut geworden, man müsse eben kämpfen. Sie lächelt. Auf Wiedersehen! Wir geben uns die Hand. Dann verschwindet der sehr rote Blazer der Freifrau allmählich im Dunkel des Abends.

Dass sie überhaupt gekommen ist, jetzt im Februar, sinniert mein Mann, während er ihr nachschaut. Klarer Fall, die Frau hat ihn beeindruckt. Ich werde mir auch einen roten Blazer zulegen, beschließe ich.

Lieber gehe ich zum Flohmarkt

Manfred Krug

Schauspieler und Sänger

AR Es ist Freitagabend, und unser Küchenfernseher ist kaputt. Kein Signal, steht auf dem grau flimmernden Bildschirm. Kein Ton, kein Bild. Auch unsere anderen Fernseher schweigen. Wir ziehen sämtliche Stecker, rütteln an den Apparaten, wischen sogar Staub auf der Rückseite. Nichts rührt sich. Also Küchen-Abendessen ohne Tagesschau. Unsere gewohnten Rituale – plötzlich abhandengekommen. Und nun?

Wir könnten ja mal ans Meer gehen, schlage ich vor. Bis zum Strand sind es nicht mal zehn Minuten. Als wir nach Boltenhagen zogen, gingen wir jeden Tag an den Strand, zu jeder Jahreszeit. Jetzt kostet es schon Überwindung, wenigstens im Sommer drei-, viermal baden zu gehen.

Wer im Gebirge wohnt, geht ja auch nicht jede Woche in die Berge, sagt mein Mann, und es klingt wie eine Entschuldigung. Außerdem stürmt und regnet es draußen. Er hat einen Gegenvorschlag: Wir machen mal wieder den Kamin an. Und wir lesen. Genug Bücher haben wir ja. Ach Gottchen, sage ich, keiner liest so viel wie wir, und den Kamin macht keiner außer mir sauber.

Kurz und schlecht: Fernsehen konnten wir drei Tage nicht, der Monteur reparierte erst am Dienstag unsere Satellitenschüssel. Eine wundervolle Zeit. Endlich hatten wir Muße, die vielen DVDs anzuschauen, die sich über die Jahre bei uns angesammelt hatten. Und endlich guckten wir gemeinsam auch den Film *Auf der Sonnenseite*, den sich mein Mann mal von den Kindern zum Geburtstag gewünscht hatte – als Erinnerung an seine Jugendzeit. Als Volontär hatte er diesen Film in Schwerin gesehen und kannte immer noch ein paar Liedzeilen, von Manfred Krug gesungen: *Geh doch mal ins Kino / das vertreibt die Wut / Koche mit Liebe / würze mit Bino / Hin und wieder tut ein DEFA-Lustspiel gut.*

Eine Musik-Komödie aus den Sechzigern der DDR. Erzählt wird die Geschichte von Stahlschmelzer Hoff, der in seiner Freizeit singt und schauspielert – was seine Brigade auf die Idee bringt, ihn auf die Schauspielschule zu delegieren. Wir amüsieren uns über die gestelzten Dialoge und erfreuen uns an der Musik. Krug und die Jazzoptimisten, das macht den Film heute noch sehenswert. Wir sind, das kann man wohl sagen, leidenschaftliche Krug-Verehrer. Seine Schallplatten mit diesen wunderbaren Liedern haben wir bei allen unseren Umzügen wie kostbares Meißner Porzellan behandelt. Wobei wir vom Meißner Porzellan nur eine Tasse ohne Untertasse unser eigen nennen, von Manfred Krugs Platten hingegen komplett alles. Natürlich haben wir auch einige seiner Konzerte mit Uschi Brüning besucht, sind dafür Hunderte Kilometer gefahren und haben es nicht bereut.

Aber wie es im Leben so ist: Verehrung kann auch ernüchternd sein. Mir fällt da eine flüchtige Begegnung ein.

Es sind die ersten Jahre nach der Wende. Eine Hamburger Zeitung beauftragt mich, Manfred Krug zu interviewen. Es geht um einen neuen *Tatort*, den Titel habe ich vergessen. Drehort ist der Hamburger Hafen. Als ich dort ankomme, macht man mir klar, dass die Zeit knapp sei, alles müsse in der Drehpause erledigt werden. Aha.

Ich sitze wie auf Kohlen und warte gespannt. Und da erscheint Krug auch schon. Aber er kommt nicht zu mir, sondern steuert in die andere Ecke des Raumes. Er setzt sich und bestellt sich erst mal einen Wackelpudding. Den löffelt er in aller Ruhe aus, dabei stört man natürlich nicht. Endlich ist er fertig.

So, kann jetzt das kurze Interview starten?

Nein, noch nicht. Krug bestellt sich noch einen – hm, schmeckt der gut! – und löffelt wieder mit sichtbarem

Genuss. Als auch der zweite Pudding verspeist ist, steht er auf.

Können wir jetzt?

Tut mir leid, antwortet der *Tatort*-Star und lächelt. Die Pause ist um, vielleicht ein andermal...

Dazu ist es leider nie gekommen. Als ich unsere Freundin Heide einige Jahre später bitte, ihre guten Kontakte zu Manne Krug spielen zu lassen, um ihn zum *Ostseetalk* nach Boltenhagen zu locken, sagt sie: Ich kann's ja mal probieren, aber viel Hoffnung mache ich euch nicht.

Immerhin, sie hat es versucht. Kurz darauf klingelt das Telefon. Ich mache es kurz, sagt Heide, obwohl unser Gespräch dann doch, wie immer, ziemlich lange dauert. Ihre Nachricht überrascht mich nicht: Er habe gesagt, dass er dann doch lieber zum Flohmarkt ginge, als nach Boltenhagen zu kommen. So sei er. Den könne man nicht bereden.

Na, wer weiß, was er noch gesagt hat. Ich will es gar nicht wissen...

RR Dass Manfred Krug nicht gut auf Journalisten zu sprechen war, wusste man ja. Er hatte seine guten Gründe. Die Boulevardpresse spielte ihm besonders übel mit. Immer und immer wieder. Zu seinem 70. Geburtstag zum Beispiel ließ ein gewisses Blatt seinen Bruder zu Wort kommen. Manne Krug sei unangenehm, rechthaberisch und geizig wie Dagobert Duck. Wenn er essen gehe, könne er nur genießen, wenn andere zahlen. Wenn er Geld auf den Tisch legen müsse, schmecke es ihm nicht.

Wie der eine Bruder den anderen, den berühmten, im besagten Boulevardblatt titulierte oder tituliert haben soll, wollen wir hier nicht zitieren.

Allerdings will ich nicht verschweigen, was mir kürzlich eine gute Bekannte erzählte.

Als Manfred Krug nach dem Mauerfall sein erstes großes Konzert in Berlin-Ost gab, hatten auch langjährige Freunde und Kollegen Tickets für diesen Abend gekauft. Nach dem Konzert gehen wir essen, ihr seid eingeladen, verkündete Krug und nannte den Namen des Restaurants nahe am Gendarmenmarkt. Ein sehr nobles und sehr teures Restaurant. Sie sollten schon mal vorausgehen.

Die Eingeladenen machten sich auf den Weg. Im Restaurant brachte der Kellner sofort die Speisekarte. Ein Blick darauf ließ es ratsam erscheinen, auf Krug zu warten: 39 Euro allein für eine Tasse Suppe! Dann endlich traf der Star des Abends ein und nahm mit Frau und Tochter Platz. Die drei bestellten dann ihr Essen und ihre Getränke, und als Krug dann sofort bezahlte, hatte auch der Letzte seiner Gäste begriffen, dass sie zwar eingeladen waren, aber nur zum Plaudern und zum Schwelgen in Erinnerungen.

Ick bin immer noch da

Wolfgang Lippert

Sänger, Moderator und Entertainer

AR Mit Lippi fing alles an. Er sollte der erste Stargast bei unserem Ostseetalk in Boltenhagen sein. Wir kannten uns noch aus unserer Berliner Zeit, in meinen Fernsehkritiken kam er als Entertainer immer gut weg. Nun hoffte ich auf eine Art Starthilfe: Er, der Hauptstädter, sollte seine Strahlkraft in unsere mecklenburgische Provinz bringen.

Wir sind zum Frühstück verabredet. Er wünschte sich frische Schrippen, wie man in Berlin die Brötchen nennt, und gute Marmelade, also hausgemachte. Ich warte in unserer kleinen Küche auf ihn, aber es dauert. Der Kaffee dampft seit einer Stunde in der Maschine vor sich hin. Endlich klingelt es, und Lippi steht vor der Tür, mit Motorradhelm und in Lederkluft.

Na, haste Schrippen da? Mann, hab ick Hunger!

Er sei mit der Harley gekommen, von Berlin nach Boltenhagen. Lippi lacht. Trauste mir wohl nich zu, oder warum guckste so? Er legt Helm und Jacke im Flur ab und setzt sich an den kleinen Küchentisch.

Er sei zwangsweise langsam durch Boltenhagen gefahren, fast Stehtempo. Habt ihr hier nur eine Straße?

Die zweite Schrippe ist dran. Schmeckt, sagt Lippert und erwähnt, dass man ihn sogar auf dem Motorrad erkannt habe. Det war schau!

Lippi, der Ost-Star. Der Kumpel. Die Stimmungskanone. Und seit dem Schlager-Hit *Erna kommt* sowieso überall beliebt. Das war 1983. Lange her.

Jetzt schreiben wir das Jahr 2002, die DDR gibt es schon lange nicht mehr.

Aber ick bin noch da, wie man sieht, sagt Lippi.

Er hat in den Jahren vor und nach der Wende viel erlebt. Shows in allen möglichen Sendern, dann der Höhepunkt: Nachfolger von Thomas Gottschalk als *Wetten, dass...?*-Moderator. Doch das Glück hält nur ein Jahr. Warum?

Lippi beißt in ein Brötchen und schüttelt den Kopf. Er will nicht drüber reden. Jedenfalls jetzt noch nicht. Verstehste doch, oder...

Er schiebt den Frühstücksteller ein Stück von sich weg,

fegt die Krümel mit der Hand auf dem Tisch zusammen und fragt: Was liegt denn nun an?

Es geht um eine Talkshow, sage ich.

Welcher Sender?, fragt Lippi. Keiner, sage ich.

Keiner???

Keiner. Nur eine kleine Talkrunde in einer maritimen Hotelbar, ohne Scheinwerfer und Fernsehkamera. Lippert schaut ungläubig, er kann sich eine Welt ohne diese Zutaten offenbar kaum noch vorstellen. Er schweigt, was für ihn sehr ungewöhnlich ist, und trinkt Kaffee.

Nach einer Weile: Und was soll ick dabei machen?

Umständlich erkläre ich, dass er mein erster Promi-Gast sein soll. Ich biete ein Wochenende in Boltenhagen mit Speis und Trank. Eine Gage können wir leider nicht zahlen. Lippi lacht und meint, dass zur Zeit keiner zahlen will. Erst viele Monate später erfahre ich, dass ihm das Wasser an diesem Morgen schon bis zum Hals steht. Er hat Schulden, muss Privatinsolvenz anmelden. Sein Kino in Berlin-Friedrichshagen, das er 1994 von der Treuhand gekauft hatte, ist pleite.

Die Marmelade schmeckt, sagt er. Und die Vorstellung, ein langes Wochenende mit Freundin Gesine an der Ostsee zu verbringen, gefällt ihm. Lippert sagt zu. Termin soll der 18. Mai sein, wir stoßen mit unseren Kaffeetassen darauf an.

Mai 2002. Pfingstsonntag. Herrliches Wetter. Lippi reist bereits am Vormittag an, mit Gesine und kleinem Hund.

Wir treffen uns im Restaurant zur Seebrücke. Die Chefin hat unseren ersten Star-Gast zum Essen eingeladen. Wir wollen dabei noch einiges für den Abend besprechen, aber so richtige Ruhe will nicht aufkommen. Zum einen, weil dauernd jemand ein Autogramm von Lippi will, zum anderen stört mein Mann. Ihn plagen in Abständen Krämpfe in der Wade, weshalb er immer wieder vom Stuhl aufspringt und das Bein bewegt. Eine Steilvorlage für Lippert. Er macht einfach mit, springt synchron mit meinem Mann auf und schüttelt das Bein. Restaurant-Gäste bleiben stehen, schauen zu und glauben, dass Lippi einen neuen Sketch probt. Jedenfalls verläuft der Vormittag ganz nach seinem Geschmack.

Auch die kleine Kellerbar im Hotel gefällt ihm, sie erinnert ein bisschen an die maritime TV-Sendung *Klock 8, achtern Strom*, die es 24 Jahre, bis zum Ende des DDR-Fernsehens, gab. Sogar die Schiffsglocke fehlt in unserer Bar nicht. Unser Promi-Gast ist begeistert. Aber wie soll der Abend verlaufen? Würden überhaupt Leute kommen? Wir machen det ooch für drei Piepel, meint mein Gast.

Und was machen wir? Lippert überhört die Frage und verabschiedet sich bis zum Abend. Eine Schnapsidee, der *Ostseetalk*, sage ich zu meinem Mann. Ich wünschte, ich könnte alles rückgängig machen. Aber das geht nicht mehr. Die handgemachten Plakate verkünden in jedem Schaukasten: Ostseetalk mit Prominenten, 18. Mai, 20 Uhr, in der Bar Luv & Lee.

In die kleine Bar passen höchstens sechzig Leute, alle Karten sind verkauft. Was, wenn viel mehr kommen? Wir sind zeitig im Hotel. Die Bar liegt im Keller, die Beleuchtung ist schummrig. Barbeleuchtung eben. Ich finde das gut, aber mein Promi-Gast nicht. Du musst doch an die Zuschauer denken, die wollen uns sehen, nicht nur hören, mosert Lippi.

Aber es ist Pfingstsonntag und damit schier unmöglich, die gewünschten Strahler noch besorgen zu können. Lippi gibt keine Ruhe. Dann hat er die Idee: Er nimmt einfach die kleinen Wand-Lampenschirme ab und dreht die nackten Glühbirnen wie kleine Scheinwerfer in unsere Gesprächsecke, denn eine Bühne haben wir noch nicht. Ich fühle mich schrecklich angestrahlt und sehe nichts.

Macht nichts, Hauptsache, die Leute sehen was, sagt Lippert. Es ist halb acht, und die ersten Gäste stehen schon vor der Tür. Es gilt: Wer zuerst kommt, hat die besten Plätze. Und damit geht der Zank los. Jeder möchte möglichst dicht beim Star-Gast sitzen. Und von manchem Sitzplatz, das haben wir nicht bedacht, schaut man auf eine Säule statt aufs Geschehen. Kurz vor acht platzt die Bar aus allen Nähten – und draußen stehen noch Leute, die unbedingt rein wollen, aber keine Karte haben. Was nun? Lippi schafft das Unmögliche. Er dirigiert und schiebt alles zusammen, wie die Busfahrer, wenn sie rufen: Rücken Sie doch mal auf!

20 Uhr: In der Bar ist die Luft zum Schneiden, die Tür bleibt auf. Draußen hören noch etliche Leute mit, sehen

können sie nichts. Dafür sparen sie das Eintrittsgeld. Mein Mann schwingt die Schiffsglocke, der Talk beginnt. Ich vergesse meine Aufregung und plaudere einfach los. Lippi lässt mich erst mal machen und wartet auf Fragen, die auch das Publikum stellen darf.

Natürlich will man wissen, ob er denn wirklich so sexgierig sei, wie es in den Zeitungen stünde. Lippert lächelt charmant und meint: Ach, wissen Sie, das einzig Positive an diesen Storys war, dass ich in einem Atemzug mit Michael Douglas und John F. Kennedy genannt wurde. Lachen.

Nächste Frage: Wie er sich denn gefühlt habe, als man ihm *Wetten, dass...?* nach neun Folgen wieder wegnahm? Jedenfalls nicht als Verlierer, sagt er. Man muss ja auch seinen Kollegen eine Chance geben! Die Leute aus Ost und West klatschen begeistert.

Ich denke an die gemeinen Kommentare über Lippert, den man den Grabscher vom Dienst nannte, nur weil er seine Gesprächspartner offenbar gerne berührte. Und mir fällt Hannelore Hoger ein, die mich mal zurechtwies, weil ich sie beim Gespräch immer leicht berührte. Fassen Sie mich nicht dauernd an, giftete sie.

Ist das Anfassen etwa eine Ossi-Macke? Wohl kaum. Auch Showmaster Hans-Joachim Kulenkampff legte sehr gern den Arm um die Schulter einer attraktiven Quiz-Kandidatin. Kein Mensch hat das damals peinlich gefunden, im Gegenteil.

In der Boltenhagener Kellerbar sucht man an diesem

Abend die Nähe. Wolfgang Lippert fordert zum Mitmachen auf und bringt tatsächlich eine Zuschauerin dazu, spontan was zu singen. Dass sie sich *I just call to say I love you* ausgesucht hat, findet Lippi okay. Die Dame bekommt ein Küsschen, die Bar bebt.

Und ich? Ich halte mich an meinem Mikrofon fest. Du musst etwas lauter reden, flüstert der Stargast mir zu, sonst versteht dich ja keener.

Kein Wunder, denn in meiner Aufregung habe ich das Mikro wieder ausgeschaltet. Kaum jemandem fällt das auf. Die Leute wollen Lippi – und sonst gar nichts.

Er tanzt, er singt, er plaudert, er fragt. Er hat vergessen, dass seine große Bühne eine kleine Kellerbar ist. Er hat vergessen, dass er für diesen Abend keine Gage bekommt. Er hat alle Probleme für zwei Stunden abgeschüttelt.

Der Abend dauert länger als geplant. Man fordert Zugaben und will den Mann nicht gehen lassen. Irgendwann ist dann wirklich Schluss. Die Bar will schließen. Es ist wie nach einem Boxkampf, wenn der Champion durch das Spalier der Leute läuft. Fehlt nur der weiße Bademantel. Lippi lässt sich umarmen, auf die Schulter klopfen, anfassen. Genau das, was man ihm bei seinem *Wetten, dass...?* verübelte. Hier liebt man ihn dafür.

RR Vor ein paar Jahren haben wir Lippi auf Rügen besucht. Das heißt, eigentlich nicht ihn, sondern Gerit Kling, die genau wie er bei den Störtebeker-Festspielen agierte. Wir hatten inzwischen in Boltenhagen einen kleinen Verlag gegründet und unter anderem ein Kinderbuch von Gerit Kling veröffentlicht, das kein anderer Verlag drucken wollte. Wir aber fanden sowohl Gerits Reime als auch die Illustrationen von Wolf-Dieter Pfennig recht passabel und scheuten weder Geld noch Mühe, das bunte Werk herauszubringen. Titel: *Unser großes Haus*.

Schon bei der Premiere, auf dem Anwesen der Familie Kling bei Potsdam, hätten wir stutzig werden müssen. Presse, Funk und Fernsehen, alles war da. Aber die größte Aufmerksamkeit der Medien galt nicht dem Buch, sondern Gerits Schwester Anja Kling und ihrem gerade geborenen Baby.

Kurz – der Buchverkauf lief zuerst äußerst schleppend und dann gar nicht mehr. Gerit war bereit, etliche Kartons mit ihrem Werk sozusagen in Kauf zu nehmen. Wir fuhren mit 300 oder 400 Büchern nach Ralswiek. Dort endlich angekommen, erfuhren wir, dass Lippi von ihr den Auftrag hatte, sich um die Rätzkes aus Boltenhagen zu kümmern. Gerit selbst hatte aufgrund ihrer tragenden Rolle beim Störtebeker-Spektakel keine Zeit für uns. Leider, leider. So blieben nur ein paar Minuten, um die kostbare Bücherfracht von unserem großen Auto in ihr noch größeres umzuladen. Eine stumm-anklagende Aktion. Dann schlug Gerit die Kofferklappe heftig zu – und schrie auf. Hand gequetscht? Nein, schlimmer. Ihr Autoschlüssel lag zwischen all den Kartons im Kofferraum, und der war zu. Automatisch verriegelt, Türen und Klappe. Innen drin unser aller Restposten! Wir machten, dass wir wegkamen.

Zu Gerit Kling haben wir den Kontakt verloren. Unser erstes Kinderbuch aber taucht immer wieder mal auf. Vor kurzem entdeckten wir es unverhofft im Wartezimmer eines Hamburger Orthopäden.

Bloß kein holländisches Bier

Rudi Carrell

Showmaster, Schauspieler, Sänger, TV-Produzent

AR Wie schreibt man Carrell?, fragt mich mein Hamburger Redaktionskollege mit der Miene eines Oberlehrers. Ich schaue auf meinen kleinen Bildtext von vier Zeilen und weiß nicht recht, was er meint.

Wer Carrell falsch schreibt, mit nur einem r oder nur einem l, ist draußen, sagt mein Gegenüber. Da sei der Chef knallhart. Peng.

Ich fühle, wie mein sonst eher blasses Gesicht Farbe bekommt. Was heißt, man ist draußen, wenn man Carrell falsch schreibt?

Gefeuert, aus, vorbei. Keinen Job mehr, du verstehen?

Jetzt verstehe ich gar nichts mehr. Und warum spricht er mit mir so gebrochen Deutsch? Weil ich aus der DDR komme? Mein Mann, der in derselben Redaktion arbeitet, schon zwei Jahre früher als ich, wurde anfangs von seinem Vorgesetzten gefragt, ob er ihm nicht eine russische Offiziersuhr besorgen könne – als ob unsereins in den Kasernen der Sowjetarmee ein und aus gegangen wäre.

Und warum soll ich gefeuert werden? Nur, weil ich vielleicht Carrell falsch geschrieben habe?

Ich sitze beschämt vor meinem falsch geschriebenen Carell, dem das zweite r fehlt. Bin ich jetzt raus?

Noch nicht. Es dauert noch zehn Jahre, bis ich endlich raus bin. Und 14 Jahre, bis Carrell mit zwei r und zwei l mir persönlich gegenüber sitzt.

Der Anruf kommt überraschend. Mein Mann und ich sind unterwegs in Richtung Schwerin, als das Telefon klingelt: Hier Simone Carrell!

Simone Carrell? Wir sehen uns ungläubig an, soweit man das beim Autofahren machen kann. Ja, wir hatten bei den Carrells angefragt, ob sie und wann sie und so weiter, aber an eine Zusage hatten wir nicht mal im Traum geglaubt.

Sie seien demnächst an der Ostseeküste, da sei ein Abstecher nach Boltenhagen möglich. Also, wenn wir wollten...

Und ob wir wollten! Showlegende Rudi Carrell in Boltenhagen! Mein Mann fährt in den nächsten Feldweg und steigt aus, um diesen Anruf zu genießen. Am liebsten, wie er gesteht, mit einer Zigarette. Aber er raucht seit 20 Jahren nicht mehr und bleibt auch nach diesem Anruf standhaft.

Natürlich spricht es sich schnell herum, dass Carrell ins Ostseebad kommt. Man erinnert sich noch gut an die Sendung *Am laufenden Band*, die man damals in den 1970er Jahren in Ost und West gern sah. Wobei in Ost die Antennen auf dem Dach so lange gedreht wurden, bis man ihn endlich hatte, den Carrell. Meist war das Bild verschneit, schwarz-weiß sowieso. Wer konnte denn schon 3700 DDR-Mark für einen kleinschirmigen Color 20 hinblättern? Und selbst dann hätte man Carrell nicht sofort bunt erleben können, denn dafür brauchte man eine Decoder-Nachrüstung. Also blieb für die meisten Ost-Zuschauer das West-Fernsehen erst mal schwarz-weiß. Die Farbe dachte man sich. Und wenn am Ende von *Am laufenden Band* die Preise zu sehen waren, die der Kandidat bekam oder nicht bekam, wurde in mancher DDR-Stube geträumt. Was würde man nehmen, wenn man könnte...

Das ist lange her. Die Schwarz-Weiß-Fernseher sind Geschichte. Und die Antennen auf den Dächern auch. Carrell aber ist nach wie vor auf dem Bildschirm. Er hat alle TV-Moden überstanden.

Auf diesen Mann sind wir gespannt, und nicht nur wir. Boltenhagen hat in diesen heißen Julitagen, wo der Sommer vor Hitze überschnappt, sein Thema. Egal, wem man begegnet, es geht immer um Carrell. Man rätselt: Wo wird er schlafen? Kommt er mit seiner jungen Frau? Stammt sie wirklich aus dem Osten? Was der wohl als Gage fordert?!

Letzteres fragen wir uns auch, weil das Honorar noch nicht vereinbart ist. Nur das Telefonat mit der Zusage für den 2. August. Die Carrells, so ist es geplant, schlafen im Seehotel mit dem pompösen Namen Großherzog von Mecklenburg, wo der Ostseetalk im Jahr 2002 startete.

Wir müssen aufpassen, dass dieses Mal vor allem Leute Karten kriegen, die uns immer die Treue gehalten haben, sage ich. Und vergiss auch unsere Kinder nicht, die wollen extra von sonstwo anreisen.

Der Vorverkauf hat noch nicht begonnen.

Um die Kartenfrage rechtzeitig zu klären, fährt mein Mann ins Seehotel. Dort trifft ihn beinahe der Schlag. Die Karten – längst weg. Alle!

Nicht mit uns, beschließen wir. Wir wollen alle Karten zurückhaben und neu verteilen. Gerecht verteilen! Der Kampf beginnt, den das Hotel letztlich verliert. Einer der Begünstigten, so hörten wir später, musste an die acht oder zehn Karten zurückgeben. Mancher wird uns das nie verzeihen.

Das Problem der Stunde: Wir brauchen für Carrells Auftritt schnellstens einen neuen Ort. Es eilt! Die Villa Seebach, Boltenhagens ältestes Gasthaus, springt allzu gern ein. Das Haus hat Meerblick, und es hat eine bewegte Geschichte. 1872 holte sich die große Sturmflut die schöne Pension. Wenig später wieder aufgebaut, galt sie um 1880 - mit 30 Zimmern und einem Saal - als Erstes Haus am Platze. Von diesem Glanz war nicht mehr viel übrig, als 1968 der staatlich gelenkte Feriendienst der DDR-Gewerkschaft Haus Seebach übernahm. Das blieb so bis 1990. Nach der Wende erhielten die Seebach-Erben zwar ihr Grundstück zurück, aber das half dem alten Haus nicht. Es wurde verkauft - und blieb am Leben. Ob das einen Gast wie Carrell überhaupt interessiert?

Der 2. August 2004, ein Samstag, bietet zunächst einmal eins: Hitze! Wir werden gegen Mittag in Boltenhagen eintreffen, hatte Simone Carrell am Telefon gesagt. Ich stelle mich zeitig an die Straße zur Tiefgarage und warte. Mittags rollt dann tatsächlich der große Wagen mit den Carrells an. Ich winke (warum eigentlich?) und stelle, weil ich besonders witzig sein will, die selten dumme Frage: Sind Sie Herr Carrell?

Verwundert und leicht verärgert schaut er mich aus dem Wagen an: Ja, wer denn sonst?

Witz misslungen. Wie peinlich! Simone jongliert den Wagen sicher in die Tiefgarage. Wir gehen zum noblen Höger-Haus gleich nebenan. Dort sollen die beiden übernachten. Als wir die Tür zum Appartement aufschließen, fragt Carrell: Und wo ist der Fernseher?

Das überdimensionale Gerät ist nicht zu übersehen und wird sofort eingeschaltet. Unser geplanter gemeinsamer Strandspaziergang entfällt. Carrell will nur noch Ruhe haben und wissen, wann der Talk beginnt. Ich bin baff. Kein Vorgespräch, keine Rauminspektion, keine Mikrofon-Probe.

Sie wissen doch, was Sie von mir wollen, sagt der berühmte Gast und zieht sich zurück. Sein Appartement verlässt er nur noch zum Talk – und der beginnt mit einer Panne.

Ich brauche erst mal ein Bier, ruft mir Carrell zu, als er etliche Minuten vor dem Talk den Gastraum betritt. Doch das Bier lässt auf sich warten. Im Halbminutentakt laufen die Kellner mit frisch gezapftem Bier an uns vorbei. Carrell interessiert sie nicht. Dem neuen Besitzer des Hauses ist es wichtiger, dass die vielen zahlenden Gäste im Garten ihr Getränk bekommen.

Das Geschäft brummt an diesem Hitze-Abend. Als nach 30 Minuten immer noch kein Bier für Carrell da ist, schwinden Geduld und gute Laune des Showmasters. Da ruft ein Gast: Rudi, willst du meins?!

Dann endlich kommt das Bier, ein Zuschauer hat es für den Star besorgt. Man prostet sich gegenseitig zu. Rudi beim Biertrinken zu erleben, das bietet keine TV-Show. So steigen Stimmung und Hitze, und die etwa 100 Zuschauer, die im historischen Gastraum dichtgedrängt sitzen oder stehen, heizen zusätzlich ein. Simone Carrell, die hinter Rudi auf einem Sofa sitzt, schaut kurz zu ihrem Mann. Ist er zufrieden? Es scheint so.

Ich nutze die entspannte Atmosphäre, um einen weiteren Talkgast ins Gespräch zu bringen. Ich kündige ihn als besondere Überraschung an, schließlich ist auch er Holländer und versteht was von Bier. Er betreibt eine kleine Dorfkneipe und hat auf unsere Bitte diverse Biersorten mitgebracht. Auch holländisches Bier ist dabei.

Schrecklich, sagt Carrell. Bloß kein holländisches Bier!

Lustlos schaut er sich die Biersorten an. Der Boltenhagener Holländer ist enttäuscht. Bier ist also kein Talk-Thema, jedenfalls nicht für Carrell. Er liebe zwar das kühle Blonde, aber ein Bier-Verkoster sei er nicht. Dennoch prostet er dem Publikum zu, mit seinem deutschen Bier. Wer ein Bier hat, prostet zurück.

Und man traut sich, Carrell nach diesem und jenem zu fragen. Zum Beispiel, ob er immer noch Werder-Bremen-Fan sei? Doch darauf geht der Meister nicht ein. Vielleicht hat er die Frage akustisch nicht verstanden, denke ich.

Kurz vor dem Talk hat er mir gesagt, dass er schwerhörig ist. Ich rücke mit meinem Mikrofon näher an ihn heran. Es fiept. Du musst es weiter von mir entfernt halten, sonst haben wir Tonsalat, sagt Rudi und deutet sein berühmtes Carrell-Lächeln an. Hat er mich gerade geduzt? Soll ich auch...?

Lieber nicht. Wir bleiben beim freundlichen Sie, reden nun doch über Fußball und irgendwann auch über Werder Bremen. Jemand aus dem Publikum erinnert sich, dass Rudi früher in seinen TV-Sendungen sogar manche Spielergebnisse eingeblendet hat. Carrell nickt zufrieden. Zuschauer, die mitmachen, liegen ihm. Im Grunde muss ich die Show-Legende nichts fragen. Er erzählt, am liebsten von sich, von seinen Erfolgen – und wie es dazu gekommen ist.

Sein Vater, sagt er, habe ihm beigebracht, wie man Werbung in eigener Sache mache: Du musst deinen Namen oft nennen, jeden Tag, immer wieder, bis die Leute ihn kennen.

Dabei schaut er mich an und meint: Du machst noch viel zu wenig, sonst würde ich dich kennen!

Die Leute lachen, noch nie waren sie so eng mit Carrell. Sie mögen seine Witze, obwohl er betont, nicht immerzu witzig sein zu wollen. Was seine Frau hinter ihm bestätigt, sogar von einem witzlosen Alltag mit Rudi spricht. Aber im Bett, da bin ich witzig, nuschelt er ins Publikum. Beifall!

Ist doch schön, wenn man zusammen lachen kann, sagt Carrell anerkennend. Wobei nicht deutlich wird, wem er mehr Anerkennung zollt, dem Publikum oder sich selbst.

Mein Mann, der einen Stehplatz an der Tür hat, zeigt auf die Uhr. Pause. Carrell ist dankbar und eilt nach draußen. Als ich ihn später im dunklen Flur still rauchend treffe, winkt er mich zu sich. Ob alles okay sei, will er wissen. Und ob er noch etwas verändern oder verbessern müsse.

Auch im kleinen Gasthaus in der Provinz möchte er sehr gut sein. Bühnenauftritt ist Bühnenauftritt. Egal, wie groß die Bühne ist. Unsere ist verdammt klein. Ein zusammenklappbares Modell, das extra für den Ostseetalk gezimmert wurde. Carrell findet die Bühne toll, wie er manches toll findet an diesem Abend. Auch uns, glauben wir. Später erzählte uns Kabarettist Jochen Busse, der ihn gut kannte, dass Rudi alles toll fand, was professionell ablief. Das dürfe man nicht persönlich nehmen. Begegnungen bedeuteten ihm nur auf der Bühne etwas, danach wären sie vergessen.

An unserem Talkabend jedenfalls schwärmen wir geradezu von Carrell. Er macht alles mit und ziert sich nicht. Dafür ziert sich unsere Tochter, die mit ihrem Mann *Am Laufenden Band* für Carrell nachspielen soll. Sie findet das alles peinlich, aber wir rücken nicht von diesem Programmpunkt ab. Im Gegenteil, ich kündige diese Showeinlage wie einen doppelten Salto an.

Carrell schaut amüsiert zu, als unser junges Paar mit einem langen Band, an dem gezeichnete Bildchen hängen, durch den Raum läuft. Ich sehe unserer Tochter an, dass sie im Erdboden versinken möchte. Egal.

Carrell findet die Idee, diese Hommage an ihn, toll. Er merkt sich von den zehn Bildchen immerhin acht. Das Publikum ist begeistert, und ich schicke der Tochter einen triumphierenden Blick. Es geht jetzt zu wie in Rudis legendärer TV-Show in den Siebzigern. Hinter jedem Bildchen steckt ein Gewinn, den Gewerbetreibende und Künstler aus Boltenhagen spendiert haben. Der Tisch mit den Präsenten ist übervoll.

Das meiste gehört jetzt Carrell. Bilder mit Ostseemotiven, Sanddorn-Marmelade, geräucherter Aal, Pralinen, ein Wein, den angeblich schon Heimatdichter Fritz Reuter mochte, eine dekorative riesengroße Baumwurzel aus Indonesien, spendiert vom Besitzer der Villa Seebach. Toll, sagt Rudi, aber die nehmen wir jetzt nicht mit, die passt nicht ins Auto. Simone nickt.

Der Talk ist vorbei. Bravorufe! Wieder werden Biergläser in Rudis Richtung gehoben. Man ist sich einig: Carrell ist einer von uns. Der Meister widerspricht nicht. Gut gelaunt trällert er seinen Hit von einst mit: Wann wird's endlich wieder Sommer..., der hier wie eine Hymne abgespielt wird. Alle singen mit. Toll, ruft die Show-Legende zum wiederholten Mal ins Publikum. Dann ist Schluss.

Später will Carrell noch zu uns in die Gaststube kommen, zum gemeinsamen Essen. Simone sammelt schon mal einige Geschenke ein.

Wo ist der Aal?, will Rudi wissen. Er hatte ihn noch während des Talks in Sicherheit gebracht und das fette Prachtexemplar auf die gespendete Originalgrafik der einheimischen Malerin Aja gelegt. Dem Fisch gehört jetzt Carrells ganze Aufmerksamkeit, mit ihm verschwindet er in sein Appartement.

Ob er doch noch zum gemeinsamen Essen kommt?

Nie im Leben, sagt mein Mann. Wenn schon seine 34-jährige Frau müde ist, was willst du dann von einem Siebzigjährigen verlangen?

Aber Rudi Carrell kommt und bleibt eine gute Stunde. Geduldig lässt er sich auf Gespräche mit einigen Fans ein, die plötzlich auch an unserem Tisch sitzen. Dann wird's sogar ein bisschen politisch. Er lobt Boltenhagen und das, was er aus dem Auto gesehen hat. Da habe sich doch viel getan. Das sehe doch toll aus.

Wir waren ja vorher auch nicht in der Finsternis, vieles Schöne gab es übrigens schon vor der Wende, sagt eine Freundin von uns. Carrell lächelt sein Carrell-Lächeln, mehr nicht. Bevor er sich verabschiedet, tauft er unsere kleine Bühne und signiert sie mit seinem Kugelschreiber. Das wird mal was wert sein, nuschelt er mehr zu sich als zu uns. Honorar wollte er nicht. Er wollte das Publikum.

RR Auf unserer klappbaren Bühne mit Carrells handschriftlicher Widmung haben sich später noch viele Prominente verewigt. Große Namen, weniger große. Als unser *Ostseetalk* dann nur noch in großen Sälen stattfand, nutzten wir die Bühnen der Hotels. Das Wertstück von einst aber wurde mal da und mal dort gelagert. Schließlich wollten wir es nach Hause holen. Da war es weg. Niemand wollte was gewusst haben, niemand will es gewesen sein.

Unser Trost: Der unbekannte Autogrammsammler kann seinen Schatz niemandem zeigen, ohne Ärger zu bekommen. Und an Rudi Carrell haben wir eine viel schönere Erinnerung. In unser Gästebuch hat er geschrieben: Bei Retzkes war es toll.

Ich erkenne, wer 'ne Schlampe ist

Gunter Gabriel

Sänger, Komponist, Texter und Produzent

AR Gabriel ist tot, sagt mein Mann am Telefon. Welcher Gabriel? Na, Gunter, unser Gabriel. Du wolltest ihn doch anrufen. Hast du?

Nein, habe ich nicht.

Hättest du es mal.

Jetzt ist es zu spät, und ich sitze da mit meinen Gedanken an Gunter Gabriel. Unsere Bekanntschaft begann kurz nach der Wende.

Ich war noch nicht lange in der Hamburger Redaktion. Eines Tages habe ich Gunter Gabriel an der Strippe. Er hatte seine neue CD *Gunterwegs* an die Redaktion geschickt, und ich war die Einzige, die da mal reinhören wollte. Der Gabriel, spöttelt eine Kollegin, immer dasselbe.

Finde ich nicht. Und schreibe das auch. Kurz nach der Veröffentlichung von etwa 20 Zeilchen ruft er an und bedankt sich: Bin ich ja gar nicht mehr gewohnt, dass man bei mir mal nicht über Alkohol und Weiber schreibt, sondern über meine Arbeit.

Die Kollegin, die gut mithören kann, da wir alle im Großraum sitzen und Gabriel ziemlich laut spricht, kichert: Der hat's nötig! Loser bleibt Loser, zischt sie in meine Richtung.

Tage später kommt ein Päckchen von Gabriel mit neuen Songs. Für Freunde, steht drauf. Ich bin irgendwie gerührt, obwohl ich ahne, dass er viele Freunde hat und immer wieder schnell neue findet. Für kurz und manchmal wohl auch für etwas länger. Ganz nach Tages- oder Nachtlaune. Aber in dem Moment, als ich das Päckchen aufmache, gefällt mir dieser Freundschaftsantrag.

Anrufe von Gabriel sind nun keine Seltenheit mehr, oft noch spätabends bei uns zu Hause. Er fragt nicht, ob ich Zeit habe, und es interessiert ihn nicht, wie spät es ist. Er erzählt von seinen Frauen, seinen Kindern, dem Alkohol, den finanziellen Sorgen. Er redet, und ich höre zu.

Als ich ihn mal frage, ob er sich denn sicher sei, dass seine Geschichten nur bei mir blieben und nicht in einem Boulevard-Blatt landen, sagt er: Du bist nicht der Typ dafür. Schreib lieber anständige Bücher. Oder komm zu mir und bring meinen ganzen Bürokram wieder auf Vordermann. Aber bezahlen kann ich dich nicht. Außerdem habe ich auch schon 'ne tolle Frau, die das macht.

Er hat in dieser Beziehung immer Glück und immer Pech. Die Frauen kommen und gehen, meist nach kurzer Zeit. Das störe ihn nicht, sagt er: Ich erkenne, wer 'ne Schlampe ist.

Und woran?, will ich wissen.

Am Kalkrand.

Was denn für ein Kalkrand?

Der Kalkrand am Wasserhahn. Wer den verdrecken lässt, ist auch sonst nicht ohne, 'ne Schlampe eben.

Aha. Da weiß man Bescheid. Ich denke gleich an zu Hause, an unser extrem kalkhaltiges Leitungswasser, und verkneife mir einen Kommentar.

In den nächsten Monaten kamen öfter handgeschriebene Faxe (er hatte eine schöne, kräftige, gut lesbare Schrift), die zum Jahreswechsel grüßten oder mahnten, doch endlich eine CD-Sendung von seinem Hausboot abzuholen.

Schließlich erklärte sich ein Hamburger Freund von uns bereit, das Päckchen abzuholen, da er ganz in der Nähe wohnte. Gabriel zeigte ihm sein Wasser-Haus, alles. Seine Papierstapel, Noten für neue Songs. Das interessierte Freund Wolfgang, denn er ist selbst Freizeitmusiker. Auch ihm bot Gabriel spontan den Job des Privatsekretärs an. Aber er winkte ab. Er war zu sehr Realist.

Unsere Verabredung zum *Ostseetalk* kommt im Winter 2003 zustande. Am 27. Dezember, einen Tag nach Weihnachten, wollen wir uns am Veranstaltungsort, einer Boltenhagener Bar, treffen. Man freut sich auf Gabriel, der eigentlich Günter Caspelherr heißt, was hier niemanden interessiert. Erwartet wird der Trucker-Kumpel, der ihnen nach wie vor aus der Seele singt.

Doch der Star lässt auf sich warten. Wo bleibt der denn?, fragt jemand ziemlich laut. Der Talkbeginn ist bereits um eine gute halbe Stunde überschritten. Du musst jetzt was sagen, raunt mein Mann mir zu. Vielleicht hat er ja 'ne Panne – oder er ist im Rausch, sage ich leise.

Die kleine Bar im Hotel am Meer hat plötzlich Sauna-Temperatur. Die ersten Trucker-Kumpel fangen an zu singen: Hey Boss, ich brauch mehr Geld! Es ist kurz nach 20 Uhr, von einem Gabriel kein Spur.

Inzwischen machen Witze die Runde. Ich halte eine kurze Hoffnungsrede, aber irgendwie klingt die nicht überzeugend. Jemand ruft: Na, dann ruft ihn doch an! Als ob wir das nicht schon x-mal versucht hätten. Das Handy ist ausgeschaltet. Vielleicht hat er 'ne Panne, sage ich. Mein Mann friert draußen vor dem Hotel in Hab-Acht-Stellung. Nach 40 Warteminuten ruft er: Gabriel ist da!

Die Trucker und die anderen Gäste bestellen vor Freude wieder Hochprozentiges. Dann endlich: Einzug Gunter Gabriel, die Gitarre schwingend, in Jogginghose und T-Shirt. Hey, Leute, seid ihr gut drauf?

Die ausgelassene Menge ist ganz nach seinem Geschmack. Ich stand im Stau, Leute, erklärt er. Keine Zeit mehr, mich umzuziehen. Nun müsst ihr so mit mir vorlieb nehmen.

Du kannst auch nackt singen, ruft eine junge Frau. Könnte dir so passen, kontert Gabriel. Erst die Arbeit, dann das Vergnügen, haha!

Und bevor ich irgendwas sagen kann, singt er schon. Die Leute klatschen rhythmisch mit. Was will ich hier noch?

Komm, du bist mein Mikrofon-Ständer, ruft er lachend und drückt mir das Mikrofon in die Hand. Ständer halten kannst du doch, oder?

Die Trucker schütten sich aus vor Lachen. Die Bar ist zum Glück nur sparsam beleuchtet, so sieht man nicht, dass ich rot werde.

Gabriel mischt die Kellerbar auch ohne mein Zutun nach allen Regeln seiner Kunst auf. Die meisten kennen seine Songs und singen mit.

Dann legt er die Gitarre zur Seite und will gefragt werden. Na, dann quetsch mich mal aus. Das kann sie wirklich gut, sagt er ins Publikum. Ich überlege kurz, wo ich ihn ausgequetscht haben soll. Meist hat er nonstop von sich erzählt, wenn er anrief.

Ich ermuntere die Bargäste, Fragen zu stellen. Ob er immer noch mit Dieter Bohlen über Kreuz liege, will jemand wissen. Wen interessiert Bohlen, wenn Gabriel da ist, donnert er los. Bohlen, der ist das beste Aushängeschild der kapitalistischen Beklopptheit!

Beifall, einige trampeln mit den Füßen. Der Frager zündet sich beleidigt eine Zigarette an. Kannst du das nicht lassen, ist doch eh schon dicke Luft hier, ruft Gabriel. Wieder Beifall. Der Raucher drückt seine Zigarette aus.

Jetzt kommen Fragen, die er mag: Wo das nächste Konzert stattfinde, wann er denn schreibe und komponiere, welchen Song er am liebsten möge, wo und wie er wohne. Seine Antworten untermalt er manchmal mit der Gitarre, als würde er ein kleines Singspiel aufführen. Der Country-Star hat das Ruder übernommen. Er singt und redet, ohne eine Pause zu wollen. Wer zu spät kommt, muss eben mehr malochen, sagt er. Malochen, sein Lieblingswort.

Seine neue LP *Gunterwegs* hat er natürlich mitgebracht. Könnt ihr euch nachher bei mir kaufen! Hemmungen hat er nicht.

Er plaudert weiter drauflos: Wollt ihr wissen, wo und wie ich wohne? Kennt ihr mein Hausboot schon? Das Ding heißt Magdeburg und ist 25 Meter lang, 8 Meter breit, 100 Tonnen schwer, 260 Quadratmeter Doppeldeck! Halte ich übrigens meistens alles selber sauber. Ich kann gut putzen. Nur mit dem Papierkram habe ich Probleme. Und das ist der Punkt: Ich brauche immer jemanden, der das für mich ordnet. Vertrauenssache. Bisher bin ich immer enttäuscht worden. Hab zwar viel Geld verdient, aber inzwischen ist alles wieder futsch. Weil ich anderen, die das für mich ordnen wollten, vertraut habe. Aber ich bin auch großzügig, meine Frauen wissen das.

In einem unserer Gespräche erzählte er, dass die Tochter – ich weiß nicht, welche – sich von ihm eine Designerküche wünschte. Eine Bulthaup. Kriegt sie, warum denn nicht, sagte er.

Er ist immer auf Sehnsuchts-Tour nach einer Familie. Gern schwärmt er von den innigen Beziehungen zu seinen Kindern und den dazugehörenden Frauen. Er macht das so überzeugend, dass er selbst daran glaubt. Im Grunde aber ist der Trucker Gabriel einsam. Kaum jemand ahnt, dass er auch depressive Phasen hat. Manchmal erwähnt er das dunkle Loch, in das er immer öfter fallen würde. Aber er tröstet sich mit großen Namen. Auch Beethoven oder Maxim Gorki hätten depressive Phasen gehabt und sie mit Alkohol betäubt. Er zählt noch mehr Namen auf, er hat sich eine Liste zurechtgelegt, seine Trost-Liste. Er komme aus solcher Düsternis nur mit Musik raus, sagt er. Ein Strohhalm sei für ihn US-Country-Legende Johnny Cash, sein Lebens-Idol.

Von Cash schwärmt er auch in der Kellerbar. Kein Mensch begreift an diesem Talkabend, wie ernst es Gabriel damit ist. Und einen ernsten Gabriel will man heute nicht. Komm unter meine Decke, ruft jemand, und schon wird rhythmisch geklatscht, obwohl Gabriel noch gar nicht gesungen hat.

Ist ja gut, ich singe, was ihr wollt! Er stimmt kurz die Gitarre, und dann geht's los. Er dampft vor Spaß und Freude. Hey Boss, ich brauch' mehr Geld! Alle singen aus voller Kehle mit, die kleine Bar hat plötzlich Stadion-Atmosphäre. Kennen die sich alle?, überlege ich. Gabriel gefällt diese plötzliche Vertrautheit. Er kann mit jedem. Na, nicht mit jedem. Gewisse Intellektuelle, die ihren Titel vor sich hertragen, kann er nicht ausstehen. Dabei hat er selbst mal studiert, Maschinenbau. Ohne Abschluss. Na und, sagt er. Bin ich deshalb ein schlechterer Mensch? Er will keine Antwort: Jeder ist wer, keiner sollte sich über den anderen erheben.

Gabriel kann seelentief graben. Man hört ihm dabei sogar gerne zu. Aber dann schweift er wieder ab, zu seinem Lieblingsthema, den Frauen. Von denen, betont er, könne er immer noch jede Menge haben.

Wie die Traumfrau denn sein müsse, will ich wissen. Du wärst schon ein bisschen zu alt, sagt er und lacht frech. Ich bin vier Jahre jünger als er.

Ich brauch wenigstens 'ne zehn Jahre Jüngere, meint Gunter. Manche waren noch jünger. Ich bin noch voll im Saft. Wieder lacht er frech. Das hat gesessen. Aber jetzt wollen sie ihn wieder singen hören, sie wollen Spaß.

Und da er bei allem Vergnügen stets auch an die denkt, denen es nicht gut geht, ist Gabriel dabei, als wir an diesem Abend aus aktuellem Anlass zu einer Spende für Erdbebenopfer im Iran aufrufen. Er verzichtet auf den

Erlös seiner verkauften CDs – und das sind etliche. Und er legt noch einiges von seinem Honorar drauf. Warum sind immer die, die nicht viel haben, am großzügigsten?

Nach fast drei Stunden ist Schluss. Nicht weil Gabriel es will, sondern weil die Bar schließt. Kaum jemand möchte schon nach Hause. Wir singen, erzählen und trinken noch bis in die Morgenstunden – in der Lobby des Hotels. Und er bekommt diverse Einladungen: von einem einheimischen Koch, der ihm Schmorgurken machen möchte, von einem Urologen, der ihn mal durchchecken will, von einer Bauchtänzerin, die ihm ihre Tanz-Gruppe vorstellen möchte. Gabriel verspricht allen, zu kommen.

Aber er kommt nicht. Er ist schon wieder auf seinem Boot. Er habe schnell nach Hause fahren müssen, ließ er über die Hotel-Rezeption ausrichten. Wegen eines Magen-Darm-Problems. Dünnschiss, hätte er uns wohl gesagt. Vielleicht wurde doch zu lange und zu viel getrunken.

Doch der herzerfrischende Gabriel vom letzten Abend klingt noch bei allen nach, die dabei waren. Auch bei der Amateur-Bauchtänzerin. Nach ihrer Tanzeinlage hatte der Star spontan verkündet: Zu meiner Beerdigung wird sie gebucht!

Irgendwie hat er seinen Tod dann doch aus den Augen verloren. Zwar klopfte der immer mal wieder an: Herzprobleme, Kreislaufschwäche und so weiter. Aber das haute Gabriel nie völlig um. Der Tod kann mich mal, spottete er.

Dass der ohne Ankündigung kommen würde, ganz kurz nach seinem 75. Geburtstag, das hätte er total bekloppt gefunden. Es sei denn, der Tod wäre ihm als Frau erschienen. Als junge Frau, versteht sich.

RR Die Weiber und der Suff, die reiben einen uff. Aber nicht einen Gunter Gabriel.

2007 zog er die Notbremse. Um seine Schulden loszuwerden, erfand er seine legendären Wohnzimmerkonzerte. Für 1000 Euro kam er mit seiner Gitarre zu jedermann in die gute Stube. Ich wollte ihn auch einladen. Aber meine Frau war strikt dagegen. Nicht des Geldes wegen, unterstelle ich mal. Wir spenden gern und oft für einen guten Zweck. Meine Frau ist dabei viel spontaner und großzügiger als ich.

Was also sprach dagegen, Gunter Gabriel zum Privatkonzert in unser Haus einzuladen? Ich glaube fest, den wahren Grund zu kennen: Er sollte auf gar keinen Fall unsere Wasserhähne sehen...

Hier traf eine Wurst ein

Hermann Kant

Schriftsteller

AR Er komme mit dem Auto, welche Frage! Von Prälank nach Boltenhagen, das sei doch keine Entfernung. Drei Stunden, höchstens. Er schreibt es mir, per Mail.

Als ich dann, auch per Mail, nach seiner Telefonnummer frage, wird er einsilbig. Es sei ja alles gesagt, das heißt geschrieben. Er käme pünktlich zum Termin und sei gespannt, also bis dann.

Das ist meine erste Tuchfühlung mit Hermann Kant, der zu diesem Zeitpunkt schon 80 ist. Was, wenn er sich verfährt? Wir ahnen, dass der wohl bekannteste Schriftsteller der DDR ein schwieriger Fall ist.

Wir sehen uns wenige Minuten vor dem Talk zum ersten Mal. Er kommt schnellen Schrittes, schmal, etwas gebückt, die Tasche dabei. Ich gehe auf ihn zu, sage, wer ich bin. Für mehr ist keine Zeit. So wollte er es. Wir laufen gleich Richtung Bühne, vorbei an dicht besetzten Stuhlreihen, das Publikum klatscht. Kant lächelt verlegen, was das Grübchen am Kinn noch größer erscheinen lässt. Für Sekunden fällt mir meine geheime Theorie ein, mit der ich meinen Mann immer mal wieder nerve: Menschen mit einem Grübchen am Kinn seien besonders klug. Jedenfalls habe ich öfter solche Grübchen-Träger kennengelernt.

Wir steigen die drei Stufen auf die Bühne, und Kant fragt, auf welcher Seite er am Tisch sitzen soll. Ich zeige wie ein Platzanweiser auf die rechte Seite. Ihm ist das egal. Fangen wir an, sagt er.

Aber womit? Wir haben nichts verabredet, uns nicht ausgetauscht, nie vorher miteinander geredet. Ich kenne seine Stimme nur von öffentlichen Auftritten. So begrüße ich den weltbekannten Autor, dessen autobiografisch gefärbter Roman *Die Aula* in 22 Sprachen übersetzt wurde. Das Buch, in dem so wunderbar ironisch über die ersten Jahre der DDR geschrieben wird.

Hermann Kant erzählt hier die Geschichte vom kleinen Elektriker, der auszog, das Schreiben zu lernen. Seine ureigene Geschichte, verknüpft mit vielen anderen. Die Geschichte der Arbeiter- und Bauern-Fakultät, kurz *ABF* genannt, die Arbeiter- und Bauernkindern nach dem

Krieg ermöglichte, das Abitur nachzuholen. Lange her.

Meine Deutschlehrerin Fräulein Fuhrmann, eine zierliche, elegante Erscheinung, warb nicht für Kants *Aula*, obwohl 1964 schon als Fortsetzungsroman in der Zeitschrift Forum veröffentlicht. Fräulein Fuhrmann, die darauf bestand, Fräulein genannt zu werden, warb für Hölderlin. Für Hölderlins *Hyperion*. Wobei sie mit solcher Leidenschaft über diesen griechischen Eremiten sprach, dem die Natur letztlich alles war, dass sich weißer Schaum in ihren Mundwinkeln bildete. Und der interessierte uns weit mehr als Hölderlin und sein – wie wir fanden – sterbenslangweiliger Briefroman.

Kurz vor ihrer Pensionierung lud Fräulein Fuhrmann einige Schüler in ihre Wohnung ein. Eine besondere Auszeichnung. Jeder durfte sich ein Buch aus ihrer Bibliothek aussuchen, ich nahm, sozusagen zur Erinnerung an die schaumigen Mundwinkel, Hölderlins *Hyperion*.

Ich wäre damals, 1965, auch nicht auf den Gedanken gekommen, etwa nach Kants *Aula* zu suchen oder zu fragen. Und Ironie, Kants bevorzugtes Stilmittel, war bei uns zu Hause sowieso nicht verbreitet. Meine Mutter liebte auch in Romanen, die sie ab und an aus der Leihbücherei bezog, überschaubare Verhältnisse. Kant gehörte nicht dazu.

Nun, 2007, stand er vor mir, der von vielen verehrte und von manchen gehasste Autor. Der Mann, dessen Roman *Die Aula* sogar in der alten Bundesrepublik Schullektüre war.

Der Mann, der als Vorsitzender des Schriftstellerverbandes der DDR mit dafür sorgte, dass politisch aufmüpfige Autoren schon spürten, was sie davon hatten: Schikanen aller Art.

Sein Handeln zu erklären, wohl auch zu verteidigen, mühte er sich später immer wieder. Auch in kleinster Runde, etwa im Gespräch mit meinem Mann und mir. Doch an diesem Abend, als wir uns zum ersten Mal begegnen, sind alle zurückhaltend. Gespräch mit einem unbekannten Bekannten.

Kant legt irgendwelche Zettel auf den Tisch und bringt die Tasche – was mag wohl Wichtiges darin sein? – in seine Nähe. Er sieht mich durch seine dicken Brillengläser abwartend an. Kein nettes Geplänkel, kein Warmreden. Nichts. Hier sitzt ein alter Mann, auf Abwehr eingestellt, denke ich.

Aber niemand will ihn angreifen. Er ist überrascht. Die Zuschauer wollen nur eins: den berühmten *Aula*-Autor sehen, hören, erleben. Im Saal sitzen meist ältere Jahrgänge, die wohl alles oder fast alles von Kant gelesen haben. Seine Bücher sind auch ihre Vergangenheit, und die wollen sie an diesem Abend noch einmal erleben. Kann man das? Der Autor macht ihnen die Freude.

Die DDR-Literatur, plötzlich lebt sie wieder. Und manch einer, der die Erstausgabe der Aula mitgebracht hat, verweist kenntnisreich auf den Schutzumschlag, auf dem ein Satz steht, der als Schlüssel für dieses Buch gilt: Der heutige Tag ist ein Resultat des gestrigen. Was dieser gewollt hat, müssen wir erforschen, wenn wir zu wissen wünschen, was jener will.

Wobei dieser Satz nicht von Kant, sondern von Heinrich Heine stammt. Egal. Kant wird gesprächig, lässt sich auf Zwischenfragen ein, lacht sogar. Und als ich übermütig und wohl auch recht übertrieben sage, dass er für seine *Aula* eigentlich den Nobelpreis verdient hätte, wie Günter Grass für *Die Blechtrommel*, brandet Beifall auf.

Er nimmt die Brille ab und putzt sie verlegen. Dann winkt er ab. Aber die Leute klatschen, ihnen gefällt der Gedanke an den Nobelpreis für Kant. Und Kant, das spürt man, gefällt er auch.

Nun sind wir doch in der Politik gelandet. Ich frage nach seinem Verhältnis zu Grass, den er zu DDR-Zeiten bespitzelt haben soll. Er streitet das auch an diesem Abend ab. Und was ist mit Biermann? Immerhin habe er doch dazu beigetragen, dass er ausgebürgert wurde. Man hätte Biermann gut und gerne aushalten können, sagt er jetzt.

Und sein Spruch „Kommt Zeit, vergeht Unrat", jene gehässige Bemerkung, die er über den ausgereisten Lyriker Rainer Kunze machte, als der den Büchner-Preis bekam? Was ist damit?

Es sei nicht wegzureden, sagt Kant. Es sei Wut und Enttäuschung zugleich gewesen. Er nehme es sich immer noch übel, dass er das gesagt habe. Er sei manchmal krankhaft in seinem Formulierungsdrang.

Es ist still im Saal. Wie soll ich das Gespräch wieder

flott kriegen? Jetzt übernimmt das Publikum die Regie, die Leute lassen sich nicht von ihrem Kant abbringen. Sie fragen nach Figuren aus der Aula. Es geht um Quasi Riek, Trullesand und all die anderen. Witzig, ironisch, warmherzig gezeichnet. Kants literarischer Beginn, und gleich ein großer. Am Ende des Abends muss er viele Bücher signieren, etliche alte Ausgaben wurden von zu Hause mitgebracht. Kant ist gerührt. Das ist sein Publikum. Wo war es bloß so lange?

Wochen später, es ist Adventszeit, kommt von unserer Freundin Heide ein Brief, in dem Kant eine Rolle spielt – und überraschend auch wir. Sie sei dem Schriftsteller im Haus einer Freundin in Hessenwinkel begegnet, wo man sich regelmäßig zum Advent-Rumtopf treffe. Da habe er von dem Ostseetalk im Schlossgut Groß Schwansee geschwärmt. Er sei überrascht gewesen, hatte wohl mit verbalen Angriffen auf seine Person gerechnet, schrieb Heide. Er war sich nicht sicher, was ihn erwarten würde. Dann lässt sie Kant reden, ein schmeichelhaftes Gedächtnisprotokoll: *Ich kannte die Frau Rätzke ja vorher gar nicht, wir haben uns vorher noch nicht mal unterhalten, und ich wusste nicht, wie das werden würde. Aber, du, die ist so eine nette Frau und hat das alles so gut gemacht, da wurde alles so angenehm, so natürlich – was sie fragte, war gut. Weißt du, ich mag gar nicht solchen Starkult, und das hat sie auch nicht gemacht. Sie war einfach richtig gut. Und übrigens ihr Mann auch, ein sehr angenehmer Mann.*

Das ist ein bemerkenswertes Ehepaar, also das Ganze da in Schwansee war sehr gut – ich möchte doch im Sommer mal nach Boltenhagen kommen.

Er kam tatsächlich, ein Jahr später. Wieder allein mit dem Auto, wieder kurz vor dem Talk, wieder mit seiner Tasche.

Diesmal hatte er ein neues Manuskript dabei, ein gerade begonnenes. Es ist das erste Kapitel seines neuen Romans *Kennung*. Es sei sozusagen eine Premiere, es sei hier in Boltenhagen das erste Mal, dass er aus dem Text öffentlich lese. Eigentlich habe er ja in seinem Alter nichts Großes mehr schreiben wollen, man wisse doch nie, ob man es noch zu Ende bekomme. Aber nun habe er doch angefangen. Das letzte Gespräch in Groß Schwansee habe ihn dazu ermuntert.

Hermann Kant schaut sich freudig um, als wenn er Leute vom letzten Talk suchen würde, sein Publikum. Dann liest er weiter und kommt auf Günter Grass, der Auslöser zu dieser Geschichte gewesen sei. Grass, der lange seine Zugehörigkeit zur Waffen-SS verschwiegen hatte. Kant, einst selbst Wehrmachtssoldat und dann Kriegsgefangener, habe sich daraufhin an die Wehrmachtsauskunftsstelle gewandt, um zu erfahren, was auf seiner eigenen Erkennungsmarke stehe. Denn jeder Soldat habe so eine Erkennungsmarke getragen.

Schwere Kost an diesem Abend. Man hört zu, aber es fällt schwer, das nun Vorgetragene ohne Einordnung in die Geschichte, auch in Kants Geschichte, zu verstehen.

Kant bemerkt rasch, das sein Publikum nicht mitgeht, und klappt das Manuskript zu. Denn die Leute warten eigentlich wieder nur auf eines, auf Geschichten zur *Aula*. Es ist wie mit manchem Schlagersänger, der seinen Hit von einst nicht mehr hören kann und etwas Neues singen will, aber das Publikum will nur diesen einen Hit von früher. Auch Kant fügt sich, da er weiß, dass seine Leserschaft immer kleiner wird.

Irgendwann stirbt man weg, sagt er. Aber er habe keine Angst vor dem Tod, er stelle sich jeden Tag darauf ein. Nicht nur beim Schreiben. Wenn er zum Beispiel das Salzfässchen nachfülle, denke er, ob er es wohl noch aufbrauche. Aber bisher habe er immer noch nachfüllen müssen.

Hermann Kant, dessen Bücher hunderttausendfach gedruckt und gekauft wurden, ist ein praktischer Mensch. Das erfahren wir an diesem Abend. Er wäscht seine Wäsche alleine, er macht, so gut es geht, sauber, und er kocht auch, jeden Tag – für sich alleine. Hausmannskost. Seit auch die dritte Ehe geschieden ist, lebt er allein auf der einstigen Datsche. Ein Überbleibsel aus der Ehe mit der Schauspielerin Vera Oelschlegel. Jetzt ist es Kants Zuhause. Er würde natürlich manchmal lieber mit jemandem zusammen essen, aber das habe sich eben nicht gefügt, sagt er. Nach dem Talk-Abend wird Kant ein Präsentkorb mit allerlei heimischen Produkten überreicht. Er freut sich, wirklich.

Als wir später gemeinsam beim Boltenhagener Italiener

essen, Salat mit Geflügelstreifen, schaut er immer wieder geradezu liebevoll auf seinen Korb. Der wird spätabends von unserem in Kants Auto umgeladen. Bevor er abfährt, prüft er noch mal, ob auch alles seine Richtigkeit hat mit dem Korb. Ein Kindersitz wäre nicht gründlicher begutachtet worden.

Als auch wir nach Hause fahren, riecht es in unserem Auto wie in einer Räucherkammer. Es duftet wirklich höchst appetitlich. Beste Mettwurst aus Ludwigslust, schwärmt mein Mann, muss man sich merken. Sehr gut geräuchert. Weihnachten schicken wir ihm noch eine.

Ich weiß nicht recht. Aber mein Mann kennt die irdischen Bedürfnisse der Prominenten offenbar besser als ich.

Hermann Kant bekam tatsächlich von uns eine Weihnachtswurst geschickt. Er bedankte sich umgehend, natürlich per Mail: *Liebe Angelika, lieber Rüdiger, hier traf eine Wurst ein, die so verlockend riecht, dass ich sie gleich aus ihrer Pelle befreien möchte, und die so mit einer Weihnachtsmänner-Brigade bemalt ist, dass sich mein Auge daran ergötzt.*

Ab und an tauschten wir noch eine Mail, waren sogar in der Nähe von Prälank, seinem Wohnort. Aber einfach bei ihm zu klingeln, das trauten wir uns nicht. Vielleicht hätten wir es machen sollen.

Hermann Kant starb in einem Heim für betreutes Wohnen in Neustrelitz. Er wurde 90 Jahre alt. Er hat noch zehn

Jahre nach unserer ersten Begegnung sein Salzfass immer wieder nachfüllen können.

RR Die Welt ist klein.

Grüßen Sie Edith, sagte ich ihm, als wir uns bei seinem ersten Besuch verabschiedeten. Hermann Kant war verblüfft: Sie kennen Edith?

Sehr gut sogar, sagte ich, was freilich etwas übertrieben war. Ich lernte Edith kennen, als ich 1965 ein zweijähriges Volontariat bei der Schweriner Volkszeitung antrat. Edith war damals in der Redaktion eine kleine Berühmtheit: Sie war die Schwester von Hermann Kant, der großen Berühmtheit. Von ihm sprach damals die ganze Republik.

Edith selbst hatte auch mit Texten zu tun, wenn auch nur als Abreißerin. Sie betreute die Redaktionsfernschreiber, aus denen die Agenturmeldungen ratterten, und sie verteilte die Argumentationshinweise, ausgetüftelt von der Agitationskommission beim ZK der SED. Vertraulich, nur für den Dienstgebrauch!

Zu gern hätten wir lieber Vertrauliches aus dem Mund von Edith gehört. Was denn im Hause Kant im fernen Berlin so abgeht. Edith lächelte stolz und schwieg.

Eine geheimnisvolle Frau.

Vielleicht wusste sie gar nichts.

Immerhin ließ sie mich über ihren berühmten Bruder zurückgrüßen.

Und wer bezahlt das?

Lore Strack / Witwe des Schauspielers Günter Strack
Witta Pohl / Schauspielerin

AR Machen Sie mal was über Lore Strack. Die hört jetzt Stimmen aus dem Jenseits von ihrem Mann, dem Günter, nuschelt mein Chefredakteur, diesmal ein sympathischer, sehr bayerisch, obwohl er schon eine ganze Weile im hohen Norden lebt.

Er sieht mich an, als habe ich das große Los gezogen. So nicke ich interessiert, und damit hat es sich. Ich bekomme den Auftrag, nach Münchsteinach zu fahren, zu Schauspieler-Witwe Lore Strack. Aber wo liegt Münchsteinach?

Mittelfranken, sagt meine Kollegin, die mit mir ein Redaktionszimmer teilt, und lächelt leicht spöttisch.

Tags darauf liegt mein Zugticket 2. Klasse auf meiner Seite des geteilten Schreibtisches. Ich will dir ja keine Angst machen, sagt meine Kollegin, aber da hat der Chef sich wohl vertan, dich zu der Strack zu schicken. Westfernsehen war doch bei euch verboten. Was weißt du denn schon von Günter Strack? Du kennst dich doch überhaupt nicht aus!

Sie hätte wohl gern selbst diese Dienstreise gemacht. Natürlich hatte sie in gewisser Weise recht: Günter Strack kannte ich bestenfalls aus dem Werbefernsehen: Man gönnt sich ja sonst nichts! Nur Malteserkreuz Aquavit. Seine Glanzrollen in den *Drombuschs* oder *Mit Leib und Seele* hatte ich nie gesehen. Völlig ahnungslos, aber voller Neugier reiste ich nach Münchsteinach.

Es ist ein kalter Wintertag, als ich an der Strackschen Haustür klingele. Die Haushälterin öffnet und lässt mich schon mal am gemütlichen Kaffeetisch Platz nehmen. Frau Strack würde gleich kommen.

Inzwischen unterhalten mich Hunderte Vögel verschiedener Art, die es sich in einem riesigen Futterhaus gut gehen lassen. Das Futterhaus gleicht einem bescheidenen Sommerhäuschen. Hinzu kommen noch diverse Futterstellen im parkähnlichen Garten und Extra-Fleischplätze für hungrige Raubvögel. Wo bin ich?

Da fliegt die Tür auf, und fünf Hunde unterschiedlicher Größe stürmen ins Zimmer. Schließlich folgt die Hausherrin. Ich stelle mich vor, während mich die Hunde beschnüffeln und belecken. Lore Strack beobachtet mich und scheint überrascht, dass zwischen mir und ihren Lieblingen, von denen zwei Respekt einflößend groß sind, bestes Einvernehmen herrscht.

Weil ich noch am selben Tag wieder nach Hamburg zurück will, besser gesagt: soll, komme ich gleich zum Thema: die Stimmen aus dem Jenseits. Deshalb hat man mich zu ihr geschickt.

Das sieht denen ähnlich, wettert Lore Strack und verbirgt dabei nicht, dass sie aus Sachsen stammt. Jetzt ist Günter nicht mehr da, jetzt gibt's nichts mehr zu holen, jetzt kommt der Chefredakteur nicht mehr persönlich. Früher war er tagelang hier, schimpft sie. Hat mit Günter gegessen, getrunken, gefeiert. Die wussten doch alle, dass Günter großzügig war. Na, egal. Und nun das!

Lore klatscht sich mit der Hand an die Stirn: Die machen mich doch lächerlich, wenn ich erzähle, dass ich Verbindung zu Günter habe. Ich spüre ihn, ich höre ihn. Und zwar jeden Tag.

Sie sieht mich durch ihre große Brille mit den goldverzierten Bügeln lange an. Lassen wir das. Schreiben Sie lieber was Vernünftiges über Günter!

Das war ein Befehl.

Lore kann das noch immer: befehlen. Sie kennt es nicht anders. Ihr Vater Arno Hennig war in den 50er Jahren Kultusminister in Hessen. Lore saß ganz selbstverständlich in den VIP-Theaterlogen und wurde schon als Backfisch, wie man damals Teenager nannte, zu wichtigen Empfängen mitgenommen. Es gab zu Hause Personal, es fehlte an nichts. Lore war die Hennig-Prinzessin – und sah auch so aus. Sie hatte das Sagen. Was sie sich wünschte, bekam sie.

Als sie eines Tages den jungen Günter Strack als Ferdinand in Schillers *Kabale und Liebe* auf der Bühne sah, sagte sie zu ihrem Vater: Den heirate ich!

Und da Lore Henning aussah wie die junge Liz Taylor, war auch Jungschauspieler Strack nicht abgeneigt, das schöne Kind zu heiraten. Zumal aus dieser einflussreichen Familie! Aber vor der Hochzeit machte er unmissverständlich klar: Die Nummer eins in seinem Leben wird immer sein Beruf sein. Kein Problem für Lore – damals. Doch im Laufe der Ehejahre, als sie quasi seine Managerin wurde, änderte sich das.

Manchmal, erzählt sie an diesem Wintertag in Münchsteinach, habe sie seinen Beruf verflucht. Er sei immer für andere da gewesen, habe nie nein sagen können. Natürlich habe sie viel erlebt, die Welt gesehen.

Wir waren ja manchmal wochenlang unterwegs, erinnert sie sich. Er wollte immer, dass ich dabei bin. Heute denke ich, dass das auf Kosten der Kinder ging. Sie waren zwar bestens untergebracht, aber Vater und Mutter fehlten wohl doch. Aber wie hätte ich es damals anders lösen sollen? Ich habe Günter den Rücken frei gehalten. Er musste sich nicht um das Alltägliche kümmern. Mir hat das ja auch Spaß gemacht. Ich habe meine eigenen

Pläne, auch als Schauspielerin zu arbeiten, mit der Zeit vergessen. Günter war ein Glücksfall für mich - und ich für ihn wohl auch. Ich konnte gut organisieren, auch mal nein sagen. Die unangenehmen Dinge hat er mir überlassen. Er konnte sogar krank werden vor Unbehagen, wenn er jemandem absagen musste. Am liebsten hätte er alles gemacht.

Witwe Strack sitzt verloren in der großen samtenen Couchlandschaft, die Hunde zu ihren Füßen. Das klingelnde Telefon holt sie aus ihren Erinnerungen. Der Steuerberater hat sich angekündigt. Sie schaut auf die Uhr. Meine Zeit ist vorbei.

Sie ruft ihren Fahrer, der mich zum Bahnhof bringen soll. Ihre Haushälterin, die inzwischen vom Bäcker zurück ist, wird angewiesen, mir ein frisches Brot mitzugeben. Das gäbe es nur einmal die Woche, das sei ein ganz besonderes Brot. Es duftet aus meiner Tasche während der Rückfahrt nach Hamburg.

Das war meine erste, sehr flüchtige Begegnung mit Lore Strack. Und obwohl mein Text dann auf die Stimmen aus dem Jenseits zusammengestrichen wurde, hat Lore nicht mit dem Anwalt gedroht, sondern nahm es sächsisch heiter. Von da an begann unsere Freundschaft.

Dass sich der Kontakt auch irgendwann auf Witta Pohl ausdehnen würde, fand Lore normal. Schließlich war Witta über Jahre Günter Stracks engste Schauspiel-Kollegin in der TV-Serie *Diese Drombuschs*.

Witta. Der ruhende Pol, wie sie selbst immer betonte. Was nicht stimmte. Erstens hieß sie bürgerlich Breipohl, und zweitens war sie stets unruhig. Ruhender Pol war sie höchstens in ihrer Fernsehrolle als Mutter Drombusch, weshalb man sie auch gern Mutter der Nation nannte. Schwierig für die Schauspielerin, gegen diesen Titel mit anderen TV-Rollen anzuspielen. Dass Wittchen, wie ihre Freunde sie nannten, noch ganz andere Facetten parat hatte, konnte sie im Grunde nur auf der Bühne zeigen. Wer ins Theater ging, erwartete keine Mutter Drombusch.

Aber meine Talk-Zuschauer würden sie erwarten! Das sah auch Lore Strack so.

Die Leute wollen doch Witta erleben, nicht mich, sagt sie, als ich sie zum *Ostseetalk* einlade. Aber in Wittchens Schlepptau, das könnte gehen! Sie wolle das mal mit Witta besprechen. Und obwohl Lores Stimme am Telefon ziemlich weinschwer klang, hält sie Wort.

Tatsächlich ruft Fernsehstar Witta Pohl kurz darauf bei mir an. Allerdings – unser erstes Telefonat verläuft enttäuschend. Sie habe für so was überhaupt keine Zeit, was Lore sich dabei nur denke! Damit ist das Gespräch für sie beendet.

Quatsch, sagt Lore mir am Telefon, keine Lust hat sie!

Wie Witwe Strack die berühmte Schauspielerin doch noch überredet hat, uns zunächst zu einem Vorgespräch in Hamburg zu empfangen, weiß ich nicht.

Aber wir sind im September 2004 eingeladen, sie zu besuchen.

Das Haus am Alsterlauf ist schon von außen eine Augenweide. Viel zu groß für mich allein, sagt die Schauspielerin und zieht ihre Strickjacke fröstelnd zusammen, obwohl die Sonne scheint. Es ist noch ein warmer Septembertag, so dass wir im Garten sitzen können. Es gibt bitter schmeckenden Tee und etwas Gebäck, dass sie noch im Küchenschrank findet. Sie ist, trotz unserer Verabredung, nicht auf Besuch eingestellt.

Mir fällt eine Geschichte von Lore ein. Danach habe Witta die Drombusch-Familie nach dem Dreh mal zu einer Feier eingeladen, wo allerdings Schmalhans Küchenmeister war. Günter sei dann schnell noch ordentlich einkaufen gegangen. Natürlich auf unsere Kosten, merkte Lore an. Witta sei nie eine großzügige Gastgeberin gewesen. Das habe ihr einfach nicht gelegen.

Stimmt wohl, denke ich, und hadere mit dem lauwarmen Tee, der ein bisschen wie das Gebräu aus dem Garten von Opa Adi schmeckte, das er uns verabreichte, wenn wir Magenverstimmung hatten. Ich war mir nun sicher, dass wir genau dieses schreckliche Zeug tranken.

Schmeckt mein Wermuttee? Ist gut für den Magen-Darm-Bereich.

Witta Pohl geht mit ihrer Tasse ins Haus zum Telefon, das schon ziemlich lange klingelt. Ich schaue mich inzwischen nach Tee-Entsorgungsmöglichkeiten um. Und da wir im Garten sitzen, gibt es kein Problem. Ich muss lachen und erinnere mich an meine Jungredakteurszeit, als mir eine bekannte Theaterregisseurin einen doppelten, vielleicht auch dreifachen Fusel-Schnaps kredenzte, den ich, als sie für sich Nachschub holte, der nahestehenden Zimmerpflanze gab. Ich hatte natürlich nicht bedacht, dass sie sofort wieder nachschenkte, als sie mein leeres Glas sah. Lange her.

Jetzt sitzen wir bei übel schmeckendem Wermuttee in Witta Pohls Garten. Wir sehnen uns nach richtigem Kaffee, aber den gibt es nicht. Dafür haben wir Wittas Zusage zum *Ostseetalk* in der Tasche. Wir verabreden uns für Dezember. Selbstverständlich mit Lore - und für ein relativ bescheidenes Honorar, das sie nicht für sich, sondern für einen guten Zweck haben will.

Als wir uns verabschieden, nun schon per du, kreischen 16 Papageien, die sie vor Tierquälern gerettet hat, in der Voliere. Die Hunde wollen ständig von ihr, nur von ihr gestreichelt werden, und der rotbraune Kater, der ihr irgendwann zugelaufen ist, reibt den dicken Kopf an ihren Beinen. Und da wären noch die Enten, die täglich auf eine Futterspende warten. Alle warten und erwarten etwas. Witta Pohl, das wird schnell klar, würde die Welt retten wollen, wenn sie könnte. Immer zuerst dic anderen. Ihre Ehen, vielleicht sind sie auch daran zerbrochen?

Der letzte Ehemann wohnt nur ein paar Häuser weiter, mit seiner neuen Frau. Witta macht eine müde Handbewegung in die Richtung. Im Dunkeln, sagt sie, gehe sie manchmal da vorbei. Warum, das wisse sie auch nicht. Wir stehen am Gartentor und schweigen. Auf dem Weg zum Auto, das wir in einer grünen Seitenstraße geparkt haben, suchen auch wir mit den Augen das Haus von Wittas einstigem Ehemann. An der nächsten Tankstelle holen wir uns schnell einen Pappbecher-Kaffee. Was für ein Genuss!

In den folgenden Tagen klingelt das Telefon öfter. Mal ruft Witta an, die auch wir inzwischen Wittchen nennen, mal meldet sich Lore. Sie wollen erzählen, am liebsten von sich. Wir sind plötzlich eine Art Abladeplatz für ihre Probleme und Erlebnisse geworden. Es geht um doppelzüngige Kollegen, falsche Freunde, verlorene Immobilien, undankbare Kinder und Schwiegerkinder, nervige Gerichtsprozesse, brüchige Adelsbeziehungen.

Nimm das bloß nicht ernst, sagt mein Mann, du musst jetzt nicht alles glauben. Audiatur et altera pars.

Angeberisch übersetzt er Latein für mich: Man höre auch die andere Seite! Aber das will ich nun wirklich nicht.

Der *Ostseetalk* mit Lore Strack und Witta Pohl findet im Dezember 2004 statt. Lore wird von ihrem Sohn Michael von Münchsteinach nach Boltenhagen chauffiert. 725 Kilometer durch Eis und Schnee. Wie oft werden die beiden die Tour in die mecklenburgische Provinz verflucht haben?

Endlich kommen sie bei uns zu Hause an. Ihr habt doch ein nettes Häuschen, lobt Lore. Es ist ungefähr so groß wie ihr Gästehaus in Münchsteinach. Mein Mann hat Kartoffelsuppe gekocht und damit sofort Lores Herz erobert. Die habe sie seit ihrer Kindheit nicht mehr gegessen, schwärmt sie. Und nachdem sie noch ausgiebig mit unseren beiden Hunden gespielt hat, fahren wir zum Talk-Ort nach Groß Schwansee. Im Schlossgut bezieht Lore eine herrschaftliche Suite. Standesgemäß, wie sie betont. Schließlich stamme sie – in einer Seiten(sprung)-linie vom sächsischen Königshaus ab. Nicht ehelich, aber immerhin! Ein Witz?

Lore schüttelt den Kopf. Und ich stelle mir für Sekunden meinen einstigen Chefredakteur vor, der mich allein für diese Nachricht, Wahrheitsgehalt hin oder her, ganz sicher als brauchbar eingestuft hätte.

Das waren noch Zeiten, seufzt Lore. Sie inspiziert Zimmer, Bad, Schränke, Kommoden und kommt zu dem Schluss: Hier lässt sich's aushalten!

Sohn Michael ist Gepäckträger und schleppt Koffer samt Günter-Strack-Wein, der am Abend für einen guten Zweck versteigert werden soll.

Ist Wittchen auch schon da? Lores laute Frage hätte ich gerne mit ja beantwortet, aber weit und breit ist nichts von Witta Pohl zu sehen oder zu hören. Auch ihr Handy bleibt stumm. In meine trüben Gedanken platzt Lore mit der fröhlichen Aufforderung, doch mal ihr Ostseetalk-

Outfit zu begutachten. Es glitzert und blinkt schon von weitem.

Und was ziehst du an?, will sie wissen. Ich bin sprachlos, denn eigens für diesen Abend habe ich meinen neuesten Strickmantel, weinrot, angezogen. Wir vertiefen das Ganze zum Glück nicht, denn die frohe Kunde, dass Witta eingetroffen ist, macht die Runde.

Witta plus Hunde! Normalerweise hätten wir uns gefreut, aber jetzt? Wohin mit den Tieren? Sie würden nicht von ihrer Seite weichen und mit auf die Bühne wollen. Das gab es bisher nur einmal, als Kabarettist Jochen Busse seinen wohlerzogenen Hund Shira mit auf die Bühne nahm, wo er, der Hund, den ganzen Abend lag und sich nicht rührte. Daran aber war bei Wittas Hunden nicht zu denken. Und völlig unpassend geht mir auch noch die Geschichte mit TV-Mann Reinhold Beckmann durch den Kopf, der Witta Pohl in seine Talk-Sendung eingeladen hatte. Ihre Bedingung: Nicht ohne meine Hunde! Die beiden kälbergroßen Begleiter allerdings dachten nicht daran, in einer verlassenen Redaktionsstube still auf Frauchen zu warten.

Ihr Protest äußerte sich stinkend und haufenweise. Ich glaube, es war Witta Pohls letzte TV-Einladung. Jetzt war sie bei uns.

Hallo, wann geht's los?, ruft sie uns gut gelaunt zu.

Aber wo waren die Hunde? Die beiden würden im Auto bleiben, sie habe einen Hundesitter engagiert. Ganz schön teuer, der Bursche, aber was soll's, betont Witta. Ich verstehe, der Betreuer geht auf unsere Rechnung.

Dann kommt Lore, eingehüllt in eine Duftwolke. Na, mein Wittchen, sächselt sie, willste dich nicht mal umziehen, es geht doch bald los.

Witta überhört die Frage und behält ihre graue weite Strickjacke mit schwarzem Rolli an. So ist Lore der einzige Stern, der an diesem Abend glitzert. Geradezu königlich.

Der Talk verläuft heiter, völlig unkompliziert. Lore erzählt von ihrem Günter, der vor allem ein Arbeitsmensch mit Hang zu kollektivem Genuss gewesen sei. Allein die vielen Gäste, die sie in der hauseigenen Weinstube immer bewirtet habe, Günter besaß ja einen eigenen Weinberg. Nicht selten stand die ganze Truppe nach dem Dreh vor der Tür, egal, zu welcher Uhrzeit.

Witta bestätigt das und macht Günter postum eine Liebeserklärung. Sie habe mit keinem Kollegen so gerne gespielt wie mit ihm. Man konnte von einem, den sogar Alfred Hitchcock rief, nur lernen.

Hitchcock – das Stichwort für Lore: Wir waren ja Wochen in Hollywood, ohne zu drehen, der pure Urlaub. Einer aus der Crew wurde krank, da wurde eben gewartet, bis er wieder gesund war!

Lore lehnt sich zurück, die Strass-Applikationen auf ihrem Outfit funkeln nun noch stärker. Hollywood, das sei schon ein Erlebnis gewesen, Julie Andrew oder Paul Newman mal aus nächster Nähe zu erleben. Sie waren alle nett, betont Lore, wobei Newman der King war, der kannte seinen Wert! Lore sieht wissend in den vollbesetzten Saal. Aber Hollywood sei nichts für Günter und sie gewesen. Sie hätten schnell Heimweh gehabt. So wurde der Spionagethriller, in dem Günter Strack einen Ost-Wissenschaftler spielte, zur einmaligen Hitchcock-Begegnung. Reichte aus, sagt Lore. Münchsteinach lag uns mehr. Oder Darmstadt oder irgendein anderer Ort in Deutschland. Wir gehörten nicht nach Hollywood.

Witta Pohl nickt, obwohl sie nie dort war. Sie war eine Drombusch, viele Jahre. Als die TV-Serie 1994 eingestellt wurde, fiel sie in ein tiefes Loch.

Meine Familie fehlt mir, sagt sie auch an diesem Abend – nach zehn Jahren *Drombusch*-Aus. Und als sich Mick Werup, ihr einstiger TV-Sohn, auf dem Dachboden seines Hauses erhängt, wird Witta krank. Sie geht tagelang nicht ans Telefon. Nicht mal an ihrem Geburtstag. Sie trauert und hadert mit dem TV-Sohn. Er habe noch kurz vor seinem Freitod mit ihr telefoniert und von seinen Geldsorgen erzählt. Ich wollte ihm helfen, erzählt Witta, aber er hat sich nicht mehr gemeldet.

Sie hat seine Beerdigung bezahlt, weil sie nicht wollte, dass er in ein anonymes Armengrab kommt. Diese Drombuschs, eigentlich eine traurige Geschichte. Der Zerfall einer Fernseh-Familie.

Aber auch privat gibt es für Witta kein dauerhaftes Familien-Glück. Die letzte, die dritte Ehe mit dem Zahnarzt, scheiterte ebenso wie die beiden anderen. Die längste Zeit, zehn Jahre, war sie mit ihrem Kollegen Charles Brauer verheiratet. Mit ihm hat sie zwei Kinder, Zwillinge. Aber mehr Familienbindung kommt nicht auf. Sie tauge eben nicht für dauerhafte Zweisamkeit. Sie habe in ihrem Leben lieber die Rolle der Kümmerin für andere übernommen. Die von ihr ins Leben gerufene Kinderluftbrücke, eine Organisation, die Kindern schnell und unbürokratisch hilft, ist ihr wichtig. Immer zum Jahresende schickt sie uns (und anderen) eine Art Rechenschaftsbericht in Reimform: wie wieder wem geholfen werden konnte.

Helfen, das sei ihr wichtiger als gemütliche Zweisamkeit, sagt sie auf der Talkbühne, mit Blick auf Lore. Die zupft an ihrem Strass-Outfit und lässt Witta reden. Lore findet Witta manchmal ein bisschen überspannt, zu wenig auf sich bedacht. Jeder müsse doch auch mal an sich selbst denken. Ob Lore das immer gelang?

Als Günter krank wurde, 1996 einen Schlaganfall erlitt, war es zu spät mit dem An-sich-Denken. Der Alltag hatte alle Leichtigkeit verloren. Die sonst so häufigen Besuche wurden weniger und blieben schließlich ganz aus.

Das erzählt Lore nicht auf der Bühne im Schlossgut Groß Schwansee, sondern viele Monate später an einem Kaminabend in Münchsteinach, als mein Mann und ich bei einem guten Tropfen aus Günters Weinberg um den großen grünen Kachelofen sitzen. An diesem Abend entsteht die Idee, ein Buch über die Stracks zu schreiben.

Erinnerungen! Wir klettern auf den riesigen Boden, der einem Archiv und Kostümfundus gleicht, und kramen in vielen Jahren Fernsehgeschichte. Günters Jacken, Hemden, Anzüge – alles fein aufgereiht. Lores Abendroben, die sie sich für TV-Ereignisse und für Bayreuth-Premieren schneidern ließ. Daneben Fotos, Filmkassetten, Plakate, Zeitungsausschnitte und Günters berühmte lederne Aktentasche. Ich bin entzückt. Wenn sie dir gefällt, nimm sie mit, ruft Lore von unten. Aber mein Mann, der meine Taschenleidenschaft kennt, vereitelt diese Schenkung. Die bleibt hier, sagt er. Und Lore findet das nun auch.

Dieser Dachboden-Visite folgen noch viele Gespräche über Ehe, Kinder, Krankheit, Besitz, Film, Theater, Politik, Kunst. Lore macht zu jedem Thema ihre Bemerkungen. Doch irgendwann geht ihr die Lust am Erzählen aus. Sie fühlt sich nicht mehr wohl in ihrer Haut. Ich möchte am liebsten alle Spiegel verhängen, klagt sie, ich mag meinen Verfall nicht sehen! Lore, die mal aussah wie die junge Liz Taylor.

An unserem Talkabend in Groß-Schwansee sieht sie immer noch gut aus. Wann ist denn Pause?, raunt sie mir zu. Sie will ihr Make-up überprüfen, die Lippen nachziehen und so weiter. Sohn Michael, der still in der Runde sitzt, wartet sichtbar nervös auf eine Raucherpause. Und Wittchen denkt an ihre beiden Hunde. Also Pause. Als wir gerade in der Garderobe verschwinden wollen, wird Witta aufgehalten. Jetzt bitte keine Autogrammwünsche, versuche ich die junge Frau abzuwimmeln. Aber da funkt Witta dazwischen. Natürlich gebe sie auch in der Pause ein Autogramm. Warum denn nicht?

Doch die Zuschauerin hat eine andere Bitte. Ihre krebskranke Mutter habe nur einen Wunsch, Witta mal die Hand zu drücken. Die Parfümwolke von Lore weht an uns vorbei, als sich Witta zu der kranken Frau in den nunmehr leeren Saal setzt und mit ihr die Pause verbringt. Später erfahre ich, dass diese Frau dann nur noch wenige Wochen gelebt hat.

Als Witta Pohl am 1. November 2007 Siebzig wird, schenkt die ARD der einstigen Mutter Drombusch eine kleine TV-Geburtstagsparty, zu der sie sich Gäste einladen darf. Wir sind auch dabei. Witta wirkt müde. Eigentlich wolle sie dieses Brimborium gar nicht. Sie habe viel zu viel zu tun. Die Pakete für die Waisenkinder in Russland müssten noch gepackt werden. Die sollen doch zum Fest ankommen. Witta ist unruhig, man sieht, dass sie sich nicht wohl fühlt. Was weniger an den sich häufenden Terminen liegt. Die Kamera fängt auch an ihrem Siebzigsten unbarmherzig ein, was man ahnt: Witta Pohl ist krank.

Unsere Telefonate, sonst mindestens einmal wöchentlich, versiegen allmählich. Manchmal hören wir Wochen und Monate nichts von ihr. Nur zu Weihnachten schickt sie nach wie vor per Fax ihren Rundbrief, den Appell an die Nächstenliebe. Witta, die Spendensammlerin, kommt ganz ohne die glamourösen Abende aus, zu denen alle Jahre wieder irgendwelche Millionäre aufrufen, um ihr Gewissen zu beruhigen und sich als Wohltäter in den bunten Blättern fotografieren zu lassen.

Eines Abends ruft Witta doch noch mal bei uns an und sagt so ganz nebenbei: Ich habe Blutkrebs, da ist nicht mehr viel zu machen.

Sie glaubte übrigens immer an ein Wiedersehen danach. Der Tod sei nicht das Ende. Allerdings wollte sie dort, wo auch immer das sei, nicht jeden wiedertreffen, dem sie in ihrem Leben mal begegnet sei. Das müsse nicht sein.

Aber Lore – die sie um drei Jahre überlebte – und Günter, das wäre ein Fest! Wobei Lore bestimmt gesagt hätte: Und wer bezahlt das?

Ich muss nicht auf die Psycho-Couch

Peter Ensikat

Schauspieler, Kabarettist, Schriftsteller

AR In unseren Berliner Zeiten hatten wir es nicht weit bis zur *Distel*. Das weithin bekannte Kabarett war nur ein paar Gehminuten von unserer Wohnung entfernt. Vis à vis vom Bahnhof Friedrichstraße, im Vorderhaus des alten Admiralspalastes. Eine Vergnügungsstätte, die ab 1911 mit Eisarena, Bädern, Sälen und Kegelbahnen, Café und Lichtspieltheater allseits beliebter Treffpunkt für Berliner und Besucher war. Selbst den Zweiten Weltkrieg hat das Haus wie durch ein Wunder überstanden, und seine nicht immer heiligen Hallen beherbergten Revuetheater, zeitweilig sogar die Staatsoper und manches mehr. Im Admiralspalast tagte am 21. und 22. April 1946 auch der Vereinigungsparteitag von KPD und SPD.

Danach begann die Zeit der SED – und irgendwie auch die Zeit der *Distel*, die im Rahmen der politischen Möglichkeiten ihre Stacheln ausstreckte. Jedenfalls logiert sie seit dem 2. Oktober 1952 im Vorderhaus des Palastes.

Als sie dort einzog, war ich fünf Jahre alt, lebte in einer mecklenburgischen Kleinstadt und half meiner Mutter liebend gerne in ihrer Probierstube beim Ausspülen der Schnapsgläser. Besonders die Gläser mit dem grünen Pfefferminzlikör spülte ich gerne, da meine kleine Zunge immer noch einen klebrig-süßen Rest ergatterte. Als meine Mutter mich eines Tages bei dieser Beschäftigung erwischte, war ich meinen Job los. Eine Sonderform von Arbeitslosigkeit, doch das nur nebenbei.

Zurück zur *Distel*. Die Bühne der Spötter hatte zu DDR-Zeiten Konjunktur. Hier wurde gelacht, gegenüber – Ironie des Schicksals – wurde geheult. Dort lag der sogenannte Tränenpalast, den die Besucher aus dem Westen bis 24 Uhr passiert haben mussten, wenn sie wieder zurück wollten. Die meisten wollten. Bepackt mit Büchertüten oder Erzgebirgs-Schnitzereien oder Meißner Porzellan beeilten sie sich, wieder in ihr buntes Deutschland zurückzukehren. Oft ging man vorher noch in die Distel. Oder günstig essen. Oder zum Friseur, Herrenschnitt, Fasson, für 1,60, also 30 Pfennig West. Die beliebten Insel-Bändchen kosteten 1,25 Mark der DDR. Ein Ostbesuch hatte also durchaus Vorteile.

Unser Vorteil, wenn es denn einen gab, bestand darin, dicht bei der *Distel* zu wohnen. Man kam manchmal schneller an Karten.

Diese Begehrlichkeits-Zeiten hatten auch was für sich. Wir genossen so einen Kabarett-Abend als etwas Besonderes. Hier bekamen die SED-Bonzen Hiebe, natürlich nur verbal. Für uns (und viele andere) war das die schönste Entspannung, und meist schlenderten wir danach noch auf einen Absacker in den Palast der Republik, den man später Erichs Lampenladen nannte. Wir mochten den Palast schon aus dem Grunde, weil wir dort Rosenthaler Kadarka bekamen, einen süffigen bulgarischen Rotwein. Tja! Je älter man ist, desto früher langweilt man die Leute mit persönlichen Erinnerungen.

Schon damals, Anfang der achtziger Jahre, als wir nach Berlin gezogen waren, gehörte Peter Ensikat zu den meist gespielten Kabarett-Autoren der DDR. Als dann später die *Distel* gesamtdeutsch wurde, übernahm der immer etwas melancholisch wirkende Ensikat die künstlerische Leitung. Das war von 1999 bis 2004. Aus der Not heraus, wie er stets anmerkte. Er habe sich nie danach gedrängt. Er habe eigentlich schreiben wollen. Aber nun war es eben so. Eine Geschichte, die mit Freundschaft und Verrat zu tun hat. Und mit der ehemaligen Intendantin der Distel, die sich wohl zu klassenkämpferisch mit der Stasi eingelassen hatte. Grund genug, Ensikat zum Talk einzuladen? Nein, sagt er, deshalb würde er nicht kommen. Das sei alles geklärt. Wenn er käme, dann mit neuen Arbeiten. Und so kam es.

Es ist November-Schmuddelwetter. Im Radio werden ein paar Staus gemeldet. Wird er pünktlich kommen? Der *Distel*-Autor und Schriftsteller kommt pünktlich zum Talk ins Kurhaus. Ich weiß, dass er nicht gerne verreist. Selbst die Autofahrt von Berlin nach Boltenhagen – gut drei Stunden – muss für ihn eine Überwindung gewesen sein. Anmerken lässt er sich nichts. Er hat Bedenken, dass bei dem Wetter überhaupt Leute kommen. Und dann noch zu ihm!

Er täuscht sich. Das Kurhaus ist gemütlich voll. Er hat, wie versprochen, sein neues Buch *Populäre DDR-Irrtümer* mitgebracht. Als er es aufschlägt, sagt er: Das hier ist heiter, das können Sie mir glauben.

Man glaubt ihm, nichts anderes hat man erwartet. Heute Abend will man lachen, ruhig auch mal schadenfroh sein. Ensikats Buch bietet dafür manche Steilvorlage. Es geht um den listigen Klassenfeind, die schrecklich schmeckende Schlagersüßtafel, den Kindergarten als kleinste Zelle im DDR-Gefängnis und manches mehr. Das kommt an. Die Stimmung ist so heiter, dass Ensikats leiser Einwurf fast untergeht. Ohne Vergangenheit kann man nicht leben, sagt er, das ist das eigentliche Thema meiner Bücher. Ich kann mir den ganzen Wahnsinn von der Seele schreiben, andere müssen auf die Psycho-Couch.

Er lächelt und sieht auf seine Brille, die ein bisschen am Halsband hin und her baumelt. Dann ist Pause.

Ich gehe mit ihm in einen kleinen Nebenraum des Kurhauses, in dem ein Tisch und ein Stuhl stehen, ein Kopierer und viele Kartons mit Informationsmaterial aus dem Ostseebad. Kaffee gibt es aus der Pumpkanne, der leider schon etwas lau schmeckt. Während Ensikat trinkt und sich eine Zigarette anzündet, schaut er immer wieder auf sein Handy. Ich fragte ihn, ob er noch einen Termin habe. Er schüttelt den Kopf. Aber er warte auf eine Nachricht. Nichts Geschäftliches. Ein lieber Mensch müsse eine schwierige Operation überstehen, dann sei alles gut. Ich traue mich nicht zu fragen, wer dieser liebe Mensch ist. Er will es offenbar für sich behalten.

Übernachten will er auch nicht in Boltenhagen. Ich fahre nach dem Talk gleich wieder zurück, sagt er. In Ensikats Gesicht, das jetzt ziemlich grau und eingefallen wirkt, ist nichts Heiteres mehr zu sehen. Na ja, wird schon werden, meint er und putzt die Brille. Wann geht's weiter?

Die Pause will er nicht zu lange ausdehnen. Wir gehen wieder in den kleinen Kurhaussaal, in den wir noch etliche Stühle hineingestellt haben, weil der Andrang doch weitaus größer war als geglaubt. Einige Besucher geben sich sogar mit einem Stehplatz an der Tür zufrieden, um Ensikat zu erleben.

Die Leute klatschen, als er mit mir aus dem Kabuff kommt. Wir setzen uns auf die maßgeschneiderte Bühne, von deren Schicksal an anderer Stelle dieses Buches berichtet wird, und das Frage-Antwort-Spiel geht weiter.

Ich frage nach seiner Reaktion, als bekannt wurde, dass seine beste Freundin, die Kabarettistin Gisela Oechelhaeuser, als Stasi-Frau enttarnt wurde. Freundliches Lächeln. Die Sache mit Gisela, die sei schon hart gewesen, aber eben nicht zu ändern. Man müsse sich mit manchen Dingen abfinden, das Leben ginge ja weiter – eben anders. Mehr wolle er dazu nicht mehr sagen. Mal sei Schluss mit der Stasi und diesem ganzen unappetitlichen Kram. Vielleicht könne man irgendwann wieder miteinander reden. Im Moment ginge das nicht. Ich erzähle ihm, dass wir sie auch eingeladen haben. Warum nicht, meint er. Damit ist das Thema Stasi erledigt, sein Buch ist wieder dran.

Ich finde, dass Ensikat gut lesen kann. Pointiert, ohne Theaterpathos. Dann klappt er das Buch zu, lässt die Brille baumeln, wie sie will, und verabschiedet sich.

Die Zuschauer wollen Autogramme, es bildet sich eine lange Schlange. Einer sagt, er sei damals Stammgast in der *Distel* gewesen. Mit damals meint er die DDR. Ensikat nickt freundlich und schreibt. Ein anderer will wissen, ob er Zukunftsängste habe. Nein, sagt der Autor, die habe er nicht. Er nehme es, wie es komme. Wir vereinbaren, dass wir wieder voneinander hören wollen. Und wenn Sie in Berlin sind, sagt Ensikat, melden Sie sich doch einfach auf einen Kaffee oder so...

Wir haben es nicht geschafft, das mit dem Kaffee. Die letzte Mail von ihm kam im März 2012. Ich hatte ihn gefragt, ob er sich vorstellen könnte, mit Egon Bahr zum 50. *Ostseetalk* zu kommen. Mit dem SPD-Urgestein hatte er gerade das viel beachtete Buch *Gedächtnislücken – Zwei Deutsche erinnern sich* herausgebracht. Ensikats Antwort ließ nicht lange auf sich warten:

Liebe Frau Rätzke, natürlich kann ich mir vorstellen, mit Egon Bahr im Mai nach Boltenhagen zum Ostseetalk zu kommen. Ob Egon Bahr sich dazu in der Lage sieht, weiß ich nicht. Er ist ja gerade neunzig geworden. Ich habe ihm Ihre Anfrage zugeschickt und denke, dass er in den nächsten Tagen, nach dem Trubel um seinen Geburtstag, sagen wird, ob er sich das zutraut.

Egon Bahr hat es sich nicht mehr zugetraut. Ensikat wollte alleine kommen. Er habe wieder neue Texte, daraus könne man lesen. Wir haben uns mit unserer Verabredung aber zu viel Zeit gelassen. Am 19. März 2013 ist Peter Ensikat gestorben. Mit 71 Jahren. Kein Alter, denke ich. Und denke auch an meinen Mann und mich.

RR Da ich nun schon ins Spiel gebracht wurde, sozusagen plötzlich und unerwartet, will ich ein paar Zeilen beifügen. Stichwort Pumpkanne. Die war mal in DDR-Zeiten das Objekt unserer Begierde. Wir lernten sie – die Pumpkanne - beim Volksschauspieler Herbert Köfer kennen. Er hatte uns in sein Haus am See samt Bootsfahrt eingeladen und bewirtete uns mit Kaffee aus der Pumpkanne. So ein

Wunderding gab es damals nicht bei uns. Herbert versprach, es uns demnächst aus Westberlin mitzubringen. Ich habe ihn später noch mehrfach daran erinnert, aber er lächelte nur schuldbewusst. Wir blieben pumpkannenfrei.

Dass Peter Ensikat das Gebräu im Kurhaus klaglos trank, sprach für seine Bescheidenheit. Als Gastgeber diverser Talks, Lesungen und Konzerte haben wir schon manches extreme Gegenteil erlebt.

Nur ein Beispiel: Konzerte mit Björn Casapietra waren immer ein Ereignis, auch für uns, und die Atmosphäre familiär. Seine Fans, vorwiegend in der Altersklasse 50 plus, reisten von weither an, er wurde gefeiert wie ein Star, obwohl seine Mutter, die Sopranistin Celestina Casapietra, noch viel berühmter war. An ihr haben wir uns übrigens versündigt, was uns heute noch beschämt: Wir hatten diese große Künstlerin, die schon an der Mailänder Scala gesungen hat, mit ihrem Sohn in der sparsam beheizten Kirche in Kalkhorst auftreten lassen, und das im schneekalten Frühling. Und Toiletten gab es auch nicht, nur zwei Dixi-Klos.

Aber zurück zum Tenor Björn, der das Publikum mit den schönsten Liebesarien begeisterte. Was wir ihm einige Male bieten konnten, reichte eines Tages nicht mehr, er wollte nur noch mit einem Manager auf Tour gehen. Der meldete sich dann bei uns mit einer „Bühnenanweisung“. Punkt 20 betraf das Catering: *Das Catering ausreichend für 5 Personen muss ab Eintreffen des Künstlers in der Garderobe bereitstehen, in der Regel ab ca. 16.30 Uhr.*

Was da gefordert wurde, überforderte uns, denn gewünscht wurden *ein Obstkorb (Bananen, Birnen, Orangen, Trauben...), ein Teller mit diversen Süßigkeiten, ein Teller mit Kuchen, ein Teller mit diversen belegten Brötchen (mit Käse, Mett, Salami...), 2 Kisten (12 Flaschen á 1,5 l) stilles Wasser (Nestlé, Volvic...), eine Flasche guten Rotwein (Primitivo etc.), Tee (div. Sorten), Kaffee. Ausreichend heißes Wasser, Gläser, Tassen, Besteck, Süßstoffe, Zucker, Honig, Milch...*

Es gab noch viel mehr Vorschriften und Wünsche, und so mussten wir dann sinngemäß antworten: Lieber Björn, wir mögen dich, aber wir haben nur eine Pumpkanne. Bitte bleib zu Hause! Und weiterhin viel Erfolg!

Ich sollte mich melden...

Hape Kerkeling

Schauspieler, Komiker, Autor

AR Wieder mal ein Kurzbesuch bei Witta Pohl in Hamburg-Alsterdorf. Sie freut sich über den unverhofften Besuch, die Freude ist doch hoffentlich nicht gespielt. Sie ist ja eine exzellente Schauspielerin und war als Vera Drombusch lange Zeit Fernsehliebling der Nation. Wir wiederum freuen uns, dass sie nach den nächsten Gästen unseres Ostseetalks fragt, dem sie und Günter Stracks Witwe Lore vor Monaten soviel Glanz verliehen haben. Ich nenne meinen Wunschgast Nr. 1, der wohl immer nur Wunsch bleiben wird: Hape Kerkeling! Wittchen, wie ihre Freunde sie nennen, sieht das viel optimistischer: Pass mal auf, das geht ganz einfach. Ich rufe Hape an und sage ihm, dass er unbedingt zu euch kommen soll. Schließlich sind wir ja verwandt.

Verwandt? Wusste ich noch gar nicht.

Na ja, sagt die Schauspielerin, nicht wie du denkst. Aber Hape ist der Pate von meinem Hund.

Und das soll den Vielbeschäftigten überzeugen, zum *Ostseetalk* in den hohen Norden zu kommen? Und dann noch ohne fünfstelliges Honorar? Immerhin habe ich schon etliche Korrespondenzen mit seinem Manager geführt. Ergebnis: Der Star hat keine Zeit.

Doch es geschehen noch Zeichen und Wunder. Einige Tage später ruft Witta Pohl wieder an und verkündet freudig: Halte dich bereit, Hape ruft an, das hat er mir versprochen.

Aber wann? Das wusste sie natürlich auch nicht.

Würde er denn wirklich kommen wollen?

Na klar, sagt Witta, aber ich soll mitkommen, und sein Patenhund natürlich auch.

In den kommenden Tagen liegt eines unserer Telefone (wir haben fünf im Haus verteilt, die wir meist suchen) immer in unserer Nähe. Und jedes Mal, wenn es klingelt, hoffen wir, dass es der Herr Kerkeling ist.

Hat er sich schon gemeldet?, will Witta wissen, als sie wieder mal anruft.

Leider noch nicht, sage ich enttäuscht. Wittchen tröstet mich: Ich werde ihm noch mal auf die Füße treten, bestimmt hat er es vergessen, weil er schon wieder irgendwo dreht.

Wir warten gespannt, Tage, Wochen. Nichts tut sich. Auch Witta meldet sich nicht.

Und dann treffe ich ihn doch. Nicht direkt. Ich bin zwangsweise Mitleser in der Berliner U-Bahn. Mein Gegenüber hält die große Zeitung so, dass ich keine Chance habe, wegzuschauen. So lese ich: *Hat er schon einmal gelebt? Hape Kerkeling enthüllt Seelenwunder.*

Dafür hat er also Zeit, denke ich. Und da meine Lesequelle an der nächsten Station aussteigt, erfahre ich nicht mehr, um welches Seelenwunder es sich bei Kerkeling handelt.

Schließlich vergessen wir Hape und freuen uns auf einen sonnigen Urlaub auf Fuerteventura. Unser Auto parken wir auf Wittas Grundstück, das hatte sie uns mal angeboten, weil es von dort zum Hamburger Airport nur ein paar Busminuten sind. Da spart ihr das viele Geld fürs Parkhaus, hatte die ebenso kostenbewusste wie hilfsbereite Schauspielerin gemeint.

Am dritten Urlaubstag in den Dünen von Corralejo klingelt das Handy. Unsere Tochter ist dran: Du, Hape Kerkeling hat vorhin angerufen. Erst dachte ich, dass mich jemand verarscht. Aber dann hat er gesagt: Ich sollte bei Ihnen anrufen. Er klang so vornehm. Da habe ich gesagt: bei mir nicht, sicher bei meiner Mutter. Aber die ist nicht da. Du, ich glaube, der war sogar froh, dass du nicht da warst. Jedenfalls meinte er, du solltest doch dann mal lieber seine Agentur anrufen. Das wäre besser, weil er jetzt wieder zum Dreh müsste. Die Pause sei vorbei. Dann hat er tschüs gesagt und aufgelegt.

Ich sage nichts. Auch mein Mann schweigt. Meine Tochter kichert. Wir sollten mal nicht so tun, als ob nun die Welt unterginge.

Das nun wirklich nicht. Trotzdem: Da hat man mindestens zwei Jahre versucht, Hape Kerkeling zum Talk einzuladen, und ist in der entscheidenden Minute nicht am Apparat. Hätte, hätte, Fahrradkette.

Dann sind wir aus dem Urlaub zurück und holen unser Auto bei Witta ab. Sie fragt, ob Hape sich mal gemeldet habe. Ja, sagen wir einstimmig.

Und? Wann kommt er?

Im Hintergrund kläfft Bolle, der Patenhund von Hape Kerkeling. Mehr hat sich nicht ergeben.

Zupfen Sie die Augenbrauen!

Angelika Milster

Sängerin und Schauspielerin

AR Du hättest allein die Milster einladen sollen, nicht noch weitere Gäste, kritisiert vorab eine Freundin. Die „weiteren" sind meine Talkgäste aus der Region, Leute mit besonderen Berufen oder Hobbys.

Das war sicher gut gemeint, sagt sie, aber wenn du solche Stars wie die Milster hier hast, kannst du doch nicht erwarten, dass jemand gespannt ist auf den Vater von ....

Ihr fällt der Name nicht ein. Ich ergänze: von Jens Voigt.

Sie nickt. Der mag ja nett sein, aber die Milster ist der Star!

Daran ist nicht zu zweifeln, trotzdem bleibe ich bei unserem Konzept. Vielleicht ist die Milster ja auch auf die anderen Gäste gespannt, die Eltern vom gefeierten Radrennsportler Jens Voigt zum Beispiel, dem Helden der Tour de France. Ein bisschen verunsichert bin ich nun aber doch. Wer weiß, ob das gut geht...

Schließlich trifft Superstar Milster in Groß Schwansee ein. Sie sieht so aus wie auf den zahlreichen Postern: sehr blond, sehr rote Lippen. Sie hat ihre Mutter mitgebracht. Den beiden gefällt das Schloss an der Ostsee, das eigentlich ein stilvolles Herrenhaus ist. Auch die reservierten Zimmer mit Blick in den weiten Gutspark sind ganz nach ihrem Geschmack. Dann will die Musical-Lady noch schnell einen Blick auf die Stätte des Ostseetalks werfen. Wir gehen zum einstigen Pferdestall, der seit ewigen Zeiten kein Pferd mehr gesehen hat. Heute ist er Kultur- und Veranstaltungsort, fein hergerichtet.

Auf dem Weg dorthin erzähle ich ein bisschen Schloss-Geschichte. Erwähne Wilhelm Ludwig Hartwig von Both, der diesen klassizistischen Bau 1745 errichten ließ. Und füge an, dass zu DDR-Zeiten in den Räumlichkeiten auch eine Schule war. Nach der Wende, erkläre ich wie eine Fremdenführerin, geriet das Herrenhaus samt Pferdestall in Vergessenheit. Irgendwie lag es wohl nicht auf der Gewinn-Landkarte westlicher Immobilienmakler. So blieb das teils verfallene Anwesen noch bis in die neunziger Jahre unbeachtet. Bis die Dorniers das Schlossgut kauften. Die Milster blickt auf. Wer kam?

Die Dorniers. Ihr Vermögen hatten sie mit Flugzeugen gemacht. 1929, als Flugzeugkonstrukteur Claude Dornier mit dem größten Flugboot, der Do X, die Welt verblüffte, begann die Familien-Erfolgsgeschichte. Und die folgenden Kriegs- und Nachkriegsjahre machten die Dorniers auch nicht ärmer. Einmal saß ein junger Dornier-Erbe, als er seinen Besitz inspizierte, mit gelangweiltem Gesicht beim *Ostseetalk* in der letzten Reihe. Er blieb nur wenige Minuten, dann war er weg.

Die Milster will nun doch noch vorab einen Blick auf die Räumlichkeiten werfen. Schon wegen der Lichtverhältnisse, sagt sie. Wie viele werden denn heute Abend kommen?, fragt die Milster. Ausverkauft, ruft mein Mann. Die Diva lächelt.

Doch als sie die Bühne sieht, ist sie irritiert: Erwarten Sie noch mehr Talkgäste? Sie zeigt auf die vier Stühle und zieht die ohnehin hochgezogenen Augenbrauen noch höher. Das sei aber nicht mit ihr abgesprochen. Welchen Part sie denn in so einer Runde habe? Und damit eins gleich klar sei, singen werde sie nicht. Dann hätte man ein Konzert mit ihr planen müssen.

Angelika Milster ist nicht amüsiert: Ich gehe ja auch nicht auf die Party vom Zahnarzt und sage dann: Schau dir mal meine Zähne an. Oder?

Sie sieht mich streng an.

Ich bestätige ihr, dass wir wirklich nur reden wollen. Wenngleich ich insgeheim gehofft hatte, dass sie sich wenigstens ein klitzekleines bisschen als Sängerin zeigen würde. Andere Gäste unseres Ostseetalks wie zum Beispiel Dieter „Maschine" Birr von den Puhdys oder Frank Schöbel legten richtig los, ohne sich zu zieren.

Aber sie ist La Milster! Und das seit 1983, als sie durch ihre Rolle im Musical *Cats* berühmt wurde. Sie sang im Theater an der Wien für die deutschsprachige Erstaufführung von Andrew Lloyd Webbers Musical *Cats* vor – und wurde engagiert. Auch wenn sie sich über einen Bühnenarbeiter, wie sie gern erzählt, damals besonders ärgerte. Er hatte, während sie vorsang, die ganze Zeit die Füße auf dem Tisch und hörte gelangweilt zu. Später erfuhr sie, dass der vermeintliche Bühnenarbeiter der Musikdirektor war. Heute ist er ihr Ehemann.

Apropos Füße auf dem Tisch. Ich erinnere mich an einen kurzen Arbeitsbesuch im Spiegel-TV-Büro in den 1990er Jahren. Stefan Aust saß damals in einem komfortablen Drehsessel, die Füße, in Cowboystiefel verpackt, auf dem Schreibtisch. Die Haltung änderte sich auch nicht, als er sich mit mir kurz über einen Ostpolitiker unterhielt, an dessen Stasi-Akten er dran sei. Als er schließlich seine Füße vom Tisch nahm und aufstand, sah ich, dass er sehr klein war. Wir haben uns dann auf Augenhöhe verabschiedet und nie wieder gesehen.

Nun noch eine kleine Abschweifung.

Zehn Jahre nach Angelika Milsters Karrierestart habe ich *Cats* am Broadway in New York erlebt. Wer die Rolle der Grizabella gesungen hat, weiß ich nicht mehr. Nicht vergessen habe ich das Popcorn-Knistern. Es war eine Nachmittagsvorstellung, und viele Zuschauer aßen dabei tatsächlich Popcorn. Das störte weder die Akteure noch die restlichen Zuschauer. Auch dass mein Gastgeber, ein befreundeter Regisseur, neben mir einschlief und manchmal kurz aufschnarchte, fand außer mir niemand peinlich. Dann kam der Moment, wo kein Popcorn mehr gegessen wurde: der Song Memory. Die alte Katze Grizabella singt sich bei Bühnen-Mondschein die Seele aus dem Leib. Voller Sehnsucht erinnert sie sich an die Zeit, als sie noch jung und schön war. Aber wer kann nur von Erinnerungen leben? Das Glück, so hofft sie, liegt im neuen Tag. Das Publikum hoffte mit. Selbst mein Nachbar war wach geworden, putzte seine Brille und klatschte. Dass wir danach bei McDonald's riesige Burger gegessen haben, war an diesem Nachmittag vielleicht auch eine Form von Glück. Jedenfalls schmeckten sie. So war das damals in New York.

Und nun steht sie vor mir, die legendäre deutsche Cats-Grizabella. Das kurze weißblonde Haar streng nach hinten gekämmt. Das Gesicht nicht zurückhaltend geschminkt. Alles ist deutlich ausgemalt, nichts angedeutet. Sie erinnert mich an die nette Friseuse, zu der ich einmal im Jahr gehe, um dann festzustellen, dass es doch vergebliche Mühe war und ich mir die paar Haare lieber selbst schneiden sollte. Die Milster beherrscht auch dieses Handwerk, das sie in Vorzeiten mal gelernt hat. Sie unterbricht meine geheimen Gedanken und ruft mir zu, während sie mit ihrer Mutter, der fröhlichen Begleitung, ins Hotel geht: Zupfen Sie sich die Augenbrauen, die sind viel zu buschig und drücken auf die Augen. Man sieht ja nichts!

Dann winkt sie mir zu und lässt mich im Schlossgarten von Groß Schwansee zurück.

Augenbrauen zupfen! Das hat mir noch niemand gesagt. Bis zum Talk habe ich noch einige Stunden Zeit, fahre schnell nach Hause und nehme meine Augenbrauen genauer unter die Lupe. Buschig? Na und? Dennoch beginne ich, sie auf Linie zu bringen – mit dem Rasierzeug meines Mannes. Allmählich bekommen sie Form.

Als Teenager habe ich meine Wimpern mit schwarzer Schuhcreme geschminkt. Eg-Gü schwarz, Schuhcreme aus Dresden. Eg-Gü, das stand für Egbert Günter aus Meerane. Mir jedenfalls kam die schwarze Schuhcreme damals sehr zupass. Ging ein Wimpernstrich daneben, heulte ich mir die restliche Schuhcreme aus den Augen.

Jetzt ziehe ich nichts nach, sondern rasiere weg. Später sagt mein Mann: Irgendwie siehst du heute so anders aus.

Besser?, will ich wissen? Er schweigt. Als wir später alle auf der Bühne sitzen, ruft Angelika Milster spontan ins Publikum: Sie hat ihre Augenbrauen nicht gezupft, wie ich geraten habe, sondern rasiert. Aber immerhin, jetzt sieht man doch die Augen!

Die Leute klatschen und lachen, obwohl viele doch gar

nicht wissen, wie ich vorher aussah. Jetzt geht auch meinem Mann ein Licht auf: Er weiß nun, was sich an mir verändert hat. Immerhin. Auch die anderen der Talkrunde schauen suchend auf mein Gesicht.

Angelika Milster legt mir ihre Hand aufs Knie und meint: Gut sehen Sie aus!

Soll ich mich darüber ärgern oder freuen? Ich entscheide mich für Letzteres.

Die Talkrunde beginnt mit Jens Voigt, der gar nicht da ist. Aber Fans des Radsport-Stars, der immer noch als Dassower gilt, also als Nordwestmecklenburger, obwohl er schon lange in Berlin oder sonstwo in der Welt lebt, sind an diesem Abend stark vertreten. Sie warten auf die Versteigerung einiger Tour-de-France-Utensilien, die Vater Voigt von Jens mitgebracht hat. Das Spektakel beginnt. Die Leute bieten und bieten, Walter Hitz, Voigt-Fan seit ewigen Zeiten, ist in seinem Element. Gemeinsam mit Vater Voigt sind sie die wahren Stars des Abends. Wer denkt da noch an den Weltstar, der ziemlich still in der Talkrunde sitzt.

Ich weiß, ich muss die begeisterte Versteigerung, die fast Karnevalstimmung hat, beenden. Aber wie? Vielleicht die letzte Chance, die Milster doch zu einem kleinen Liedchen zu überreden? Ich frage zaghaft an. Die Zuschauer klatschen begeistert, aber die Milster lehnt ab: Ich habe Ihnen doch schon im Vorfeld gesagt, dass ich das nicht mache. Wer mich singen hören will, kommt in meine Konzerte. Punkt.

Aber die Schauspielerin Milster ist zum Reden bereit. So erzählt sie von ihrer Zusammenarbeit mit Hape Kerkeling in der Fernsehkomödie *Club Las Piranjas*. Für Sekunden ist sie wieder die Animateurin Bigi, die mit Edy-Hape einen Pauschal-Cluburlaub so durchorganisiert, dass man ihn auch als Zuschauer nicht vergisst. Sie ist komisch, sie ist unterhaltsam, sie ist der weißblonde Typ, der immer ein bisschen an Doris Day erinnert – oder erinnern will. Aber in der Talkrunde denkt wahrscheinlich niemand an Doris Day.

Die Versteigerung geht weiter, und mir entgeht, dass der blonde Musical-Star immer mehr zur stillen Beobachterin des Spektakels wird. Ich sehe, wie mein Mann auf seine Uhr zeigt. Das bedeutet Pause. Pause? Aber die Milster ist doch noch gar nicht zu Wort gekommen!

Das ist ja nicht weiter schlimm, sagt sie auf dem Weg zur Garderobe. Aber hätte ich gewusst, dass es heute Abend um die Tour de France geht, hätte ich natürlich meinen Mann mitgebracht, nicht meine Mutter. Aber es wird ja nicht den ganzen Abend um Jens Voigt gehen – oder?

Rumms, das saß. Wann singt denn Frau Milster? Kommt sie noch dran?, fragt mich eine rundliche Frau mit Umhängetäschchen. Was soll ich antworten? Ich vertröste auf zweite Abendhälfte. Dann ist sie dran, verspreche ich. Ich bin bedient und verschwinde aufs Klo. Dort stehen viele Frauen in einer Schlange und warten. Ob denn die Milster noch singen würde, werde ich erneut gefragt. Man bietet mir an, dass ich vorgehe. Aber so vor aller Ohren, das kann ich nicht. Ich danke, tue so, als hätte ich noch was vergessen, und schere aus der Schlange aus. Die Blase muss warten. Leider.

Inzwischen liebkost eine alte Dame den ersteigerten Voigt-Löwen, für den sie 400 Euro hingeblättert hat. Die Leute beneiden sie und einige fragen, ob sie das Tier mal streicheln können.

Als Radport-Oberfan Walter Hitz nach der Pause wieder das Mikrofon nehmen will, schreite ich ein. Jetzt ist La Milster dran. Ich werde energisch, was die vielen Radsportfans nicht so richtig verstehen. Egal.

Letzter Versuch: Ich frage die Milster, ob sie nicht doch ein kleines Lied singen will. Ein paar Töne, bettele ich.

Sie lässt sich nicht erweichen: Kommen Sie in meine Kirchenkonzerte, ich gastiere in verschiedenen Kirchen, da können Sie mich hören. Und jetzt dürfen Sie fragen!

Wobei sie gar nicht auf meine Fragen wartet. Sie weiß, was das Publikum hören will und erzählt routiniert aus ihrem Leben: von ihrem *Cats*-Start, von ihrem Mann, dem Schweizer Regisseur und Komponisten, von ihrem Hund, von Schönheit und von Glitzerwelt. Sie erwähnt, dass sie eigentlich immer ein Tenor sein wollte und deshalb auch *Nessum Dorma* aus Puccinis *Turandot* singen könne. Dass sie seit 2002 regelmäßig in Kirchen auftrete. Sie sagt, dass sie immer noch Lampenfieber habe, und schaut mich dabei kokett an. Sie kommt auch auf ihren knallroten Lippenstift zu sprechen, der schon lange ihr Markenzeichen sei.

Wieder sieht sie mich an, und ich fürchte, dass sie auf meine relativ blassen Lippen zu sprechen kommt. Aber sie lässt es. Sie erwähnt nichts von ihrer schweren Krankheit, die sie überstanden hat. Und sie spricht nicht über ihre vergangene Familie, ihren ersten Mann und ihren Sohn. Dafür winkt sie ihrer Mutter zu, die in Sichtweite sitzt.

Dass die Milster dann irgendwann doch noch ein kleines Lied anstimmt, hat sie wohl selbst überrascht. Und mich erst recht.

Der Genosse hat recht gehabt

Eberhard Esche

Schauspieler, Rezitator, Autor

AR Gewarnt hatten mich viele. Weshalb ich alle Warnungen in den Wind schlug, kann ich nicht sagen. Vielleicht war es der journalistische Jagdtrieb, der mich offenbar, auch nach vielen Jahren außer Dienst, immer noch überkam. Jedenfalls hatte ich mir in den Kopf gesetzt, Eberhard Esche, den großen deutschen Theaterstar, in unsere kleine Talkrunde einzuladen. Talk auf dem Land.

Drei Jahre Vorbereitung. Ich hatte viel über ihn gelesen und zehrte noch immer von seinen glanzvollen Auftritten im Deutschen Theater. Esche als furchtloser Lanzelot im gesellschaftskritischen Märchen *Der Drache* von Jewgeni

Schwarz. Was für ein Drachen-Kämpfer! Esche gab diesem Lanzelot sein Herz. Obwohl er es bereits verloren hatte. Nicht nur an seine Glanzrolle.

Esche ist als Lanzelot gefeiert worden, auch außerhalb der DDR. 1965 in Paris zum Beispiel, erzählt Heide, seine erste Frau. Doch sie erlebte diesen großen Triumph nur aus der Ferne mit. Esche hatte Frau und Tochter bereits verlassen. Auch in das kleine Boltenhagener Sommerhäuschen kam er nicht mehr. Esche war jetzt auf den Bühnen der Welt unterwegs. Als Lanzelot, als DDR-Bürger. Und Esche fühlt sich hundert Prozent als DDR-Bürger.

In den ersten Jahren ihrer Ehe sei er sogar so weit gegangen, ihre roten Westschuhe aus dem Fenster zu werfen, erinnert sich Ehefrau Nr. 1. Selbst nach der Wende lässt Esche nichts auf die DDR kommen, auch wenn er in seinen Film- und Bühnenrollen immer ein wenig ironisch an ihr kratzte. Das führte zu Missverständnissen. Aber Esche ändert nichts. Ihm ist es wurscht, wie man ihn nennt: Stalinist oder Betonkopf. Esche bleibt Esche. Das bekomme auch ich zu spüren.

Das erste Mal treffe ich ihn auf der Leipziger Buchmesse, im März 2005. Hunderte Fans drängeln sich um die vielen Lesebühnen. Ich kann zwar nichts sehen, aber hören. Esches unverkennbare Stimme, dieser leicht sächsisch gefärbte Singsang. Er liest aus seinem gerade erschienenen autobiografischen Buch *Wer sich grün macht, den fressen die Ziegen*. Ich drängele mich durch die Menschenmenge und stehe nun direkt vor der Bühne, die aussieht wie ein Boxring. Esche sitzt im schwarzen Rollkragenpulli, die Lesebrille weit vorn auf der Nase, an einem kleinen Tischchen und spielt mit seinen Sätzen. Er wirkt jung, obwohl er schon über Siebzig ist. Das Publikum ist hin und weg.

Ich auch. Aber für Schwärmerei bleibt keine Zeit. Ich will Esche sprechen, ihn überzeugen, nach Boltenhagen, dem Ferienort seiner jungen Jahre, zu kommen. Ich plane meine Sekundenbegegnung mit ihm wie einen Überfall im TV-Tatort. Wo würde er langgehen, wenn er die Bühne verlässt? Und hätte er überhaupt Ohr und Auge für mich? Wobei letzteres sowieso schwierig wäre, denn erstens gehöre ich bereits zur sogenannten Ü-Generation. In meinem Fall über Sechzig. Und zweitens haben sich etliche Poetinnen, zumeist sehr hochgewachsen, bereits mit Esche-Büchern gut vor der Bühne positioniert. Als ich merke, dass ich immer mehr zur Seite geschoben werde, erwacht mein Ehrgeiz. Ich nähere mich schon vorfristig dem Ausgang.

Dann ist es soweit: Esche senkt die Stimme, die Lesung ist vorbei. Beifall, Begeisterungspfiffe. Die Leipziger Buchmesse hat ihren Star, und ich warte auf ihn – am Hallenausgang. Endlich, nach etwa zwanzig Minuten, huscht er an mir vorbei. Das heißt, er will vorbeihuschen. Ich versperre ihm den Weg. Sekunden mustert er mich überrascht, aber freundlich. Ich nenne Boltenhagen, Heide und tue so, als würden wir uns kennen. Er erinnert sich natürlich nicht, weil es nichts zu erinnern gibt. Aber der Name Heide zieht. Immerhin, es war eine schöne Zeit, ihr gemeinsames Boltenhagen. Sieben Jahre war er mit Heidi, wie er sie nennt, verheiratet. Heidi, sagt er, solle ihm das mal alles genau erzählen, dann würde man ja sehen...

Galant deutet er einen Handkuss an und eilt davon.

Und nun? Ich telefoniere mit Heide-Heidi, der Ersten. Der Frau, die er verließ, als Tochter Esther gerade drei Jahre alt war. Heide, einst mit Esche im selben Schauspiel-Studienjahr, macht mir wenig Hoffnung. Aber sie wolle mit ihm reden. Also warten.

Tage, Wochen. Dann endlich meldet sie sich. Sie habe es ja gewusst, Esche hielte nichts von Talkrunden. Aber er könne sich vorstellen, mit ihr zusammen in Boltenhagen noch mal alte Erinnerungsstätten abzulaufen. Und danach könne man sich ja vielleicht zur Lesung treffen. Heide holt Luft, sie spricht gern im Konjunktiv. Dann sagt sie: Du sollst ihn anrufen, aber nicht vor 15 Uhr, weil er Mittagsruhe hält.

Ich rufe pünktlich zum genannten Termin bei ihm an. Bevor ich überhaupt zu Wort komme, fragt er, welches Kapitel er denn lesen solle? Eine Testfrage, denke ich. Er will prüfen, ob ich das Buch überhaupt gelesen habe. Ich bestehe die unerwartete Prüfung, auch wenn der Meister das von mir genannte Kapitel nicht lesen will. Nein, das nun wirklich nicht, sagt er.

Stille in der Leitung. Dann wieder seine Singsang-Stimme: Schreiben Sie mir alles auf, was und wie Sie es wollen, dann werden wir sehen. Er wünscht mir noch einen schönen Tag. Ich bin enttäuscht. Dennoch setze ich mich hin und schreibe Termine und Wünsche für Esche auf.

Vermittlerin Heide tröstet mich: Er würde sich bestimmt melden, er sei zuverlässig. Kurz darauf ruft mich Esche an und sagt zu. Er komme am 24. August nach Boltenhagen, um mit Heidi Erinnerungen zu besichtigen. Und danach könne er dann in Groß Schwansee lesen und mit mir reden.

Ich hatte es geschafft! Esche, der legendäre Theater-Star würde kommen.

Und dann steht er vor uns im Park. Das Schlossgut als Hintergrund. Es ist ein warmer Spätsommermittag. Mein Mann teilt ihm stolz mit, dass wir für ihn wunschgemäß eine Suite reservieren ließen. Esche antwortet: Wenn ich etwas hasse, dann Hotels!

Zu mir ist er galant: Sie sehen bezaubernd aus, gnädige Frau.

Ich bekomme wieder diesen angedeuteten Handkuss, den man nicht im Sozialismus lernt. Kein Zweifel, dieser Mann ist ein systemübergreifender Charmeur. Der Talkabend mit ihm scheint ein Kinderspiel. Ich sollte mich irren.

Die heitere Küss-die-Hand-Stimmung verflüchtigt sich schnell, als Esche den Talk-Ort sieht. Nichts gefällt ihm. Weder der lichtdurchflutete Saal noch die Bühne. Vom Licht ganz zu schweigen. Man müsse, meint der legendäre Mime, alles anders stellen. Vor allem müssten andere Scheinwerfer her! Andere Scheinwerfer?

Es ist Sonnabend, wir sind auf dem flachen Land und nicht in Berlin. So könne er unter gar keinen Umständen lesen, sagt Esche. Dann sieht er durch die hohen Saal-Fenster die ersten Zuschauer, die schon mal nach dem Theater-Star Ausschau halten. Unser Talkgast will nun wissen, wie viele Karten denn verkauft seien. Ausverkauft? Er sieht mich streng an. Ich nicke, obwohl ich nicht weiß, wie der Kartenverkauf gelaufen ist. Was, wenn nur wenige kämen? Was, wenn vielleicht nur vierzig oder fünfzig Zuschauer noch Interesse an dem einstigen DDR-Theaterstar hätten?

Ich verfluche den Ostseetalk, den mein Mann und ich erfunden hatten, als wir von Hamburg aufs Land zogen. Wir wollten auch hier ein buntes Leben haben. Die ersten Talkabende mit Prominenten fanden noch in einer kleinen Boltenhagener Bar statt. Mehr als sechzig Zuschauer passten da nicht rein. Und die Promis, die wir meist noch aus unserer Redakteurs-Zeit aus Berlin und Hamburg kannten, kamen gerne zu uns, anfangs sogar ohne Gage. Zu bieten hatten wir nur freie Übernachtungen in schönen Hotels und – bei Sympathie – selbstgebackenen Streuselkuchen. Im Sommer dann oft einen Rotweinabend in unserem Garten. Das waren noch Zeiten! Inzwischen bestimmte die TV-Bekanntheit den Stargast, selbst in unserer kleinen handgemachten Talkrunde. Als Sängerin Veronika Fischer eingeladen wurde, glaubten die Leute, es komme Helene Fischer. Und sie waren enttäuscht, als dann der einstige DDR-Star neben mir saß.

Und nun Esche. Unser Herzens-Wunschgast. Aber kennt man ihn noch? Er ist kein TV-Star. Seine Filmrollen liegen Jahrzehnte zurück. Uns wird nun doch mulmig. Wir brauchen dringend Ermunterung. Aber von Esche kommt nur Genörgel: falsche Scheinwerfer, unmöglicher Tisch, schlechte Leselampe, verkehrte Stuhlreihen.

Esche macht den Hörtest. Kann man mich in der letzten Reihe auch noch gut verstehen?, ruft er mir zu. Als ich nicht gleich antworte, da ich ja an der Bühne stehe, kommt eine Belehrung – nur für mich: Die Leute haben ein Recht darauf, sie zahlen ja Eintritt!

Das letzte Wort feuert er gewissermaßen in den Saal. Ich habe verstanden. Sprechprobe für Esche, der nun in der letzten Reihe sitzt. Geht, sagt er und ist plötzlich auch mit den Scheinwerfern, Stuhlreihen und der Tischlampe zufrieden. Er wolle sich jetzt zurückziehen und noch ein bisschen ausruhen. Wir hätten ja nun alles besprochen. Er legt sein Buch, aus dem er lesen will, auf den Tisch.

Als er weg ist, blättere ich die Seiten durch. Ich bin überrascht: mein Lese-Vorschlag, den er zunächst vehement ablehnte, ist nun doch dabei. In Gedanken gehe ich noch einmal alles durch, was ich ihn fragen will, und ahne schon, dass es anders kommt.

Auftritt Heide-Heidi. Sie trägt ein Pünktchen-Kleid,

leicht, luftig, jung. Treffen sich heute Abend etwa Goethe und Lotte? Das einstige Jugendliebespaar, das sich im Alter wieder begegnet? Jedenfalls hat es Thomas Mann mit feinster Ironie in Lotte in Weimar so erzählt.

Aber Heide-Heidi ist nicht Lotte, und Esche kein Goethe. Gespannt bin ich trotzdem, wie die beiden ihre Ehe für einen Tag führen. Denn Heidi ist an diesem Abend wieder Frau Esche. Zumindest für den Hotelchef, der sie „einfach super" findet und ihr ein stilvolles Zimmer in der Nähe von Esches Suite gegeben hat. Auch mit über Siebzig ist sie noch eine schöne Frau, Falten hin oder her. Ob sie Esche noch gefällt?, überlege ich. Von ihrem zweiten Ehemann, dem international bekannten Dokumentarfilm-Regisseur Gerhard Scheumann, ist sie nur Heide genannt worden. Klare Abgrenzung von Esches Heidi. Jeder der berühmten Männer hat wohl eine andere Frau geliebt. Der eine Heidi, der andere Heide.

Lass ihn machen, wie er will, dann wird es gut, ruft sie mir zu. Heidi sitzt in der ersten Reihe.

Der Saal füllt sich. Als alle Stühle besetzt sind, muss noch Nachschub besorgt werden. Weit über zweihundert Menschen sitzen dicht gedrängt im Saal. Mein Mann strahlt: Du siehst, für Esche strömen sie von sonstwo her!

Ich bekomme vor Aufregung einen trockenen Mund. Mein Mann gibt mir ein Zeichen, Esche steht im Foyer und wartet, dass ich ihn ankündige. Braucht einer wie er überhaupt einen Moderator? Nein. Ich bleibe trotzdem.

Esche geht hastig durch den Saal, mit Handgepäck, und steuert auf den Platz zu, auf dem ich sonst immer sitze. Wenn schon. Ich kann mir langes Warmreden sparen, weil er sofort beginnt. Er redet über Gott und die Welt, über Gut und Böse, über Jung und Alt. Er zieht das Publikum schon nach wenigen Minuten in seinen Bann.

Aber irgendwann will ich auch mit ins Spiel und frage ihn nach seiner Beziehung zu dieser Gegend, zu Boltenhagen. Da ist er, dieser typische Esche-Blick, der mir sagt: Na gut, ich mache dir den Gefallen, ich spiele mit. Meinetwegen reden wir über Boltenhagen. Obwohl die Leute das eigentlich nichts angeht. Seine Augen suchen Heidi in der ersten Reihe – sie habe ihn hergelockt.

Wieder hake ich ein, weil mir eine kleine Geschichte einfällt, die seine Ex-Frau Heide mir beim Rotwein erzählt hat. Demnach soll er seinerzeit, also in den sechziger Jahren, Eintrittsverbot für das damalige Fritz Reuter Heim bekommen haben, heute steht dort das Seehotel. Der kontrollierende Polizist (im DDR-Deutsch ABV, Abschnittsbevollmächtigter) beanstandete Esches NATO-Plane (DDR-Deutsch für Parka) und dessen Nietenhosen (DDR-Deutsch für Jeans). So blieb der junge Mime draußen vor der Tür.

Daran könne er sich nicht erinnern, sagt Esche. Und wenn die Geschichte stimme, worauf Heidi in der ersten Reihe heftig nickt, dann habe doch der Genosse Abschnittsbevollmächtigte Recht gehabt. So wie er, Esche, gekleidet war, habe man nun wahrlich nicht auf die Tanzfläche gehen können.

Das Publikum lacht, es ist entzückt. Dieser Esche! Dieses Schlitzohr! Kein Mensch kommt auf den Gedanken, ihm solche Interpretation zu glauben. Warum eigentlich nicht? Warum darf Esche sagen, was andere nicht dürfen? Wenn man das wüsste!

Noch läuft alles gut, wir reden ein bisschen hin und her. Und dann endlich: Esche liest! Er zieht alle Register seiner Vortragskunst, man könnte eine Stecknadel fallen hören, so konzentriert hört das Publikum zu.

Und in diese Aufmerksamkeit hinein macht es klick, klick, klick. Immer wieder. Ein junger Fotograf lässt den Auslöser wüten. Esche hört auf zu lesen. Stille. Dann wendet er sich an den Knipser und verwarnt ihn, mit leiser, sehr leiser Stimme. Der junge Mann geht mit hochrotem Kopf zurück auf seinen Platz. Nun macht Esche weiter.

Später erzählt mir Heide, dass er schon mal eine Lesung wegen störenden Handyklingelns abgebrochen habe. Unser Abend aber kommt trotz der Unterbrechung noch tüchtig in Fahrt. Esche fragt sogar, ob er den *Hasen im Rausch* bringen solle. Der Saal tobt. Dann rezitiert der schlanke Mann im schwarzen Rolli die satirischen Verse vom sich überschätzenden Hasen, der es im Rausch sogar mit einem Löwen aufnehmen will. Aber nur im Rausch. Nach etlichen Zugaben wird der große Mime mit stehenden Ovationen endlich entlassen. Esche, ein Ereignis!

Warum hast du ihn eigentlich nicht nach Wolf Biermann gefragt?, will Schulfreundin Edith später wissen. Sie kennt Esche noch aus der Boltenhagen-Zeit. Sie waren Nachbarn, Sommer-Nachbarn.

Biermann und Esche, das hätte nicht gepasst, sage ich. Er habe seine Meinung zum selbstverliebten Biermann nicht geändert, halte ihn für total überschätzt. Er sei auch heute nicht sein Freund. Edith versteht das nicht. Trotzdem bleibt sie geduldig in der Autogrammschlange stehen und wartet, bis sie dran ist. Ob sie Esche nach Biermann gefragt hat? Ich weiß es nicht, wir haben uns danach nicht mehr gesehen.

Dann: Warten auf Esche. Der Kellner fragt immer wieder, ob er das Essen schon auftragen solle. Doch wir warten, auch wenn uns der Magen knurrt. Nach dreißig Minuten kommt er, gut gelaunt und kein bisschen müde. Er will erst noch hören, wie wir den Abend fanden. Wir machen Komplimente.

Der Mime lehnt sich zufrieden zurück, jetzt hat er Hunger. Was gibt's denn? Und während er die extra für diesen Abend gestaltete Menükarte liest, passiert es. Mein Mann betritt das Schlossgut-Restaurant ausgerechnet mit jenem Fotografen, der Esche mit seiner unpassenden Knipserei aus dem Konzept gebracht hat. Hier ist noch ein Gast, sagt mein Mann. Er hätte so verloren auf dem Parkplatz gestanden, weil ihm sein Autoschlüssel irgendwie abhanden gekommen sei.

Der Fotograf setzt sich ausgerechnet Esche gegenüber. Der Mime wirkt plötzlich lustlos. Er probiert dennoch das Esche-Ostseetalk-Menü (unser späterer *Ostseetalk*-Gast Sarah Wiener ließ das eigens für sie kreierte Menü stehen, ohne es zu kosten).

Es gibt Zweierlei von Barbarie-Ente auf Erbsenpüree und Apfelessigsauce. Dann plaudert die Theater-Legende noch ein wenig hin und her, schaut leicht spöttisch über den Brillenrand auf den Fotoreporter und wird dann deutlich müde. Daran kann auch Heidi, die erste Frau Esche, im schönen Georgette-Kleid nichts ändern. Küss' die Hand – und weg ist er.

Auch das vorzügliche Hotelfrühstück anderntags hat er nicht mehr genossen. Esche fuhr einfach ab.

Wenige Monate später starb der große Schauspieler. Der *Ostseetalk* im Schlossgut Groß Schwansee gehörte zu seinen letzten öffentlichen Auftritten.

RR Gott sei Dank hat er nicht gelesen, was zwei Tage später im Lokalteil der Ostsee-Zeitung stand. Wörtlich: „In unserem gestrigen Bericht ‚Ein Schauspieler der Extraklasse' über den Ostseetalk im Schlossgut Schwansee hat sich ein Fehler eingeschlichen. Der Titel des Buches der früheren Ikone des heute noch existierenden Deutschen Theaters in Berlin, Eberhard Esche, lautet: ‚Wer sich grün macht, den fressen die Ziegen' und nicht die Frösche.

Über freundschaftliche Kontakte zu Esches erster Frau, Heide Esche Scheunemann, hatte Moderatorin Angelika Rätzke den Künstler nach Nordwestmecklenburg geholt und begeisterte damit ein großes Publikum."

So weit, so gut. Bis auf einen neuen klitzekleinen Fehler. Unsere Freundin heißt nicht Scheunemann, sondern Scheumann. Immer noch. Aufhorchen ließ aber die Formulierung „frühere Ikone des heute noch existierenden Deutschen Theaters". Wird das Deutsche Theater in Berlin eines Tages von Immobilienfröschen gefressen?

Da müssen Sie noch was drauflegen

Wolfgang Stumph

Schauspieler

AR Das ist ja hier hoch professionell!, ruft er in allerfeinstem Sächsisch. Also da müssen wir noch mal verhandeln!

Wolfgang Stumph zählt die Stuhlreihen und schüttelt bekräftigend den Kopf. Nee, so geht das nicht. Da müssen Sie noch was drauflegen!

Wir warten ab, ob der Einspruch nicht vielleicht doch ein Witz ist. Aber nichts da. Stumph murmelt die blitzschnell geschätzte Summe der Abendeinnahme – und will mehr Honorar. Die Hälfte müssten wir noch drauf packen, sonst sei er weg. Das ist eine ernste Drohung, das spüren wir. Die Situation spitzt sich zu, zumal die ersten Zuschauer schon vor der Tür stehen und auf Einlass warten.

Mein Mann versucht, den Schauspieler, der gerade von einem Auftritt in der näheren Umgebung gekommen ist und bei uns einen Zwischenstopp einlegt, zu beruhigen. Er erklärt ihm, was noch alles an diesem Abend bezahlt werden muss. Und dass eigentlich für die Veranstalter, also uns, herzlich wenig übrig bleibt. Aber der beliebte Schauspieler bleibt dabei: mehr Gage – oder Abflug.

Also mehr Gage. Einverstanden, sagt mein Mann und schlägt nun vor, das geforderte Mehrhonorar dem Tierheim hier in der Gegend zu spenden.

Das müsse man ihm schon überlassen, wem er was spendet, murrt Stumph.

Die Stimmung ist eisig. Ich tue mir selbst leid, denn in wenigen Minuten muss ich mit dem zornigen Mann auf die Bühne. Und ich weiß genau, dass ich meine Stimmung nur schlecht verbergen kann. Am liebsten würde ich sagen: Euer Stumpi ist alles andere als der liebe Kumpel von nebenan, euer Stumpi ist geldgierig und längst nicht so warmherzig, wie er immer spielt. Das hätte ich gerne gesagt. Hätte...

Minuten später sind wir beide auf der Bühne. Kaum zu glauben: Wolfgang Stumph verwandelt sich sekundenschnell in den liebenswürdigen Stumpi. Und den muss man einfach mögen. So vergesse ich die für uns erhebliche Geldforderung und spiele mit, sogar drei Stunden lang! Denn der begnadete Schauspieler ist auch ein begnadeter Entertainer.

Er erzählt Witze, Anekdoten, spielt Szenen kurz an und macht auch sonst noch so allerlei, was dem Publikum gefällt. Man erinnert sich an seine wohl berühmteste Filmrolle in *Go, Trabi, go*, und man sieht in ihm den beliebten TV-Kommissar Stubbe, der genauso aussieht wie der Stumph auf der Bühne.

Wo Stumpi drauf steht, ist auch Stumpi drin, das ist seine Devise, sein Slogan. Davon rückt er auch an diesem Abend nicht ab.

Er war der sächsische Rühmann der DDR. Heute ist Stumph eine deutsche Marke. Darf ich noch ein bisschen bleiben?, kokettiert er in meine Richtung, weil er sieht, dass ich auf die Uhr schiele. Applaus für den Star. Das Publikum kann natürlich nicht wissen, dass der Küchenchef des Schlossguts schon lange wartet – er hat eigens für TV-Liebling Stumph ein festliches Menü zusammengestellt – wie bei allen unseren *Ostseetalk*-Gästen.

Und hat unser Stargast nicht einen langen, anstrengenden Tag hinter sich, samt Anreise? Sehnt er sich nicht nach einem gemütlichen und komfortablen Hotelzimmer?

Nein, da ist keine Spur von Müdigkeit. Vor ihm sitzt das Publikum, das ihn feiert, mehr braucht er nicht. Alles andere ergibt sich. Er wirbt sogar für seine CDs, die man nachher erwerben könne. Wir bekommen auch eine, gratis. Später lese ich in der Zeitung: *Wolfgang Stumph bril-*

lierte am Sonnabend drei Stunden lang als charmanter Gast im Ostseetalk von Angelika Rätzke mit Schlichtheit und aus dem Herzen kommenden Humor. Wer wollte dem widersprechen?

Anderntags haben wir uns vormittags im nahe gelegenen Gutshaus Stellshagen verabredet, dem ersten Biohotel von Mecklenburg-Vorpommern, einer unserer *Ostseetalk*-Sponsoren. Das Ehepaar Stumph fährt mit der Oberklasse voraus, einem repräsentativen Phaeton, wie mein Mann erkannt haben will. Wir zuckeln hinterher.

Ehefrau Christine nutzt das angebotene Wellnessprogramm. Wolfgang Stumph zieht sich in einen Arbeitsraum zurück, wo jemand bereits auf ihn wartet. Wir müssen ein bisschen was tun, sagt Stumph.

Es ist Wochenende, die Sonne scheint, der Gutspark mit seinem malerischen Teich strahlt Ruhe aus. Aber Stumph hat immer was zu tun. So sei er eben, sagt Christine Stumph und geht dann zu ihrer Massage.

Ich sehe ihr etliche Schritte hinterher. Je mehr sie sich entfernt, desto mädchenhafter wirkt sie. Die Illusion liegt wohl im Ungefähren.

Ob mein Mann nun das aufgestockte Honorar am Vorabend oder hier im Biohotel aufgeblättert hat, weiß ich nicht mehr. Selbst er weiß es nicht, er kann sich aber genauestens an den breiten Gürtel mit Riesenschnalle erinnern, den Frau Stumph getragen hat. Das muss ihn tief beeindruckt haben.

Der Autor, der eigens zum Treff mit Wolfgang Stumph nach Stellshagen gekommen ist, muss sich noch ein paar Minuten gedulden. Mir sehr recht, denn ich habe mitbekommen, dass es sich um Michael Illner, (damals noch) Ehemann von Maybrit Illner, handelt. Ich nutzte die Gelegenheit, um seine prominente Frau zum Ostseetalk einzuladen.

Da müssen Sie schon selber fragen, sagt er. Er verfüge nicht über ihren Zeitplan. Er gibt mir ihre Handynummer, nachdem ich ihm erzählt habe, dass auch wir, mein Mann und ich, Journalistik in Leipzig studiert haben. Sozusagen Kommilitonen, er lacht. Was in etwa heißt: Wann soll denn das gewesen sein? Voriges Jahrhundert?

Wir haben damals noch in den alten Gemäuern studiert, in der Tieckstraße, bis 1953 hieß es Institut für Publizistik und Zeitungswissenschaften. Das war eine herrliche alte Villa, die so gar nicht zur sozialistischen Lehre passte. Die Räumlichkeiten änderten sich, die Dozenten und Professoren blieben bis zur Wende. Die DDR-Vergangenheit mitsamt Journalistik-Studium in Leipzig ist aber wohl unsere einzige Gemeinsamkeit mit Maybrit Illner.

Rufen Sie Maybrit einfach an, schlägt Michael Illner vor.

Irgendwann habe ich das auch gemacht und sie im Auto auf dem Weg zu einem Termin erwischt. Sie ist überrascht, dass eine Fremde sie auf ihrer privaten Handynummer anruft. Ich erwähne ihren Mann, erzähle von Leipzig – dann unterbricht sie. Sie habe wenig Zeit, aber wenn mir so viel daran läge, sie einzuladen, dann müsse man sie aus Berlin abholen und sie auch wieder zurückbringen, am selben Abend natürlich. Ich könne mir das ja überlegen. Tschüs. Gespräch beendet. Nie wieder was ihr gehört. Würden wir sie heute zum Ostseetalk einladen wollen, würde man uns wohl des Größenwahns bezichtigen.

Um noch einmal auf Wolfgang Stumph zurückzukommen: Na?, fragt Lore, die Witwe von Schauspieler Günter Strack, am Telefon, wie war er denn, der Stumpi?

Nachdem ich kurz berichtet habe, schreit sie: Ich hab es euch doch gleich gesagt, der kann nicht genug kriegen...

Aber er war wirklich gut, sehr gut, gebe ich zurück.

Ein Oberförster wäre schön

Gisela May

Schauspielerin und Diseuse

AR Die Diseuse reicht mir knapp die Hand. Sie sei eigentlich nicht pässlich, leicht vergrippt, schon seit Tagen, und dann diese Reise!

Sie reißt die weltberühmten braunen Augen auf, als stünde sie auf der Bühne. Dann sagt sie, während sie ihre Strickstola fest um die Schultern wickelt: Er hat mich die ganze Tour über voll gequatscht und ständig was gefragt. Ich weiß gar nicht mehr, was ich ihm alles erzählt habe. Ich glaube, sogar Dinge, die ich noch nie preisgab. Na ja, verkehrt war er nicht, aber anstrengend ist er schon.

Mit *er* ist mein Mann gemeint. Und die Fahrt ging von

Berlin nach Boltenhagen. Wir hatten Gisela May, den Weltstar, zum *Ostseetalk* eingeladen. Ihre einzige Bedingung akzeptierten wir liebend gern: Sie müssen mich von zu Hause abholen. Ich fahre ja nicht mehr Auto, sagte sie am Telefon.

Kein Problem für meinen Mann, der sich in Berlin bestens auskennt. Wir haben schließlich zehn Jahre dort gewohnt. Und die Wohnung der May, in der sie seit Zeiten lebt, kennen wir auch. Sie liegt in einer – nun ja – großbürgerlichen Wohnanlage mit viel Grün und verschließbarem Gartentor mitten im Zentrum. Nur wenige Schritte von ihrer Wirkungsstätte, dem legendären Berliner Ensemble, entfernt. Zu DDR-Zeiten hat sie auf eigene Kosten das Treppenhaus malern und mit Teppichboden auslegen lassen, ihre Gäste aus aller Welt sollten den maroden Zustand des Hauses nicht länger sehen. Von den anderen Mietern wurde sie deshalb angefeindet. Solche Arbeiten seien doch Sache der Kommunalen Wohnungsverwaltung, also des Staates.

Nun ist sie unser Gast. Und nörgelt.

Als wir ihr die kleine Bühne zeigen, will sie wissen, warum wir nicht in einen großen Saal gehen. Wo sollen denn die Leute hier alle sitzen?, fragt sie. Wenn wir ihr jetzt sagen würden, dass nicht genügend Karten verkauft wurden, und wir deshalb in den kleinen Saal wechseln mussten, wäre die ohnehin gereizte Stimmung noch schlechter. Aber mein Mann greift galant ein. Er lässt sich zu der Ausrede hinreißen, dass der große Saal bereits besetzt sei. Außerdem habe der kleine Saal eine ganz besonderes Atmosphäre – eben Talk-Atmosphäre.

Aha. Die May sieht sich um und ist zufrieden: So gesehen, haben Sie natürlich recht.

Die Strickstola rutscht nun von der Schulter. Das ist wie ein Signal: Ich brauche einen Ofen auf der Bühne, fordert Frau May, das ist mir hier viel zu kalt. Und bitte keine Heizsonne, davon bekommt man ja einen trockenen Mund.

Aber woher bekommen wir heute einen Ofen? Es ist Wochenende, auch die Handwerker auf dem Schlossgut haben frei. Wirklich kalt ist es auch nicht. Aber die May friert, und das soll sie nicht.

Schließlich fällt uns ein, dass wir noch einen kleinen Radiator zu Hause auf dem Boden haben. Und wie soll man dieses Ding da runter kriegen?, frage ich meinen Mann. Denn unser Boden ist, weil die seltsame Bauvorschrift es so wollte, ein Bück-Boden, man kann dort nur gekrümmt laufen. Wie wir den Ofen da rauf bugsiert haben, weiß keiner von uns mehr. Er muss nun runter, das steht fest.

Die May inspiziert inzwischen ihr Schlosszimmer und ist zufrieden: Schön, wenn es nur nicht so kalt wäre.

Sie wischt sich den Schweiß von der Stirn, der von der Erkältung käme. Warum ist sie überhaupt gekommen?

Sie könne doch das Publikum nicht im Stich lassen, sagt sie. Ach Gottchen, wie oft sie mit Fieber, mit hohem Fieber, gespielt habe!

Wieder reißt sie dabei die immer noch schönen braunen Augen auf. Die Heizung im Zimmer der May wird hochgedreht, und der junge Angestellte, der gerade für das Wohl des berühmten Gastes sorgen soll, schüttelt den Kopf. Kann sich jemand mit Mitte Dreißig überhaupt vorstellen, dass man friert? Natürlich nicht. Selbst uns fällt das an diesem milden Maitag schwer.

Ich brauche kein Mikro, sagt die May. Meine Stimme trägt, bis in die letzte Reihe.

Aber ich brauche ein Mikro, meine Stimme trägt nicht, schon gar nicht bis in die letzte Reihe. Die weltberühmte Brecht-Interpretin sieht mich mitleidig an. Zumindest in diesem Augenblick hat sie das Frösteln vergessen.

Ob sie etwas essen wolle, fragt mein Mann.

Vor der Vorstellung nie! Aber vielleicht einen Tee, der wäre nicht schlecht.

Der Tee kommt, und wir fahren schnell nach Hause, um den Radiator vom Boden zu holen. Dass wir uns beim Herunterwuchten des gusseisernen Monstrums durch die kleine Dachbodenklappe beinahe gegenseitig umgebracht hätten, will ich nur am Rande erwähnen. Es war ein echtes Drama.

Nach einer guten Stunde können wir der May den Ofen präsentieren. Angstsekunden kommen noch mal auf, als er zunächst kalt bleibt. Aber dann heizt er – und wie!

Herrje, ist das hier warm, bemängelt die May später auf der Bühne. Vielleicht könne man mal ein Fenster aufmachen. Plötzlich ist sie wie verwandelt. Unpässlichkeit, Frösteln und schlechte Laune sind weg, als sie die Bühne betritt. Die Strickstola nun lässig auf eine Schulter gelegt, begrüßt sie die Leute. Dass die letzte Reihe fast leer ist, scheint sie zu übersehen.

Sie wirkt plötzlich jung. Sie lacht, rezitiert, plaudert, singt einige Töne ihrer berühmten Chansons, wird politisch und privat. Sie erwähnt ihre neunjährige Beziehung zur Wolfgang Harich, dem genialen Philosophen, der den Sozialismus reformieren wollte und dafür in der Ulbricht-Ära zehn Jahre ins Gefängnis ging. Harich, sagt sie, und schaut mich an, Sie wissen doch noch, wer das ist?

Ich nicke und denke daran, dass die May mir vor vielen Jahren mal gesagt hat, dass sie manchmal davon träume, mit einem Oberförster verheiratet zu sein. Ein Oberförster wäre schön, ach ja! Aber dann wache sie auf und wisse, dass sie dafür nicht geeignet sei. Sie lebe gerne allein, sagt sie. Rechtfertigung einer Einsamen, die eine beständige Liebe immer verpasst hat?

Das stimmt nicht ganz. Ihre späte (dauerhafte) Liebe gilt den Katzen, die in ihrer Wohnung Hauptmieter sind. Als ich sie mal besuchte, tanzten die Katzen im wahrsten Sinne des Wortes auf dem Tisch, auf dem Küchentisch. Sie lächelte damals nachsichtig. Das Schnurren ihrer Lieblinge und die *Lindenstraße* im Fernsehen seien ihr die beste Erholung nach großen Welttourneen.

Jetzt also Boltenhagen. Ich komme mir mit meinem Mikrofon für etwa 40 Leute albern vor und lege es zur Seite. Die Diseuse hat ohnehin das Kommando, und ich warte ab, bis ich wieder mal dran bin.

Darf ich noch, Frau Rätzke?, fragt sie ab und an kokett. Das Publikum klatscht. Und je länger der Abend, desto lebhafter wird sie.

Wir hatten für diesen Abend einen Tontechniker engagiert, der passend zum Talk ihre berühmtesten Songs auflegt. Als ein paar Titel von Bertolt Brecht und Kurt Weill aus *Happy End* angespielt werden – Surabaya Johnny und der Bilbao-Song –, ist sie plötzlich wie verwandelt, um Jahrzehnte jünger: Es sind ihre Welterfolge, und beinahe selbstvergessen summt sie die Melodien mit. Solche Momente vergisst man nie.

Als wir nach fast zwei Stunden die Bühne verlassen, verneigt sie sich vor dem Publikum, als wäre sie in der Carnegie Hall in New York. Ich bleibe noch und signiere Bücher und CDs, raunt sie mir zu. Die Leute stehen Schlange, sie lächelt und schreibt.

Unser gemeinsames Abendessen ist kurz. Sie sagt, dass sie wegen ihres operierten Magens eigentlich nur noch wie ein Spatz esse. Auch Wein wolle sie nicht. Der Glanz in ihren Augen hält noch einen kurzen Moment an, während die Leute an unserem Tisch vorbeigehen. Dann nimmt sie ihre Strickstola, zieht sie fest um beide Schultern und sagt: Hier ist es kalt, heizen die hier nicht...?

Es ist spät geworden. Es war anstrengend. In zwei Tagen hat sie Geburtstag. Hoffentlich kommt keiner, sagt sie. Sie wüsste auch gar nicht, was sie anbieten solle. Sie habe nicht mal Kuchen.

Ach, was soll das auch alles, sagt sie, in meinem Alter sollte man Geburtstage einfach übergehen.

Am nächsten Morgen holt mein Mann sie ab, um sie nach Hause zu fahren. Er ist kurz vor fünf Uhr aufgestanden, um für die May einen Hefe-Streuselkuchen zu backen.

Die Hefe ist tatsächlich aufgegangen, und der Kuchen sieht köstlich aus. Ich kann der Versuchung nicht widerstehen, am Rand einen prächtigen Streusel abzubrechen.

Als mein Mann den immer noch warmen Kuchen der Jubilarin überreicht, ist sie gerührt. Aber wirklich nur ganz kurz. Dann ist sie wieder Herrin der Gefühlslage und meint: Ich hoffe wirklich, dass niemand kommt und niemand anruft. Ich brauche mit 82 das alles nicht mehr. Aber ich muss mich ja auf eventuelle Gäste einstellen. Na, kommt sowieso keiner...

Dann hebt sie das Geschirrtuch vom Streuselkuchen und macht es wie ich. Sie bricht sich einen dicken Streusel ab.

RR Die Rückfahrt war so turbulent wie die Hinfahrt, und was es da so an Überraschungen beiderseits gab, ist in diesem Buch an anderer Stelle nachzulesen. Nur soviel: Ich war sprachlos, und das will was heißen.

In Berlin-Mitte angekommen, bat sie mich, einen Moment zu warten. Sie verschwand mit dem Kuchenblech im Haus und kam mit einer CD zurück: Die May singt *Lieder von Jacques Brel*. In Gedanken war sie schon bei einem ihrer nächsten Termine. Leitung eines Chanson-Kurses in Amsterdam.

Ob mein Streuselkuchen Anklang bei ihren Geburtstagsgästen fand, habe ich nie erfahren. Vielleicht war alles für die Katz.

Ich schlage vor, dass wir uns duzen

Egon Krenz

Politiker, letzter Staatschef der DDR

AR Wir konnten das nicht. Wir konnten nicht winken. Wir wären uns dabei albern vorgekommen, jemandem zuzuwinken, den wir gar nicht kannten. Aber alle, die rechts und links neben uns marschierten, machten das. Sie winkten und jubelten. Überall Fähnchen, Plakate, Transparente. An eines erinnere ich mich noch, weil es besonders peinlich war: Den Sozialismus in seinem Lauf halten weder Ochs noch Esel auf.

Es war an einem 1. Mai in der Berliner Karl-Marx-Allee. Er stand auf der Tribüne, lächelte und winkte. Er trug an diesem Tag kein Blauhemd, sondern Krawatte, das konnte man sehen. So hatten wir ihn in Erinnerung. Egon Krenz, den letzten Staatschef der DDR. Den ewig Lächelnden.

Und nun hatten wir ihn eingeladen, viele Jahre nach unserem Mai-Erlebnis in den Achtzigern, das eigentlich keines war. Wir hatten diesen Mann ja nur von weitem gesehen. Kein unfreundlicher Anblick. Auch Schauspielerin M., die ihn näher erlebte, lobte ihn. Wenn sie zu ihm ging, um für sich und ihren berühmten Mann ein neues West-Visum zu beantragen, sei er sehr nett und charmant gewesen. Bei einer ihrer Begegnungen im Hohen Haus sei er vor lauter Höflichkeit gegen eine Glastür gelaufen, die er ihr aufhalten wollte.

Unterm Strich: Egon Krenz war nicht für jeden ein Hass-Objekt. Aber da hatten wir uns getäuscht.

Er selbst warnte uns vor dieser Einladung: Ich hoffe, Sie stehen das durch! Ich glaube schon, dass der Druck größer wird. Mich beeindruckt es nicht sonderlich, meinte er. Er könne verstehen, wenn wir absagten. Er selbst habe kein Problem damit, zu uns zu kommen und mit dem Publikum zu diskutieren. Ich folge Ihrer freundlichen Einladung, mehr nicht..., ließ er uns wissen.

Trotzdem kamen wir uns vor, als hätten wir etwas Unanständiges getan. War Egon Krenz auch 27 Jahre nach der Wende noch immer eine Persona non grata, eine unerwünschte Person? Selbst mahnende Worte von Freunden, was wir denn mit dem wollten, der sei doch längst Vergangenheit, stimmten uns nicht um.

Schon diese Ankündigung in den *Lübecker Nachrichten* machte hellhörig:

„Im März findet Egon Krenz mal wieder ein Podium... Es dürfte interessant werden, zu erfahren, ob sich Egon Krenz an seine Äußerung zum Massaker auf dem Platz des Himmlischen Friedens in Peking erinnert und wie er sie aus heutiger Sicht bewertet. Im Juni 1989 hatte er zur Niederschlagung der Studentenrevolte lapidar erklärt, es sei ‚etwas getan worden, um die Ordnung wieder herzustellen'. Auch seine heutige Einstellung zur Bundesrepublik und den von ihm einst heftig verteidigten Todesschüssen am ‚Antiimperialistischen Schutzwall' könnte recht pikant werden..."

Damit war von regionaler Seite der Startschuss für Pöbeleien aller Art gegeben. Wir bekamen Drohanrufe, auch nachts, und rechneten am Talkabend mit dem Schlimmsten. Die 200 Karten für diesen ungewöhnlichen *Ostseetalk* aber waren im Nu vergriffen.

März 2006. Wir treffen uns mit Egon Krenz nachmittags zu einem kleinen Vorgespräch im Schlossgut Groß Schwansee, wo abends der Talk stattfinden soll. Der ehemalige Staatsratsvorsitzende der DDR kommt uns im großgemusterten Pullover entgegen. Ich überlege kurz, wie ich ihn ansprechen soll. Als könne er meine Gedanken lesen, sagt er: Ich schlage vor, dass wir uns duzen. Sie sind doch auch mal Genossin gewesen, oder...?

Er sieht mich freundlich an und lächelt nun doch. Seine Frau Erika, die neben ihm steht, überhört sein Angebot und siezt mich weiter.

Auch mir gelingt es nicht, einfach zum Du überzugehen. Ganz davon abgesehen, dass ich das noch nie gut konnte, fällt es mir in diesem Fall besonders schwer. Wir umgehen das klare Du und reden von ihr und euch. Auf der Bühne werde ich ihn siezen, beschließe ich.

Egon Krenz fragt, ob wir am Abend mit Problemen rechnen. Also mit Krawall! Uns macht das nicht mehr viel aus, wir kennen das, sagt er. Seine Frau nickt.

Ich erwähne die erregten Anrufe. Die Drohungen, dass wir was erleben könnten, sollte dieser Talk mit Krenz stattfinden. Beide stehen jetzt irgendwie ratlos vor dem schneeweißen Herrenhaus, das ein Nobelhotel geworden ist. Man merkt, dass sie sich hier nicht wohlfühlen, obwohl Gattin Erika das Haus und ihr Zimmer lobt.

Ob sie schon gegessen haben, will ich wissen und empfehle die gute Küche. Doch das Ehepaar winkt bescheiden ab. Sie hätten unterwegs gegessen.

Der Saal für den abendlichen Talk, eine ehemalige Remise, gefällt ihnen. Schön hell und so gar nicht schlossähnlich, finden sie. Die beiden wollen noch an den Strand, obwohl sie den in ihrem Wohnort Dierhagen vor der Haustür haben. Der Blick aufs Meer, der beruhigt, sagt Egon Krenz. Wir verabschieden uns – bis zum Abend. Das wird bestimmt eine gute Diskussion, ruft er mir nach.

Wieso Diskussion? Glaubt er etwa, dass wir eine Versammlung machen, mit anschließender Diskussion? Ich bekomme Angst.

Mach dich nicht verrückt, beruhigt mich mein Mann, du bist doch die Gastgeberin, du steuerst doch den Abend. Oder?

Oder was? Was, wenn Krenz das als eine Chance sieht, ein Grundsatzreferat zu halten? Mein Mann lacht. Er erinnert mich daran, wie ich dem Schauspieler Christian Quadflieg sein sorgfältig ausgearbeitetes Rezitations-Programm weggenommen habe. Wie er zunächst irritiert war und dann, völlig aus dem gewohnten Vortragsrhythmus gekommen, doch noch erzählte – was er gar nicht wollte. Aber Krenz, entgegne ich, ist kein Schauspieler.

Ach was! Die Handbewegung meines Mannes schiebt alle Bedenken weg. Auf dem Anrufbeantworter zu Hause wieder böse Sprüche. Der soll bloß verschwinden, droht eine junge Männerstimme. Wir löschen alles und stimmen uns auf den Abend ein.

Dazu gehört, dass ich wieder mal frage, was ich anziehen soll. Mein Mann überhört das geflissentlich, und ich fange an, in meinem Schrank zu wühlen, als wüsste ich nicht, was ich am Ende doch - wie immer - greifen würde: lange Hose und was drüber. Ich werde immer nervöser, finde nichts. Weder meine Recherchen, die ich mir gerne noch mal durchgelesen hätte, noch meine Lesebrille, die ich unbedingt brauche, obwohl ich nie Zettel mit auf die Bühne nehme. Es wird immer chaotischer, und ich verfluche die Tatsache, dass es den *Ostseetalk* gibt. Alles wie gehabt.

Als wir uns später auf den Weg zum Schlossgut machen, diesem klassizistischen Bau in seiner schlichten Schönheit, sind wir die zwanzig Autominuten ziemlich still. Was wird uns erwarten? Demonstranten? Störer?

Wir hätten vielleicht die Polizei bitten sollen, vor Ort zu sein, sage ich in die Stille. Lächerlich, knurrt es zurück. Wir schalten das Radio ein, und Drafi Deutscher singt: *Heute male ich dein Bild, Cindy Lou...* Wir trällern mit. Ob Egon diesen Uraltschlager auch kennt? Wir lachen. Frag ihn mal, sagt mein Mann, dann wird alles gleich viel harmonischer.

Bei unserer Ankunft ist alles ruhig. Keine Demonstranten, keine Krawalle. Nur Gäste, die auf Einlass warten. Wir atmen tief durch. Dann kommt mein Talkgast. Er hat ein braunes Sakko an, darunter ein graues Hemd mit einer passend zum Sakko gemusterten Krawatte. Nichts erinnert mehr an den einstigen FDJ-Oberen im Blauhemd. Jedenfalls äußerlich.

Unser Gast hat seine Bücher, die er seit der Wende geschrieben hat, mitgebracht. Nach dem Talk ist Zeit zum Signieren und natürlich zum Kaufen eingeplant.

Die Ledersessel auf der Bühne sind nicht gerade bequem. Aber unser Gast signalisiert sowieso keine Gemütlichkeit. Und niemand erwartet eine belanglose Plauderei. Jeder ahnt, es wird eine schwierige Begegnung mit der Vergangenheit. Die einen freuen sich, klatschen und winken ihrem Egon zu, als er Platz nimmt. Die anderen freuen sich nicht und verschränken ihre Arme. Auf ihren Gesichtern ist zu lesen, dass es für sie eine große Überwindung gewesen sein muss, hierher zu kommen. Es hat sie doch niemand zu dieser Begegnung gezwungen.

Wir reden erst allgemein, über den Tag, über das Essen, über alles Mögliche. Und sind plötzlich bei den Westpäckchen. Er habe auch welche bekommen in seiner Jugend – und sie nicht zurückgeschickt. Die Leute schmunzeln, selbst die, die ihn nicht mögen. War er in den Fünfzigern, als die Päckchen kamen, noch kein Klassenkämpfer? Nein, er habe sogar für die CDU Plakate geklebt, als Junge, fügt er an. Die finanziellen Verhältnisse seien schwierig gewesen. Die Mutter war Schneiderin und musste die Familie alleine durchbringen, ihr Mann war im Krieg geblieben. So sei er ohne Vater aufgewachsen und habe wohl immer nach einer Vaterfigur gesucht. Die sei ihm dann später begegnet und habe ihn auf den kommunistischen Weg gebracht. Sonst hätte es gut möglich sein können, dass er bei der CDU gelandet wäre. So war das damals.

Egon Krenz sieht still in den Saal. Bis hierhin können ihm viele folgen. Krenz, ein deutsches Schicksal. Die Stimmung kippt, als eine junge Frau von ihrem Besuch in einem Stasi-Gefängnis erzählt. Sie sei erschüttert gewesen, denn die Stasi habe auch gefoltert. Sie schaut Krenz an, will seine Meinung dazu hören. Man merkt, dass er mit solcher Frage nicht gerechnet hat. Er ist auf vieles vorbereitet, die Fragen zum Schießbefehl an der Mauer beispielsweise. Oder seine Rolle am 9. November 1989, als es auf DDR-Straßen brenzlig wurde. Aber Folter in Stasi-Gefängnissen?

Krenz sammelt sich und meint, dass er sich das überhaupt nicht vorstellen könne. Er habe von solchen Sachen nie etwas gehört. Und auf die Genossen, die dafür zuständig waren, habe er sich voll verlassen. Nein, Folter habe es in Gefängnissen nicht gegeben. Er jedenfalls wisse nichts davon. Hätte er nur einen Hinweis bekommen, er hätte dazwischengefunkt.

Die junge Frau ist nicht zufrieden mit seiner Antwort, sie glaubt ihm nicht. Sie habe die Berichte der Inhaftierten gelesen, das könne man doch nicht einfach ignorieren.

Krenz scheint ehrlich betroffen. Er könne nur wiederholen, dass er von solchen schrecklichen Dingen nichts gewusst habe. Im Saal wird gemurrt. Da kommt schon die nächste Frage, zum Schießbefehl an der Mauer. Hat es den nun gegeben oder nicht?, will ein junger Mann aus Reihe drei wissen. Auf diese ihm oft gestellte Frage antwortet er auch hier: Einen Schießbefehl habe es nie gegeben. Das könne man überall nachlesen. Die Genossen Grenzer hätten allerdings den Auftrag gehabt, die Grenze zu verteidigen, wie in anderen Ländern auch. Dass dabei Menschen gestorben seinen, tue ihm sehr leid. Aber einen Schießbefehl habe er nie erteilt.

Das Murren im einstigen Pferdestall wird lauter, die ersten Zuschauer verlassen den Saal. Unter ihnen, das sehe ich deutlich, auch unser Hausarzt. Warum geht er?, überlege ich. Hat er auch gelitten?

Plötzlich herrscht allgemeine Aufbruchstimmung. Es wirkt wie verabredet. Gehen jetzt alle?

Nein, die meisten bleiben sitzen. Sie wollen Krenz bis zum Schluss erleben. Den einst mächtigen DDR-Mann, an den früher kein Rankommen war. Aber überraschende Bekenntnisse hat an diesem Abend niemand vernommen.

Auch später, beim gemeinsamen Abendessen, erfahre ich nichts Neues oder irgendwelche Geheimnisse.

Meine Tochter, die an diesem Abend auch dabei war und beim Essen neben ihm saß, hatte damals etwas gänzlich anderes wissen wollen. Sie habe ihn gefragt, ob er mal was auf die Nase bekommen habe. Die sei ja irgendwie schief, wie bei einem Boxer.

Und, frage ich, was hat er gesagt? Ich glaube, er hat ja gesagt. Sie lacht. Die Vorstellung, dass Krenz eins auf die Nase bekommen hat, amüsiert sie. Stimmt das wirklich? Keine Ahnung, sagt sie. Weiß ich wirklich nicht mehr, ist ja schon eine Ewigkeit her.

Das ist schon so eine Sache mit den Erinnerungen. Sie kommen und gehen, ohne klare Linie. Wieso erinnere ich mich jetzt zum Beispiel an Gisela Hermann, meine einstige Kulturchefin in der Berliner Zeitung?

Das liegt am Thema Krenz. Gisela H. wohnte damals in Wandlitz, direkt neben Honecker. Sie, die gebildete Journalistin, war die Ehefrau von Joachim Hermann, dem Chef für Agitation und Propaganda im SED-Politbüro. Sie war das Extravaganteste der ganzen Redaktion. Sie war unantastbar. Sie leistete sich eine Kulturabteilung, die sich manches leisten konnte. Sie stellte gute Schreiber ein, die ruhig quer denken durften. Auf ihrem Schreibtisch lagen immer gut gespitzte Pelikan-Bleistifte, und zu Ostern oder Weihnachten lag Westkonfekt in einer Schale. Jeder, der wollte, durfte mal probieren.

Manchmal erzählte sie, dass sie abends noch rüber mussten. Mit rüber meinte sie das Haus der Honeckers. Sie mochte dieses Leben in Wandlitz nicht. Sie kam sogar zum Dienst, als sie sich im Wandlitzer Wald den Fuß gebrochen hatte. Irgendwie sehnte sie sich nach normalem Alltag, was auch immer sie sich darunter vorstellte. Als Rentnerin, sagte sie mal, wolle sie sich einen Trabant zulegen und dann, sozusagen selbstbestimmt, durch die Gegend kutschieren. Aber wohin? Und wieso Trabi, wo sie doch täglich mit einem Peugeot von und nach Wandlitz gefahren wurde?

Als ich sie mal nach Gorbatschow fragte, pustete sie den Rauch ihrer langen Menthol-Zigarette verächtlich in meine Richtung und meinte nur: Gorbatschow ist ein Verräter!

Egon Krenz nennt ihn heute den Sozialdemokraten Gorbatschow. Aber vielleicht heißt das ja auch Verräter? Die Gedanken sind frei...

Egon Krenz, unser Talkgast. Wir begleiten ihn und seine sympathische Frau anderntags noch bei einer Fahrt ins Guthaus Stellshagen. Inhaberin Gertrud Cordes hat den letzten DDR-Staatschef und seine Frau zu Kaffee und Kuchen eingeladen, und – falls gewünscht – zu einer Wellnessbehandlung. Sie weiß, dass diese Einladung manchen ihrer Angestellten irritiert. Das mache ihr nichts aus, sagt sie.

Im weitläufigen Park, der vor dem Krieg samt Gutshaus schon ihrer Familie gehörte, steht ein Clara-Zetkin-Gedenkstein. Ein Überbleibsel aus DDR-Zeiten, das Gertrud Cordes nicht auf den Müll befördern wollte. Geschichte, sagt sie, sei doch nicht zum Wegräumen da. Das Anwesen hat sie nach der Wende zurückgekauft und zu einem Biohotel umgestaltet. Es gefällt auch dem Ehepaar Krenz. Biokaffee und Biotorte sind vorzüglich.

Schließlich fragt Egon Krenz nach dem Gästebuch. Man bringt es ihm, er liest die anderen Einträge und überlegt. Dann trägt er sich mit schöner Schrift ins Buch ein. Erika Krenz schaut rüber und schüttelt den Kopf. Er kann es einfach nicht lassen, sagt sie in unsere Richtung, und es klingt halb amüsiert und halb entschuldigend.

Was kann er einfach nicht lassen? Wir lesen, dass er allen Mitarbeitern dieses schönen Hotels von Herzen wünscht, dass sie nicht arbeitslos werden. Auch bei Kaffee und Kuchen macht Egon Krenz Klassenkampf.

Kein Problem, ich drehe mich um!

Sigmund Jähn

Kosmonaut, erster Deutscher im All

AR Lange hatte ich mich auf diesen Mann vorbereitet. Ich will nicht sagen, dass ich ihn auf Schritt und Tritt verfolgte. Aber wenn ich gekonnt hätte, wer weiß... Jedenfalls las ich alles über ihn, verpasste keine Radio- oder Fernsehsendung, in der er vorkam. Ich glaube, ich wusste mehr über ihn als er über sich. Es hätte klappen können mit uns, aber es kam anders. Eine Kollegin erhielt den begehrten Auftrag, den ersten deutschen Kosmonauten zu porträtieren. Den Mann, der sieben Tage, zwanzig Stunden und vierzig Minuten durchs All schwebte. Denn begriffen habe ich das mit der Schwerelosigkeit nie, genauso wenig wie ich begreife, dass die Ostsee nicht überläuft.

Ich gebe zu, dass ich neidisch auf meine Kollegin war. Erst recht, als sie nach ihrer Rückkehr gar nicht mehr aufhörte, von ihrem Gesprächspartner zu schwärmen. Charmant sei er, und gut sehe er aus.

Sigmund Jähn war damals, Ende August 1978, unsere Ikone. Das kleine Stern-Kofferradio, das meist von Zimmer zu Zimmer getragen wurde, blieb in dieser Zeit ständig an. Uns interessierte einfach alles über den Mann aus Morgenröthe-Rautenkranz. Auch wenn bis dahin kaum jemand wusste, wo das war. Und der Name Sigmund war plötzlich chic.

Mein Gott, wer wollte damals nicht alles Kosmonaut werden! Unser siebenjähriger Sohn natürlich auch. Er malte viele Kosmonauten. Ein bisschen wie die schwebenden Chagall-Figuren, nur eben mit dickem Kosmonautenanzug. Sogar die ungeliebte Nationale Volksarmee bekam Zulauf aus heiterem Himmel, und das ist wörtlich zu nehmen. Denn Jähn, der gelernte Buchdrucker, hatte in der Armee Karriere gemacht. Erst Düsenpilot, und zwar der jüngste der DDR, dann Jagdflieger in Moskau, und schließlich Kosmonaut. Die Zeit, in der Sigmund Jähn ins Weltall flog, war auch für uns irgendwie schwerelos. Alles schien möglich. Vorübergehend.

Heute ist Morgenröthe-Rautenkranz immer noch der Heimatort von Sigmund Jähn. Lediglich das Ortsschild hat eine kleine Korrektur bekommen. Neben Morgenröthe-Rosenkranz steht nun nicht mehr „Geburtsort des ersten Fliegerkosmonauten der DDR", sondern „Geburtsort des ersten deutschen Kosmonauten". Ordnung muss sein. Politische Korrektheit.

Unser Mail-Kontakt ist einfach. Ich schreibe, und er antwortet prompt. Keine Wartezeit, die mancher Prominente extra einplant, um dem Schreiber zu signalisieren: Ich bin sehr gefragt, mich bekommt man nicht so einfach. Und wenn, dann kostet das!

Mit Sigmund Jähn ist alles einfach. Meine Einladung nimmt der immer noch Vielbeschäftigte an, ohne Hinhaltetaktik: ...wenn Ihnen der 13. März nicht zu kalt ist, sage ich zu... Da meine Frau die Ostsee sehr liebt, wird sie wahrscheinlich mitkommen. Wenn Sie mögen, bringe ich meinen Laptop mit und zeige zu Beginn ein paar Bilderchen.

Der 13. März? Ich stutze. Geplant ist der 14. März. Habe ich mich geirrt? Aber schon kommt Entwarnung. Da sei ihm offenbar der Finger daneben gerutscht, es bleibe beim 14. März. Kurz darauf trifft auch das Foto für das gewünschte Plakat ein. Sigmund Jähn, wie wir ihn in Erinnerung haben: der strahlende Kosmonaut. Unser Held von damals.

Wie wird er heute aussehen? Wie wird er reden? Ob er zu jenen Schwärmern vergangener Zeiten gehört, die immer wehmütig von damals erzählen?

Der einstige Weltraumfahrer ist alles andere als ein Veteran. Er kommt mir schnellen Schrittes entgegen, als ich vor dem Hotel auf ihn warte. Mich begrüßt ein eleganter Herr im dunklen Tuchmantel. Erika, seine Frau, mit der er seit über fünfzig Jahren verheiratet ist, läuft einige Schritte hinter ihm. Es sei hier doch ganz schön frisch, meint sie, und zieht die Jacke etwas fester zu. Aber sie habe den Strandspaziergang genossen.

Wir gehen gemeinsam in den Veranstaltungssaal. Jähn will wissen, ob die Technik für den Weltraumvortrag startklar ist. Die Bühne ist ja ziemlich groß, sagt er. Da verlieren wir uns beide ja. Müssen wir eben näher zusammenrücken...

Jähn, der promovierte Physiker, lacht sympathisch. Er sieht immer noch gut aus. Und meine Bedenken schwinden, an diesem Abend gegen einen staubtrockenen Wissenschaftler anreden zu müssen. Der Talk ist ausverkauft. Der Saal hätte doppelt so groß sein können.

Ich will Erika Jähn ganz vorne in der ersten Reihe einen Platz reservieren, aber sie lehnt ab. Ich sehe ihn doch jeden Tag, sagt sie, und außerdem kenne ich den Vortrag in- und auswendig. Sie sucht sich ganz hinten ein Plätzchen.

Erika ist ein Jahr jünger als ihr Mann, also 71. Sie geht in die letzte Reihe und nimmt schon mal Platz. Der Saal füllt sich.

Wo kann man sich noch mal frisch machen?, fragt Sigmund Jähn. Ich gehe mit dem berühmten Mann in ein kleines Kabuff hinter der Bühne. Er schaut auf seine Armbanduhr: Noch knappe zehn Minuten, dann geht's los.

Der kleine Raum, in dem wir uns frisch machen wollen, was auch immer das heißen mag, wird offenbar mehr als Abstellkammer denn als Künstlergarderobe genutzt. Aber es gibt ein Waschbecken und einen Spiegel. Ich suche eine Toilette und finde sie auch. In einer kleine Nische der Abstellkammer. Sie hat nur einen Mangel: Ihr fehlt die Tür. Mir bleibt keine Zeit, lange darüber nachzudenken.

Ich muss mal, sage ich zu Jähn.

Kein Problem, ich drehe mich um, antwortet er.

Im All, denke ich, hat er ja auch kein Extra-Klo gehabt. Nachdem meinerseits alles erledigt habe, drängt es nun den Weltraum-Star. Auch ich drehe mich um. Erleichterung auf beiden Seiten. Wir müssen, sagt Jähn – auf die Bühne. Er schmunzelt.

Ich schlage vor, dass ich erst alleine hinausgehe und ihn ankündige. Aber davon hält mein Talkgast gar nichts. Er will möglichst schnell auf seinen Platz huschen. Bloß kein Theater!, bittet er. Als wir die Bühne betreten, klatschen die Leute. Wenn die wüssten, was ich gerade erlebt habe... Mit Jähn auf dem Klo! Ich muss lachen, und keiner ahnt, warum.

Der Lichtbildervortrag soll sofort starten. Ich aber will erst ein bisschen mit dem gefragten Kosmonauten reden. *Ehemaliger* Kosmonaut, unterbricht er mich. Alles muss stimmen. Wir einigen uns und reden. Im wahrsten Sinn des Wortes über Gott und die Welt. Der Herr in Schlips und Kragen kann auch plaudern. Auch wenn er vieles erzählt, was man schon aus den Medien kennt, es ist anders, viel authentischer. Man merkt ihm an, wie sehr ihn diese Lebensreise immer noch berührt. Es ist keine Veteranen-Schwärmerei, keine Glorifizierung vergangener Zeit. Jähn lässt uns teilhaben an seinen Gefühlen, auf offener Bühne. Das ist viel. Und mehr, als ich erwartet habe.

Darf ich jetzt?, fragt er, und meint seinen Lichtbildervortrag. Wir reisen mit dem Zeigestock ins All, jedenfalls ein bisschen. Es ist so still, dass ich Angst habe, die Leute könnten meinen hungrigen Magen knurren hören. Aber Jähn denkt offenbar nicht an so profane Dinge. Konzentriert erzählt er von der abenteuerlichsten Reise seines Lebens. Der Zeigestock wandert über Karten und Bilder. Bis zur Pause dauert es noch. Ich halte kurz die Luft an, um einen Schluckauf zu verhindern. Das hilft.

Ob er im All manchmal an die berühmten voigtländischen Grünen Klöße gedacht hat, wenn er Kosmonauten-Nahrung aus der Tube zu sich nahm? Grüne Klöße! Ich überlege, während Sigmund Jähn das Publikum mit seinem Weltall-Erde-Mensch-Vortrag fasziniert, was es nachher zu essen gibt. Ich denke plötzlich an Grüne Klöße und weiß doch, dass es die nicht gibt. Wahrscheinlich wird es etwas ganz Angesagtes geben, Lachs an Wasabi-Schaum oder so. Bin ich undankbar? Ja, würde meine Mutter sagen. Schließlich komme ich nicht aus einem Gourmet-Haushalt.

Fleisch gab's nur an den Wochenenden, und dann meist als Kohlroulade oder Kotelett. Kasslerbraten stand bei besonderen Anlässen auf der Speisekarte, 1961 zu meiner Jugendweihe zum Beispiel. Ich sehe mich noch heute, wie ich damals mit dem Buch *Weltall Erde Mensch*, das jeder Jugendweihling erhielt, nach Hause marschierte, und die heißersehnte Strumpfhose aus dem Westen trug, die bereits nach wenigen Stunden eine Laufmasche hatte, weshalb ich nicht mit aufs Klassenfoto wollte. Und ich weiß noch, dass ich zur Feier des Tages mit einem Gläschen Murfatlar anstoßen durfte. Das war ein süßlicher Dessertwein aus Rumänien, absolut kopfwehsicher. Trotzdem, er gehörte dazu.

Auf unserem Talk-Tischchen steht kein Wein. Nur Gläser mit stillem Wasser warten auf uns. Mein berühmter Gast ignoriert sie. Auch vom Essen nach dem Talk ist keine Rede. Braucht der Mann gar nichts? Ist er auch Meister im Verzichten? Welche Frage!

Der Mann, der im Kosmos war, musste vorab neben vielen anderen Eignungstests auch ein Überlebenstraining im Schwarzen Meer absolvieren, hielt Temperaturen bis zu sechzig Grad Celsius aus – und ich mache mir Gedanken, ob er vielleicht Hunger oder Durst hat...

Sigmund Jähn legt seinen Zeigestock auf den Tisch, das Licht geht wieder an. Der Vortrag ist vorbei. Die Leute klatschen lange. Der Kosmonaut lächelt mir zu, als hätte *ich* den Applaus verdient. Es darf gefragt werden. Und da er keine Stille aufkommen lassen will, beginnt er, wie einst mein Klassenlehrer, mit mir: Fragen Sie!

Nun bin ich dran. Ich will erst recht keine peinliche Stille und frage, ob es da oben auch Wodka gegeben habe? Jähn ist baff. Dann gibt er den Ball charmant lächelnd zurück: Auf den hätten Sie verzichten müssen.

Wieso ich? Die Leute lachen, aber wie! Nein, sagt Jähn, Alkohol hätten sie nicht mitnehmen dürfen. Aber sie seien kurz vor dem Start von oben bis unten mit reinem Alkohol abgerieben worden: Nicht, was Sie denken!

Jähn amüsiert sich. Das sei reine Prophylaxe gegen mögliche Infektionen gewesen. Aber man habe doch ein kleines Schlückchen mit nach oben geschmuggelt – zum Anstoßen, für besondere Anlässe.

Die Anlässe nennt er nicht. Vielleicht hat er einen Schluck aus der Tube mit der Aufschrift Fruchtsaft genommen, die mit Cognac gefüllt war, um auf die Glückszahl 8 anzustoßen?

1958 hat er die Schlosserin Erika Hänsel geheiratet. 1978 fliegt er ins All, eine Woche vor dem Start wird Enkel Daniel geboren. Acht Tage bleibt er im Kosmos. Die Acht – sie scheint von Bedeutung für ihn zu sein.

Denken Sie, was Sie wollen, meint er. Dass er natürlich auch andere Sachen mit nach oben genommen habe, will er nun doch klarstellen. Das Pioniertuch seiner Tochter Grit, die damals in die vierte Klasse ging, zum Beispiel. Oder das fernsehbekannte Sandmännchen. Auch eine

Postkarte aus Markneukirchen. Jeder Kosmonaut habe etwa ein Kilogramm Gepäck mitnehmen dürfen. Mir kommen sofort unsere kleinen Fernreisen in den Sinn, wenn es darum geht, die 21 Kilogramm-Grenze einzuhalten, was uns nur nach mehrmaligem Umpacken gelingt. Und für eine Reise ins All nur ein Kilo Gepäck? Darunter ein Pioniertuch von seiner jüngeren Tochter?

Alexander Gerst, der 36 Jahre später – genau wie damals Jähn – in einer Sojus-Kapsel ins All fliegt, nimmt ein 100 Gramm schweres Steinchen vom Kölner Dom mit.

Ich frage Jähn nicht nach dem Pioniertuch, weil ich mir seine Antwort denken kann. Sein Flug in den Kosmos war 1978 ein Politikum. Die kleine DDR schickte den ersten Deutschen auf die Erdumlaufbahn. Das war schon was! Da durften im Raumschiff politische Insignien nicht fehlen. Und wenn man weiß, dass Sigmund Jähn Mitte der fünfziger Jahre selbst Pionierleiter war, will man glauben, dass er das Pioniertuch freiwillig und gerne mitgenommen hat. Dass zu seinem schmalen Bordgepäck auch eine Ansichtskarte aus Markneukirchen gehörte, hat mit Gefühlen zu tun. Mit Heimatgefühlen. Er hatte die Karte dort im Musikinstrumente-Museum gekauft, nach einem Besuch bei seiner Mutter im Pflegeheim. Jähn hängt an seiner Mutter. Er hängt auch an Morgenröthe-Rautenkranz. Er liebt seine Datsche, die er noch dort hat. Und er liebt seinen Hausgarten in Strausberg. Keine Villa, keine schnellen Autos, kein dickes Konto. Er, der aus einer ehrbaren Arbeiterfamilie stammt, hatte immer große Träume und kleine Wünsche. Die großen Träume hat er sich erfüllt. Die kleinen Wünsche, die er hin und wieder äußerte, wurden oft überhört. Als er beispielsweise vorab nach seinen Musikwünschen im All gefragt wurde, nannte er Volksmusik und Jägerlieder. Doch nichts davon hörte er dann im Raumschiff. Irgendwer entschied, dass Jägerlieder wohl nicht passend wären.

Unser Ostseetalk hat dieses Mal keinerlei Musik zu bieten. Niemand vermisst sie. Man will Jähn hören und sonst nichts.

Ob er heute noch gesundheitliche Probleme habe, nach der harten Landung damals, will jemand wissen. Der Weltraumfahrer nickt. Darüber habe man eben damals nicht geredet.

Das Thema ist ihm sichtlich unangenehm. Später erfahre ich, dass er eine Rückenverletzung davongetragen hat, als er an jenem 3. September ziemlich hart in der kasachischen Steppe landete. Danach wurde der Kosmonaut teilinvalidisiert. Nach der Wende strich man ihm diese kleine soziale Hilfe aus DDR-Zeiten.

Er sei auch so klargekommen, sagt der berühmte Mann, als wir bei gutem Essen und Wodka den Abend ausklingen lassen. Rechts neben ihm sitzt unsere Freundin Galina, eine Russin. Und ich weiß, dass er sich darüber freut. Endlich kann er wieder ordentlich Russisch reden. Die beiden lachen, scherzen und prosten mir zu. Ich verstehe nur Bahnhof und bedauere zumindest jetzt, dass ich dieser Sprache während der Schul- und Studienzeit so wenig Leidenschaft geschenkt habe. Mein Mann kann wenigstens hier und da mithalten, was dem Kosmonauten gefällt. Jähn verträgt viel Wodka, ohne sichtbare Wirkung. Sa sdorowje, rufe ich fröhlich – und bekomme unverhofft Aufmerksamkeit! Selbst mein Mann staunt und fragt sich vermutlich, warum er mir aufopferungsvoll geholfen hat, das Russischexamen zu schaffen, wenn mein ganzer Fremdsprachenbeitrag nur darin besteht, sa sdorowje zu sagen.

Ich nippe an meinem Wodka, worauf mich der Kosmonaut energisch auffordert, das Glas in einem Zug zu lehren. Mache ich. Mein Mann stutzt erneut. Kann es sein, dass in mir etwas steckt, dass er noch nicht kennt? Nach vierzigjähriger Ehe? Inzwischen hat der Kosmonaut für mich einen weiteren Wodka bestellt. Ich winke ab. Dann, sagt er, hätte ich niemals den Eignungstest als Kosmonautin bestanden. Wieso? Muss man etwa trinkfest sein? Mein berühmter Tischnachbar nickt. Wenn einem nach etlichen Wodkas nicht schwindelig würde, packe man auch den Test mit dem Drehstuhl.

Drehstuhl? Ich denke an unsere ziemlich alten Bürostühle in der Redaktion, die immer ein bisschen rechts- oder linkslastig kippelten. Harmlos. Das Trainingsgerät, das Jähn meint, simuliert Schwerelosigkeit im All. Jähn erinnert sich an manchen Aspiranten, der an diesem

Drehstuhl scheiterte. Die Leute seien raumkrank geworden, das sei so ähnlich wie seekrank. Er habe zum Glück kein Problem damit gehabt. Wegen der Trinkfestigkeit.

Ich staune. War doch nur ein Scherz! Jähn lacht. Ich auch, aber mehr aus Verlegenheit.

Als wir gegen Mitternacht aufbrechen wollen, fragt der erste deutsche Kosmonaut nach der Rechnung. Er will zahlen. Das haben wir noch nie erlebt. Im Gegenteil, manch prominenter Gast hat sogar noch Freunde mitgebracht und sie eingeladen – auf unsere Kosten. Und jetzt das: Sigmund Jähn will zahlen. Soweit kommt's noch!

Wir stoßen letztmals an, auf die Freundschaft, die unverbrüchliche, obwohl wir wissen, dass es die schon lange nicht mehr gibt. Er sei ein reicher Mann, auch wenn er keine Million auf dem Konto habe, sagt er und schaut in Richtung Erika. Mit materiellem Reichtum wurde der Weltraum-Star absolut nicht verwöhnt. Nach der Wende bekam der einstige NVA-General wegen seiner Staatsnähe die sogenannte Strafrente. Also die Mindestrente.

Jähn sagt, er komme zurecht. Er arbeite als freier Berater für das Deutsche Luft- und Raumfahrtzentrum und die Europäische Weltraumbehörde. Und dann mache er eben ab und an das, was er heute Abend gemacht habe: über seine Reise ins All erzählen. Dann schaut er mich an und fragt, ob ich mir vorstellen könne, alle neunzig Minuten einen Sonnenaufgang zu erleben? Er wartet auf keine Antwort, weil er weiß, dass ich es mir nicht vorstellen kann.

Wenn man ihn fragen würde, sagt er, könnte er wieder schwach werden. Aber leider sei er zu alt.

Zu alt wofür?

Na, für die Raumfahrt, liebe Frau Rätzke, was denken Sie denn...?

Nachtrag nach Jahren: Wie der Zufall so spielt. Ich hatte mich kürzlich verpflichtet, unsere Bücherregale endlich mal wieder abzustauben. Dass ich dabei nicht weit kam, lag an einer Entdeckung. Ich stieß auf die Biografie ‚Sigmund Jähn – Rückblick ins All' von Horst Hoffmann. Wir bekamen sie 2009, nach unserem Talkabend, von Sigmund Jähn mit seiner netter Widmung geschenkt. Seitdem stand das Buch in einem der Regale, ganz oben, in der Abteilung Biografien. Jetzt, wo ich über die Begegnung mit dem ersten Deutschen im All schreibe, kommt sie mir zupass. Ich lese und blättere, als plötzlich ein kleiner Briefumschlag aus dem Buch fällt. Im Umschlag steckt eine wirkliche Rarität: eine jener Kosmos-Briefmarken, die Sigmund Jähn dort oben im All abgestempelt hat. Wahrscheinlich hat er es am Talkabend auch erwähnt, so ganz nebenbei. Wir aber haben es nicht wahrgenommen, wie es so ist, wenn jemand nicht viel Aufhebens von sich macht.

Wilsberg ist nicht ewig

Leonard Lansink

Schauspieler

AR Wir mochten ihn auf Anhieb. Sein schiefes Grinsen, seinen schlurfenden Gang, seine holprige Stimme. Er war anders als all die anderen TV-Kommissare, die ständig den Bildschirm besetzten. Auch wenn sie mitunter besser aussahen, geschliffener sprachen und sich bei Verfolgungsjagden geradezu akrobatisch bewegten.

Wilsberg hingegen kam schnell aus der Puste, hatte selten Geld, liebte Bücher, Wein und gutes Essen. Ein Privatdetektiv mit Fehl und Tadel. Gerade deshalb war er uns hoch sympathisch. Unsere Begeisterung für diesen Mann und seine Mitstreiter ging sogar so weit, dass wir uns die *Wilsberg*-Abende vormerkten und uns dann für Anrufer jeglicher Art taub stellten. Jedenfalls machten wir es uns mit ihm gemütlich, bei Salzmandeln und Wein. Kalorien spielten dabei keine Rolle. Schließlich war unser Krimi-Favorit auch in dieser Hinsicht kein Erbsenzähler. Ein Grund mehr, ihn zu mögen. Also beschlossen wir, Wilsberg, also Leonard Lansink, in unsere Talkrunde einzuladen.

Ich schrieb dem Schauspieler eine Mail und wartete auf Antwort. Die kam umgehend, mit einer Zusage! Kein Wort über das Honorar. Keine Vorab-Bedingungen, wie wir sie oft genug mit weniger Prominenten erlebten.

Leonard Lansink schien im Leben zu sein wie im Film: ein Mann ohne Allüren. Unser Mann! Ich antwortete voller Vorfreude, teilte unseren Wunsch-Termin mit und wartete auf Antwort. Aber sie kam nicht. Wir warteten weiter, nichts tat sich.

Wir beschlossen, die Mail noch einmal loszuschicken.

Vielleicht hast du wieder mal irgendwo raufgedrückt und alles gelöscht oder sonstwohin geschickt, mutmaßte mein Mann. Diesmal überwachte er die Sendung persönlich, nahm seine Brille ab, beugte sich tief über den Bildschirm und nickte zufrieden: Du wirst sehen, jetzt kommt auch Antwort.

Aber sie kam nicht. Das Thema Lansink war nun in der Abteilung Unerfüllte Wünsche gelandet.

Als wir gerade dabei waren, Wilsberg nicht mehr ganz

so gut zu finden, ja uns sogar bereit zeigten, an den sonst so heiligen Wilsberg-Abenden Besuch zu empfangen oder auszugehen, da kam Post.

Mail-Post von Leonard Lansink. Er freue sich auf das Treffen, bräuchte allerdings Unterkunft für zwei.

Für zwei? Er gab doch den einsamen Wolf so überzeugend, dass wir gar nicht auf den Gedanken gekommen wären, eine Frau Lansink mit einzuplanen. Nun also doch. Oder doch nicht? Er hätte ja auch einen Freund mitbringen können...

Der 3. September 2011 ist ein heißer Spätsommertag. Heute Abend treffen wir Lansink. Wir hoffen natürlich, dass er früher kommt. Nicht erst fünf Minuten vor der Angst.

Was ziehe ich an?, frage ich meinen Mann. Diese Frage hätte ich mir sparen können. Zieh doch das vom letzten Mal an, was du bei Robert Atzorn anhattest, sagt er. Typisch Modemuffel.

Ich bin empört und kaufe mir im Eiltempo in unserer Ortsboutique ein neues Kleid, das ich dann am Abend doch nicht trage.

Ganz nebenbei: Die Frage, was mein Mann anzieht, stellt sich nie. Er kommt immer in Schwarz. Den Tipp hat er von einem Berliner Regisseur, der ausschließlich schwarze Kleidung besaß und so nie in Verlegenheit kam. Ob er auch schwarze Unterwäsche trug? Auf was für krause Gedanken man doch kommt. Aber dann vergesse ich den

Regisseur in Schwarz wieder. Wir haben andere Sorgen, echte, wir warten auf unseren Talkgast.

Ich rufe im Hotel an. Die nette Dame an der Rezeption fühlt mit: Der Herr Wilsberg wird schon noch kommen, tröstet sie.

Endlich klingelt unser Telefon. Dran ist aber nicht Wildsberg, sondern nur ein Wilsberg-Fan. Ob es noch Karten den *Ostseetalk* gäbe?

Nein, Karten haben wir nicht mehr. Vielleicht gibt jemand an der Abendkasse was zurück. Tut mir leid, sage ich und denke: Erst muss er mal da sein. Es ist immer wieder dieselbe Angst: Was tun, wenn der Stargast nicht kommt?

Der nächste Anruf ist eine Wohltat: Raten Sie mal, wer hier ist, fragt die Dame vom Hotelempfang. Ich rate nicht, sondern schwinge mich aufs Rad. Fünf Minuten brauche ich bis zum Iberotel Boltenhagen. Ich summe vergnügt *Pack die Badehose* ein, den Gassenhauer aus den Fünfzigern mit Cornelia Froboess. Warum ich gerade darauf komme, weiß ich nicht. Ich weiß nur, dass auch ich damals munter diesen Froboess-Song trällerte, obwohl ich weder ein kleines Brüderchen zum Einpacken hatte noch den Wannsee kannte.

Als ich im Hotel ankomme, ist Leonard Lansink bereits draußen auf der Terrasse. Er sitzt vor einem Glas Bier. Tach, sagt er, leicht grinsend. Wieviel Zeit wir denn noch haben, will er wissen.

Ansonsten: keine Lust auf große Gespräche, jetzt jedenfalls nicht. Er wolle sein Bier in Ruhe austrinken und sich dann noch mal aufs Ohr hauen.

Ich erwähne, dass der Talk in gut zwei Stunden beginnt – und sehe schon die ersten Talk-Besucher die Hotelterrasse in diskreter Entfernung umkreisen.

Reicht, antwortet Lansink und meint die Zeit, die er noch zum Schlafen braucht.

Mir wird leicht übel. Wie soll das heute Abend gehen?

Keine zehn Sätze miteinander gesprochen, und schon soll ich wieder gehen. Ich überwinde mich und gehe nicht. Erkläre den Talk-Ablauf, während Lansink müde sein Bier trinkt und lustlos in die Gegend schaut.

Dann wird er plötzlich wach und lächelt extrem schief, aber nicht in meine Richtung. Der Blick gilt seiner Maren, die auf unseren Tisch zusteuert. Blond, wohlgeformt, fröhlich. Wir duzen uns auf der Stelle, und sie verspricht, dass er rechtzeitig erscheint. Aber er müsse noch ein bisschen schlafen. Ich frage nicht, warum. Obwohl ich's gerne gewusst hätte.

Ich radele nach Hause. Duschen, umziehen, in Gedanken Fragen stellend. Zwanzig Minuten später sitzen wir im Auto auf dem Weg zum Hotel mit dem phantastischen Blick auf den Yachthafen.

Dort angekommen, stehen schon die ersten Wilsberg-Fans vor der Tür. Es ist freie Platzwahl. Wobei die Sessel mit Tischchen in den ersten drei Reihen besonders begehrt sind. Der Raum, der Bernstein-Lounge heißt, wird sonst als Raucherkabinett genutzt. Lansink, weiß ich, ist starker Raucher. Aber heute Abend, während des Talks, darf er nicht. Das muss für ihn eine mittlere Katastrophe gewesen sein. Maren erzählt später, dass er sogar im Bett geraucht hat, was sie ihm schnell abgewöhnte.

Der Raum füllt sich, es müssen noch Stühle reingestellt werden. Die in den gemütlichen Sesseln schauen sich lächelnd nach hinten um. Ich würde jetzt auch gerne rauchen, aber ich habe vergessen, wie es geht.

Dann kommt Lansink, endlich. In der ersten Reihe sitzt Maren, hübsch und appetitlich, um mit den Worten meines Mannes zu sprechen. Lansink sucht ein Taschentuch, um sich den Schweiß aus dem Gesicht zu tupfen, es ist heiß wie in der Dampfsauna, trotzdem behält er sein Sakko an.

Ich begrüße die Leute, rede mich in Fahrt, bis mich mein Talkgast unterbricht: Soll ich heute auch noch was sagen?

Er lächelt. Ha ha, das gefällt den Leuten. So lieben sie ihren Wilsberg. Fehlt nur noch, dass er meinen Autoschlüssel haben will. So wie im Film, wenn Ecki, der Steuerprüfer, wieder mal das Pointen-Opfer ist.

Aber der Abend fängt erst an, und Lansink ist gut gelaunt. Ich denke an den maulfaulen Schauspieler von vorhin und will wissen, ob er ein Morgenmuffel sei.

Merkt man das jetzt noch? Er lächelt wieder, so wie er nur lächeln kann, und schaut zu Maren. Dann, als hätte er sich von ihr Schwung geholt, kommt er ins Plaudern. Minuten lang erzählt er von sich. Was ihm gerade so einfällt. Selbst seine Freundin hört überrascht und staunend zu. Da ist die Rede von der finanziellen Unsicherheit der Schauspieler. Kein Mensch weiß, wie lange Wilsberg noch existiert, sagt Leonard Lansink, Wilsberg ist nicht ewig.

Im Moment laufe alles gut, trotz des Jugendwahns im TV. Aber das könne sich schnell ändern, von heute auf morgen, ohne Vorwarnung. Wer da nichts zurückgelegt hat, steht dumm da, sinniert er.

Altersarmut unter Schauspielern sei nichts Ungewöhnliches. Er jedenfalls engagiere sich für soziale Sicherheit in seiner Branche.

Lansink – ein politischer Mensch? Er sei in der SPD und unterstütze sie, erzählt er. Schade, ruft ein Zuschauer.

Finde ich nicht, erwidert der Schauspieler, in Deutschland gibt es noch viel Ungerechtigkeit, dagegen kann man doch was tun!

Ich stelle mir Lansink in einer politischen Rolle vor, vielleicht als Schröder oder Wehner oder wen es da noch so gibt. Na ja, meint der Mime und zieht nun doch das Sakko aus.

Maren, seine Freundin, fächelt sich Luft zu.

Kennengelernt hatte sie ihn auf ungewöhnliche Weise und an einem denkbar ungeeigneten Ort: vor dem Klo. Maren war auf einer Veranstaltung, auf der auch Lansink las. In der Pause trafen sich beide zufällig im Waschraum vor der Toilette. Lansink lächelte sein Wilsberg-Lächeln, und Maren gefiel das. So fing alles an. Wie es weiterging, haben sie nie öffentlich erzählt. Zu diesem Talkabend jedenfalls kommen sie bereits mit vollbeladenem Auto aus Marens Wohnung und wollen in Richtung Berlin weiterfahren. Das sieht nach Umzug aus.

Der Talk schnurrt nur so dahin, ich habe wenig zu tun. Lansink zeigt sich in Hochform und begeistert das Publikum. Zwischendurch dreht er Wasserflaschen auf und schenkt vor allem mir ein. Er ist ein fairer Gesprächspartner, der immer mal wieder fragt: Darf ich noch was sagen, oder schweife ich jetzt zu weit ab?

Ich kann mir nichts Besseres wünschen. Sein Abschweifen verspricht wieder eine neue Geschichte. Er lobt die harmonische Atmosphäre beim *Wilsberg*-Dreh und erzählt von Oliver Korritkes Spleen, zu Hause Hunderte von Turnschuhen zu horten, wovon die meisten noch originalverpackt seien. Und dass Frau Kommissarin Springer alias Rita Russek privat eine ganz tolle Gastgeberin sei: Wenn man zu ihr kommt, dann wird man unglaublich verwöhnt. Sie kann ganz toll kochen.

Stichwort für mich, diesen Zwei-Stunden-Abend zu beenden, eine halbe Stunde später als geplant. Nach endlos erscheinenden Autogrammwünschen, die Wilsberg geduldig erfüllt, kommt er mit Maren im Hotel-Restaurant an. Er freut sich auf Bier und gutes Essen. Vorweg eine Suppe?, frage ich. Hätte ich es nur gelassen! Die Suppe kommt, mit Verspätung, also fast kalt, und der junge Kellner ist vermutlich eine Aushilfe, denn die Suppe landet mit Schwung auf Lansinks Sakko. Später erfahren wir, dass auch der Koch fehlte. Vermutlich war die Mikrowelle an diesem Abend im Dauerbetrieb. Doch Leonard Lansink bleibt locker. Tapfer löffelt er die kleistrige Suppe und zieht das bekleckerte Sakko aus. Nach einigen Zigaretten und Bier (oder war es Wein, oder war es Wodka?) ist unser aller Groll verflogen. Maren erwähnt vergnügt einige Lansink-Macken, kommt auf den relativ großen Altersunterschied zwischen sich und Lansink zu sprechen und zeigt diesbezüglich keinerlei Zukunftsängste.

Wir trennen uns an diesem Abend mit herzlichen Umarmungen und dem Versprechen, uns am nächsten Vormittag in unserer kleiner Buchhandlung und Galerie zum Abschied zu treffen. Unbedingt, sagt Maren. Und Lansink, das bekleckerte Sakko im Arm, grinst zustimmend.

RR Am nächsten Morgen, so gegen 9 Uhr, war ich in der Lobby mit der Hotelchefin verabredet. Rechnungen bezahlen, Kartenverkauf abrechnen, kurz den letzten Abend Revue passieren lassen. Die Panne mit dem Suppen-Sakko erwähnte ich nur am Rande – einem geschenkten Gaul guckt man nicht ins Maul. Das Hotel war eines unserer Sponsoren.

Plötzlich nickte die Hotelchefin freundlich in Richtung Hafen-Terrasse. War Herr Lansink schon frühstücken?, fragte ich.

Er ist doch eben an uns vorbeigegangen, sagte sie.

Ohne Gruß also. Auch in unserer kleinen Galerie hat er sich nicht mehr sehen lassen. Weitere Mails von uns blieben unbeantwortet. Warum, das haben wir nie erfahren. Rätselhaft.

In so einem Fall bräuchte man jemanden einen wie Wilsberg. Und den gucken wir weiterhin mit viel Sympathie.

Gott, is mir schlecht …

Jaecki Schwarz, Schauspieler
Wolfgang Winkler, Schauspieler

AR Die haben verpennt. Oder sind in einer Kneipe hängengeblieben. Oder finden den Weg nicht. Oder haben keinen Bock.

Noch machen die wartenden Zuschauer im Saal ihre Witze über Wolfgang Winkler und Jaecki Schwarz. Noch ist nicht alles verloren. Noch hoffe ich, dass sie kommen. Aber es tut sich nichts. Die Autos, die vor dem Hotel einen Parkplatz suchen, gehören weder Winkler noch Schwarz. Wobei Jaecki Schwarz wohl gar nicht mehr Auto fährt.

Du musst jetzt auf die Bühne und den Leuten was sagen,

raunt mein Mann mir zu. Es ist 20 Uhr, eine halbe Stunde über die Zeit. Jetzt glaube ich auch, dass Wolfgang Winkler und Jaecki Schwarz, die TV-Kommissare der Krimireihe *Polizeiruf 110*, nicht mehr kommen.

Im Saal sitzen mindestens 150 Leute, die immer noch warten. Natürlich nicht auf mich. Deshalb gibt es auch keinen Beifall, als ich auf die Bühne komme – ohne die Stars. Was macht man in solchem Moment? Keine Ahnung, das hatte ich nicht geprobt. Bisher war nie etwas schief gegangen. Nur Gunter Gabriel kam mit einer Dreiviertelstunde Verspätung zum Talk, im Trainingsanzug. Aber er kam.

Ich denke nicht lange nach, sondern improvisiere. Ich laufe auf der viel zu großen Bühne ziemlich verloren hin und her, stelle Vermutungen über die Abwesenheit der Künstler an. Ein Unfall auf der Autobahn? Ein furchtbarer Gedanke, den man gar nicht aussprechen möchte. Ich erzähle, was ich sie alles fragen wollte. Die Leute hören zu, ich rede etwa zwanzig Minuten und hoffe inständig, dass in den nächsten Sekunden endlich der Befreiungsruf kommt: Die beiden sind eingetroffen!

So ist das mit der Hoffnung, die angeblich zuletzt stirbt. Hoffen und harren macht manchen zum Narren – dieser Spruch trifft wohl eher zu. Also verabschiede ich mich und hoffe auf ein nächstes Mal. Nun bekomme ich doch Beifall, auch wenn die Leute enttäuscht sind.

Die meisten Zuschauer behalten ihre Karten, wollen kein Geld zurück. Sie wollen auf einen neuen Termin mit

Schmücke & Schneider warten. Das nächste Mal wird es schon klappen, sagt jemand und lächelt mir zu. Mir ist nicht nach Lächeln, ich bin fix und fertig. Mein Mann räumt mit anklagendem Blick die TV-Videos zusammen, die eigentlich verkauft und signiert werden sollten. Er glaubt, dass ich die Schuldige bin. Er vermutet, dass ich das Datum verwechselt habe. Und er sagt, was er in solchen Fällen immer sagt: Hätte ich mich bloß selbst darum gekümmert.

Der Krach ist da. Vielleicht haben die beiden den Termin verwechselt, sage ich. Die beiden? Mein Mann macht eine Handbewegung, die soviel heißt wie: Das glaubst du doch selbst nicht!

Zu Hause kontrolliere ich alle Mails an Winkler & Schwarz. Der Termin stimmt, aber eine Antwort von Winkler, der mit mir korrespondiert hat, kann ich nicht finden. Ist die Mail etwa irgendwo im Nirgendwo gelandet?

Spät abends rufe ich unseren Sohn an, der im Baden-Württembergischen wohnt. Ich heule zwar nicht, aber bin nahe dran. In solchen Fällen ist er in unserer Familie immer der Ruhigste. Er hört zu, analysiert und beruhigt. Die Mail, meint er, ist wahrscheinlich wirklich irgendwo gelandet, nur nicht bei den beiden.

Aha. Und nun?

Geh schlafen, sagt mein Sohn. Als wenn das so einfach ginge...

Der *Ostseetalk* ist spätestens jetzt in aller Munde. Das

wird wohl der letzte gewesen sein, tuschelt man. Und auch wir sind uns nicht sicher, ob und wie es weitergeht.

Doch die TV-Kommissare kommen tatsächlich, eine Woche später, am 19. Juni 2008. Dieses Datum hatten sie in ihren Terminkalender geschrieben.

Wir sitzen bei schönstem Sommerwetter nachmittags vor unserer Buchhandlung im Kurpark, um noch Feinheiten für den Abend zu besprechen, der nun in einem anderen, kleineren Saal stattfindet. Auch ihre Hotelzimmer müssen wir jetzt selbst bezahlen, denn das luxuriöse Iberotel, unser Sponsor, ist ausgebucht. Alles in allem eine Nummer kleiner, aber die beiden sind jetzt da. Nur das zählt.

Zufällig kommt Schauspielerin Esther, Tochter unserer Freundin Heide, vorbei. Großes Hallo, man kennt sich. Das geplante Vorgespräch wird eine Plauderei über diesen und jenen Kollegen, über diesen und jenen Regisseur, über diese und jene Rolle, die man nicht bekommen hat – und eigentlich auch gar nicht haben wollte. Man redet über die fragwürdige Vergabe von Film- und TV-Preisen. Vielleicht, sagt Wolfgang Winkler, bekommen wir ja auch mal einen. Im Traum habe ich schon mal an meiner Dankesrede gefeilt.

Alle lachen. Nur Jaecki Schwarz ist schlecht gelaunt. Trotzdem will ich mit ihm ins Gespräch kommen. Ich hatte irgendwo gelesen, dass er eine spannende Familiengeschichte hat. Sein Vater war ein russischer Soldat, wie meiner. Schwarz, ein Nachkriegskind, Jahrgang 1946, genau wie ich. Ob er mal nachgeforscht habe nach dem Vater und der russischen Familie, frage ich.

Seine Antwort ist kurz und abweisend: Det interessiert mich nich, det war mein Erzeuger, mehr nich. Und mehr jibt et dazu auch nich zu sagen. Mann, is mir schlecht!

Jaecki Schwarz dreht sich weg, steht auf und geht. Winkler und seiner frisch angetrauten Ehefrau ist die ganze Sache peinlich. Es ginge Jaecki in der Tat nicht gut, er müsse sich noch eine Weile aufs Ohr hauen, dann wäre er abends wieder fit. Ich bin enttäuscht von Schwarz, dem ich eigentlich noch die Geschichte unserer ersten Begegnung erzählen wollte.

Es muss Ende der sechziger Jahre gewesen sein. Ich traf Jaecki Schwarz zufällig in einer kleinen Leipziger Kellerbar, in die wir nach langweiligen Vorlesungen oder Seminaren öfter gingen. Ich erkannte ihn sofort, inmitten einer heftig diskutierenden Gruppe. Der junge Schauspieler war durch seine Hauptrolle in dem Antikriegsfilm *Ich war 19* über Nacht berühmt geworden. Schwarz spielte darin einen jungen Deutschen, der mit seiner Familie vor den Nazis nach Moskau geflüchtet war und im Frühjahr 1945 nach Berlin zurückkehrt – als Leutnant der Roten Armee. Regisseur Konrad Wolf erzählte hier seine eigene, dramatische Geschichte. Und Schwarz spielte, als wäre er im Frühjahr '45 dabei gewesen. Kaum jemand, der den Film damals nicht gesehen hat.

Wahrscheinlich habe ich an jenem Abend in der kleinen Bar auch für Jaecki Schwarz geschwärmt, wie viele andere. Dass er sich nicht für Frauen interessierte, bemerkte ich damals nicht. Es spielte auch keine Rolle.

Wir sahen das alles nicht so eng, im Gegenteil: Die bunte Welt der Andersfühlenden gefiel uns. Sie ließ uns Raum für neue Ideen und Gedanken, die sonst im linientreuen Alltag eines Journalistikstudenten nicht vorkamen. Sogar die angedachte gemeinsame Faschingsfeier mit Medizinstudenten wurde zu einem Politikum erklärt. Dass unsere Fakultät für Journalistik im Westen den Namen *Rotes Kloster* trug, haben mein Mann und ich erst nach der Wende gelesen.

Damals, als Studenten, trafen uns daher oft in kleinen Bars und diskutierten über Gott und die Welt bis in den frühen Morgen. Die Drinks waren billig und hießen für uns meist Pfeffi, was Pfefferminzlikör bedeutete. Wir lasen James Baldwin oder Heinrich Böll, deren Romane wir uns irgendwie besorgten. Und wir diskutierten über Texte der Dichter unter uns, etwa von unserem Mitstudenten Kristian Pech, einem begabten Lyriker, der aber nicht lange an der Fakultät geduldet wurde.

Wenn wir in Leipzig abends unterwegs waren, trugen wir Klamotten aus den zwanziger oder dreißiger Jahren, die wir im Altwarenladen günstig kauften. Sie rochen nach Mottenpulver und hatten Löcher. Es war die Zeit, als wir uns Michel Polnareffs *Love me, please love me* immer wieder vom Barpianisten Odwin wünschten. Flucht für Stunden in eine andere Welt. Anderntags hackten wir dann irgendeinen Text für das sogenannte journalistische Übungssystem in die alten Olympia-Schreibmaschinen, bei denen mindestens ein Buchstabe immer klemmte.

Vermutlich habe ich Jaecki Schwarz an jenem Abend in der Kellerbar schöne Augen gemacht. Und ganz gewiss wird er sich nicht mehr daran erinnern. Also behalte ich die Geschichte jener flüchtigen Leipziger Begegnung an diesem Sommernachmittag in Boltenhagen lieber für mich. Sie hätte sowieso keine Chance, gehört zu werden, da der Star jetzt das Weite sucht.

Nehmen Sie es Jaecki nicht übel, dass er so maulfaul ist, bittet Wolfgang Winkler, als er dem davoneilenden Schwarz hinterhersieht. Der hat nämlich im Moment Probleme.

Liebeskummer? Winkler nickt. Dann sieht er seine Frau verliebt an.

Am Abend kommt Schwarz pünktlich und einigermaßen gut gelaunt zum Talk ins Kurhaus. Die Leute freuen sich und bekommen ein nettes Pingpong-Spiel der beiden TV-Kommissare serviert. Die kabbeln und versöhnen sich, wie beim *Polizeiruf 110*.

Ich sitze links von Schwarz. Meine Fragen nimmt er zwar zur Kenntnis, aber er wendet sich von mir ab, wenn er antwortet, und redet mit Winkler oder dem Publikum. Ich bin verunsichert. Hat er was gegen mich? Er gibt sich desinteressiert. Zwischendurch murmelt er leise, diesmal in meine Richtung: Gott, is mir schlecht.

Winkler erkennt die heikle Situation und redet für zwei. Dann endlich ist Pause. Schwarz rauscht an den Leuten vorbei, Richtung Toilette. Winkler übernimmt, schreibt schon mal Autogramme und macht Small Talk.

Irgendwie überstehen wir den Abend. Es gibt viel Beifall, auch für Jaecki Schwarz. Der ist doch ein echter Berliner, sagt eine Zuschauerin. Immer flott mit dem Mundwerk, ihr gefalle das.

Im Restaurant wartet ein opulentes Menü auf uns, das ist Tradition beim *Ostseetalk.* Gedeckt ist für uns Fünf. Aber Jaecki Schwarz kommt nicht.

Er lässt schön grüßen und sich entschuldigen, sagt Wolfgang Winkler.

Und wir wissen, dass weder das eine noch das andere stimmt.

Ihr Ehemann – gelegentlich anstrengend …

Gregor Gysi
Politiker

AR Gysi schwitzt. Es ist heiß, er ist viel zu dick angezogen, und er hat schon einen Strandtermin hinter sich. Fotos und Gespräch mit einem *Stern*-Reporter. Es sind fast 40 Grad, selbst in meinen Kindheitserinnerungen kommen 40 Grad Hitze nicht vor. Wir bekamen bei 25 Grad, vielleicht auch schon bei weniger, hitzefrei und fuhren mit Bus oder Bimmelbahn zur nahen Ostsee. Nun also, rund 60 Jahre später, bin ich in Boltenhagen Gastgeberin für einen der bekanntesten und umstrittensten deutschen Politiker.

Reichlich Polizei ist anwesend, das Landeskriminalamt ist eingeschaltet, und einige Bodyguards prüfen meinen

Mann und mich mit skeptischen Blicken. Im Hotel ist auch ein Zimmer für seine Bewacher reserviert.

Erst, als Gysi uns begrüßt, entspannt sich der Blick der Bodyguards. Der Polit-Star, für den man in sämtlichen Talkshows nur zu gerne einen Platz frei hält, ist unkompliziert, aber nicht kumpelhaft. Gysi hält Abstand.

Im Kur- und Festsaal, wie sich die einstige Schulaula nach Fördergeld-Investition nun nennt, ist kein Platz leer. Mehr als 200 Stühle passen wirklich nicht rein. Trotzdem müssen noch einige mehr besorgt werden. Den Kartenvorbestellungen zufolge sind etliche Leute 80 bis 100 Kilometer gefahren, um beim Talk dabei zu sein.

Gysi nimmt am kleinen Tisch, den wir für diesen Abend aus einem Schulzimmer entliehen haben, auf der Bühne Platz. Er redet und gestikuliert.

Wie sein Vater, denke ich.

Als ich den Senior, Klaus Gysi, vor dreißig Jahren mal in seiner Wohnung in der Leipziger Straße in Berlin besuchte, lief er mit einem Glas Calvados durch die geräumige Wohnung und redete mit mir. Das meiste habe ich vergessen. Nur der Balkon hatte mich nachhaltig beeindruckt, weil man von dort aus recht weit über Berlin schauen konnte. Es gab sozusagen eine Prise Westberlin gratis.

Nun sitzt Sohn Gregor neben mir. Klein, wie sein Vater. Charismatisch, wie sein Vater. Aber irgendwas muss sie doch unterscheiden?

Das herauszufinden, habe ich keine Gelegenheit. Gysi

der Jüngere zieht seine Show ab, obwohl ich mir vorgenommen habe, dies nicht zuzulassen. Er redet wie bei allen öffentlichen Auftritten: locker, charmant, beharrlich. Frage ich nach seinem Tagesablauf, sagt er: Lassen Sie mich nur noch schnell sagen...

Dann sagt er, was er will. Und die Leute hängen an seinen Lippen. Ich auch. Doch als er erstens, zweitens, drittens sagen will, unterbreche ich ihn und frage, warum alle Politiker immer erstens, zweitens, drittens sagen. Er lacht, wischt sich den Schweiß von der Stirn und erklärt: Dazu kann ich nur sagen: erstens, zweitens, drittens.

Heiterkeit im Saal. Wieder ein Punkt für Gysi. Dann nimmt unser Gespräch Fahrt auf. Die Leute wollen vieles von dem Mann aus Berlin wissen. Vor allem aber möchten sie von ihm verstanden werden, in der Aufarbeitung ihrer Vergangenheit. Wir haben doch eine, ruft jemand, die kann man doch nicht einfach verschweigen oder so abtun.

Beifall – natürlich von den Gysi-Verehrern. Andere sind nicht gekommen, mutmaße ich. Und in Boltenhagen sagt die CDU, wo es langgeht. Deshalb haben wir für diesen Abend nicht nur die Saalmiete bezahlt, sondern auch noch eine Extragebühr für die Nutzung der Bühne, auf der nun der kleine geborgte Tisch steht.

Ich versuche, meinen Besuch bei Gysis Vater Klaus, damals in der Wendezeit, ins Gespräch zu bringen. Ich erzähle von dem flotten Gesprächspartner, der einem gerne beim Reden übers Knie strich, und der mir einen Calvados anbot, den er dann doch selbst austrank. Klaus Gysi, der Kommunist und Westemigrant in den 1930er Jahren. In der jungen DDR dann Kulturminister, später weltgewandter Botschafter in Rom, schließlich, bis zum Ruhestand, Staatssekretär für Kirchenfragen. Politisch hat er immer die Kurve gekriegt, und die Politik, die er vertrat, gereichte den Kulturschaffenden nicht immer zum Vorteil.

Er konnte erzählen, stundenlang. Brillant, witzig, schlagfertig. Diese Gabe hat er seinem Sohn, dem Spitzenpolitiker der Linken, vererbt.

Ach, sagt Gregor Gysi, Sie waren bei meinem Vater zu Hause?

Er stutzt kurz, dann ist das Thema Vater Klaus erledigt, und möglichst auch alles Private. Er erwähnt nicht, dass er aus einer hochgebildeten, wohlhabenden jüdischen Familie stammt. Er redet nicht über seine Mutter Irene, die in großbürgerlichem Milieu in Russland geboren wurde, weil ihre Vorfahren dorthin ausgewandert waren, Fabrikanten wurden und ziemlich reich. Irene Gysi, geborene Lessing, floh mit ihrer Familie nach der russischen Revolution nach Deutschland, studierte dort Volkswirtschaft, heiratete 1945 den Arztsohn und Kommunisten Klaus Gysi.

Die Familie ist mit der Welt verbandelt. Überall Freunde und Verwandte.

Als die englische Schriftstellerin Doris Lessing 2007 den Nobelpreis für Literatur bekommt, gratuliert ihr Neffe Gregor Gysi. Aber weitere Familien-Geschichten lässt

Gysi bei unserem Talk nicht zu. Die würden doch wohl den Rahmen hier sprengen, sagt er. Deshalb kommt wieder auf sein Lieblingsthema, die Politik. Seine Themen sind auch die des Publikums. Soziale Gerechtigkeit, menschenwürdiges Leben, Europa, Rüstungswahnsinn, Weltfrieden.

Meine Frage, wo er sich denn in 20 Jahren sehen würde, beantwortet er kurz und bündig. Er habe dann hoffentlich eine eigene Talkshow, und Deutschland werde von SPD und Linken regiert. Die Leute, jedenfalls die meisten, klatschen. Einige aber lachen, wie man bei einem schlechten Witz lacht. Dennoch geht der Talk heiter zu Ende.

Später treffen wir uns mit Gregor Gysi, seiner Tochter und deren Freundin zum Essen. Gysi ist in Urlaubsstimmung. Anderntags soll es in die Ferien gehen.

Unsere Kinder sind bei dem Essen auch dabei. Gysi trifft man ja nicht alle Tage, sagt unsere Tochter und plaudert mit dem Polit-Star sehr unbekümmert. Unser Sohn geht es gemessener an und stellt konkrete Fragen, die Gysi bei einem Bier entspannt beantwortet. Auch meine Frage, ob er sich nicht vorstellen könne, die Linke zu verlassen und in einer anderen Partei Karriere zu machen, ändert seine gute Laune nicht: An welche Partei dachten Sie denn?

Gysi sieht mich lauernd an und wartet meine Antwort gar nicht ab: Was soll ich in einer anderen Partei? Ich verrate doch nicht meinen Vater! Niemals!

Er wird nun doch ziemlich laut, so dass der Kellner aufschaut und fragt, ob alles in Ordnung sei. Gysi prostet ihm zu und bestellt noch Wein. Dass seine Tochter und deren Freundin sich bei unserem Tischgespräch langweilen, versteht er. Sie dürfen gehen.

Der Abend lief gut, nicht? Gysi sieht mich fragend an. Ich nicke, und mein Mann holt flugs das Gästebuch, in das sich der Polit-Star eintragen soll. Aber niemand hat einen Kugelschreiber, schließlich findet mein Mann in seiner geräumigen Tasche eine Kugelschreibermine, die er Gysi reicht. Mit mir kann man's ja machen, sagt er.

Ins Gästebuch schreibt er launig: *Vielen Dank für einen angenehmen Tag, ein interessantes Gespräch und vor allem für das Gespräch mit Ihrer netten Tochter, Ihrem interessierten Sohn – und den Schwiegersohn will ich auch nicht vergessen. Ihr Ehemann – immerhin – nicht schlecht, witzig und auch gelegentlich anstrengend...*

Es ist kurz vor Mitternacht, wir sind die Letzten im Restaurant, an den anderen Tischen wird schon fürs Frühstück eingedeckt. Wir bleiben trotzdem noch sitzen, reden über vergangene Berliner Zeiten, über gemeinsame Bekannte. Erkundigen uns gegenseitig nach diesem und jenem. Als wir uns später verabschieden, umarmen wir uns, vielleicht ein bisschen weinselig. Auch seine Personenschützer haben nun endlich Feierabend.

Bis irgendwann mal wieder, sagt Gregor Gysi. Wir haben inzwischen gelernt, solche Sprüche nicht zu ernst zu nehmen.

Und wo ist die Kamera?

Erol Sander

Schauspieler

AR Es ist später Nachmittag, ich sitze im Hotelfoyer und warte auf Erol Sander, den Fernseh-Kommissar aus dem Istanbul-Krimi. Ich bin für den Abend schon fix und fertig angezogen: schwarzes Knopfkleid, lang, damit ich beim Sitzen nicht auf meine Beine achten muss. Und ein bisschen geschminkt bin ich auch, die Haare dunkelblond, etwas getönt. Aus unerklärlichen Gründen geistert mir ein alter Kinderspruch durch den Kopf: Ich sitze hier und schneide Speck, und wer mich lieb hat, holt mich weg.

Erol Sander hat mich nicht lieb. Wo bleibt er?

Erlösender Moment: Er stürmt plötzlich durch die Drehtür, schwarz gekleidet (also passend zu mir), Sonnenbrille und Handy in der Hand. Suchend schaut er sich um. Als ich winke, kommt er an meinen Tisch. Er ist gar nicht so groß, stelle ich fest. Kleiner als im Fernsehen. Merkwürdig.

Wir geben uns die Hand, er drückt schön fest zu. Sander setzt sich kurz und legt los: Ich bin spät dran, ich weiß. Aber wir sind ja Profis. Wo ist die Kamera, wo wird denn aufgezeichnet? Und für welchen Sender machen wir das?

Ich schlucke und hole tief Luft. Es gibt keinen Sender und keine Kamera, dies ist ein ganz normaler Talk, sage ich ihm.

Wie bitte?? Sander ist baff: Moment mal, davon hat mir mein Schwiegervater nichts gesagt. Das muss ein Versehen sein. Ich habe wegen dieser Sache hier was anderes abgesagt.

Und dann, sehr entschlossen: So geht das nicht! Ich muss telefonieren!

Er springt auf und läuft nach draußen, man sieht ihn telefonieren und heftig gestikulieren. Inzwischen entdecke ich die ersten Talk-Besucher. Etliche kenne ich, weil sie schon seit Jahren kommen.

Das Handy bimmelt, mein Mann ist dran. Ich deute kurz die drohende Katastrophe an, doch er beruhigt mich: Der fährt doch nicht einfach wieder nach Hause. Der ist Profi, der weiß doch, dass das beim Publikum nicht gut ankommen würde. Vielleicht verlangt er mehr Gage. Na, wir werden sehen, bin gleich da.

Wie mein Mann vermutet hat, kommt Erol Sander wieder. Wenn sein Schwiegervater, sein Manager, das mit uns so vereinbart habe, dann sei das eben so. Der TV-Star lächelt nun. Wir schaffen das, sagt er. Und wer jetzt an die ewige Kanzlerin denkt, meinetwegen. Aber Sander hat diesen Satz zuerst gesagt, nämlich zu mir.

Ich bin froh, dass er bleibt. Er wolle sich nur noch schnell frisch machen.

Dann neigt sich der TV-Krimi-Kommissar zu mir runter und sagt: Ich muss aber in einer Stunde anrufen, das ist ein wichtiger Anruf. Ich darf nicht sagen, mit wem ich spreche, aber es ist eine hochgestellte Persönlichkeit. Sie müssen mir garantieren, dass dann Pause ist.

Erol Sander wirkt wie in geheimer Mission. Ich bin beeindruckt und sichere die Pünktlichkeit der Pause zu. Dann entschwindet er, leichtfüßig wie ein Tänzer.

Ich mache mich schon mal auf den Weg in den Saal, der hier Veranstaltungsscheune heißt und ziemlich ungemütlich ist. Mir ist heiß, aber ich schwitze nicht. Ich schwitze nie so richtig. Nicht mal in der Sauna. In gewisser Weise ein Vorteil, da ich meinen Gesprächspartnern manchmal ziemlich auf die Pelle rücke. Das muss wohl so eine ostdeutsche Unart sein. Auch Lippi, Wolfgang Lippert, wurde als Moderator von *Wetten, dass...?* abfällig Grabscher tituliert. Ich nehme mir jedes Mal vor, gehörig Abstand zuhalten, aber das vergesse ich dann im Laufe des Abends. Auch heute wird es nicht anders sein.

Es ist unser 50. *Ostseetalk* – und es soll der letzte sein. Niemand aus dem Publikum ahnt es. Seit zehn Jahren gibt es diese Promi-Veranstaltung, dazu noch eine kleinere Gesprächsreihe im Kurhaus und anderswo.

Wenn's am schönsten ist, hören wir auf, habe ich meinem Mann vorgeschlagen. Den Schlusspunkt bestimmst du allein, hat er geantwortet.

Ich habe diesen Satz im Hinterkopf, als Erol Sander die Bühne betritt. Er ist wie verwandelt: charmant, witzig, tatsächlich unterhaltsam. Wir werfen uns die Gesprächsbälle nur so zu, als würden wir uns seit ewigen Zeiten kennen. Er redet über Persönliches. Über seine schöne Frau, die Französin, die er während seiner Model-Zeit in Paris kennenlernte. Caroline Goddet, eine Nichte des Filmregisseurs Oliver Stone. Er redet über seine Kinder, die Hunde, die große Wohnung in München-Grünwald.

Als ich auf Politik zu sprechen komme, macht er eine abwehrende Handbewegung. Aus der Politik halte er sich raus, auch von religiösen Themen distanziere er sich. Er sei zwar geborener Moslem, sogar beschnitten, erzählt er, aber dafür könne er ja nichts. Raunen im Publikum.

Im Klosterinternat habe er sogar gebetet: abends erst zu Gott und dann zu Allah, morgens erst zu Allah und dann zu Gott. Es sollte sich keiner benachteiligt fühlen.

Ich glaube aber nur an einen Gott, der über allen steht. Der will, dass wir in Frieden miteinander leben, sagt Erol Sander sehr bestimmt.

Die Leute klatschen, ich auch. Warum rührt mich das Wort Frieden immer so? Mit Inbrunst wir als Kinder das Lied von der Kleinen weißen Friedenstaube gesungen: *Kleine weiße Friedenstaube / fliege übers Land / allen Menschen, groß und kleinen / bist du wohlbekannt / Du sollst fliegen, Friedenstaube / allen sag es hier / dass nie wieder Krieg wir wollen / Frieden wollen wir.*

Den Text hat eine aus Schlesien stammende Kindergärtnerin geschrieben, Erika Mertke. 2016 erhielt sie das „Verdienstkreuz am Bande des Verdienstordens der Bundesrepublik Deutschland". Das las ich erst vor kurzem im Internet. Ich habe mit meinen Kindern viele Lieder von Erika Mertke gesungen, ohne es zu wissen.

Picassos Friedenstaube hing in den fünfziger Jahren in vielen Klassenzimmern. Und *Ein bisschen Frieden*, gesungen von der damals 17-jährigen Nicole, reichte 1982 immerhin zum ersten deutschen Sieg beim Eurovision Song Contest.

Erol Sander hat nur ein bisschen Kindheit in der Türkei verbracht. Mit Fünf ist er mit Mutter und Schwester nach Deutschland gekommen. Träumt er noch manchmal von zu Hause?

Sander schüttelt den Kopf. Sein Zuhause sei hier, in München. Er spreche ja besser bayrisch als türkisch. Warte nur, denke ich, wenn du älter bist, wird dir vieles einfallen, was du als Kleinkind erlebt hast. Mir jedenfalls geht es so: Je älter ich werde, desto klarer ist die Erinnerung an die Vergangenheit, die Kindheit zum Beispiel. Dass da alles immer größer und schöner, wärmer und sorgloser war, wird auch Erol Sander irgendwann denken. Aber er ist erst Jahrgang 1968, drei Jahre jünger als mein Sohn, da spielt die Vergangenheit noch keine Rolle.

Übermütig sagt er dem Publikum, das ihn offenkundig mag, seinen türkischen Namen: Urçun Salihoglu. Wer kann das schon aussprechen? Da klingt Erol Sander klingt viel einfacher.

Als der 50. *Ostseetalk* nach gut zwei Stunden zu Ende geht, nur kurz durch sein sehr wichtiges Telefonat mit einer sehr hochgestellten Person unterbrochen, umarmt er mich auf der Bühne. Ich bekomme Blumen und fühle mich für Sekunden wie die blumenschwenkenden Stars. Das ist der passende Moment, wo ich verkünde, dass dieser 50. Ostseetalk mit Prominenten der letzte ist. Meine Augen suchen meinen Mann. Er nickt mir zu. Dann ist alles vorbei.

Erol Sander will eigentlich sofort fahren. Eigentlich. Dann entscheidet er sich doch, mit uns essen zu gehen. Wir bestellen Fisch, er will dann doch nichts, nur Wasser. Ihm fällt ein, dass er auf Diät ist, wie er dem Publikum erzählt hat. Zwanzig Pfund seien schon weg, in zwei Monaten. Er habe 100 Prozent Weizen abgesetzt, esse nur noch Dinkel, Vollkorn- und Roggenprodukte.

Mein Mann schaut irritiert auf seinen übervollen Teller mit frischem Fisch in Speckstippe. Ich bekomme dasselbe. Erol sitzt neben mir, nimmt sich die Dessertgabel und will nur mal kosten. Er erzählt von seiner Frau, durch die er auf den großen Schriftsteller Emile Zola aufmerksam geworden sei. Auf ihrem Nachttisch, erzählt er, liege Zolas Wälzer *Das Geld*. Muss man lesen, dann weiß man, wie Kapitalismus tickt, sagt unser Stargast begeistert.

Jetzt redet er sich so in Fahrt, dass er immer weiter von meinem Teller isst. Es ist unser Gemeinschaftsteller geworden. Weißt du, sagt er dann, ich bestelle mir auch noch was. Das kriege ich wieder weg. Aber es schmeckt hier so gut!

Halb amüsiert, halb befremdet registriert mein Mann, dass unser Gast plötzlich die Rolle gewechselt hat. Kommissar Özakin von der *Mordkommission Istanbul* ist jetzt der Frauenversteher von Boltenhagen. Er macht meiner Tochter und mir Komplimente, dass wir nur so dahinschmelzen. Er lobt uns in höchsten Tönen. Wenn mein Gatte etwas entgegnet oder seine Sicht der Dinge darlegt, steht er auf und summt so laut irgendeine Melodie, dass mein Mann zwangsläufig verstummt.

RR Ein kleines privates Lustspiel. Unser Gast ist Schauspieler. Das haben Tochter und Mutter für einen Augenblick vergessen.

Als Erol Sander sich kurz vor Mitternacht verabschiedet, ist er satt und wohl auch zufrieden. Und seine Welt ist noch in Ordnung.

Meine Jahre als Promi-Chauffeur

RR Es war mir nicht in die Wiege gelegt worden, einst im reifen Alter schier unbezahlbare Fracht durch die Gegend kutschieren zu dürfen. Zu unserem *Ostseetalk mit Prominenten* – dieser folgenschweren Erfindung meiner Frau – nahm so mancher Star die Einladung nur an, wenn neben dem Honorar auch die Transportfrage geklärt war.

Meinen Führerschein, der in der DDR wegen der ekligen deutschen Nazivergangenheit nicht Führerschein, sondern Fahrerlaubnis hieß, bekam ich erst im Alter von 25 Jahren. Und auch dies nur notgedrungen, weil ich damals vom Lokalredakteur zum Chef der Lokalredaktion aufgestiegen war, wenn auch nur kommissarisch. Mein

Dienstfahrzeug war ein betagter weißer Trabant 601, der im Winter nur fahrtüchtig war, wenn am Abend die Batterie ausgebaut und am nächsten Morgen wieder eingebaut wurde. Nachts schlummerte sie in unserer kleinen Altneubauküche und blubberte vor sich hin, immer unter Strom.

Mein Fahrschulauto war dagegen ein anderes Kaliber, ein tonnenschwerer, kaum lenkbarer Moskwitsch. Fahren lernte ich im brandenburgischen Beeskow, Einparken nicht. Das war auch völlig überflüssig; Platz zum Parken gab es überall – mangels Masse. Denn wer ein Auto sein Eigen nennen wollte, musste 12 bis 15 Jahre guter Hoffnung sein. Wie beim Warten auf ein Telefon. Mein damaliger Redaktionskollege Rudi erzählte mir eines Tages, sie hätten endlich einen Telefonanschluss bekommen, quasi ein Geschenk zur Jugendweihe seines Sohnes. Der war jetzt 14, und die Telefonanmeldung hätten sie vorausschauend gestellt, als er geboren wurde.

Meine Frau und ich lösten das Fernsprechproblem mit einem Kraftakt. Wir zogen nach zwei telefonlosen Jahren einfach um, als in unserem Altneubaublock die gegenüberliegende, gleich große Wohnung mit Telefon frei wurde.

Noch eine kleine Abschweifung, die letzte: Nachdem meine Frau ein paar Jahre angstvoll meinen Fahrstil beobachtet hatte, meldete auch sie sich schließlich bei der Fahrschule an. Vorteil DDR: Sie musste den Ehemann nicht fragen! Sie brauchte meine Erlaubnis nicht. Frauen an die Macht – oder in diesem Fall ins Fahrschulauto. Am alles entscheidenden Tag der Fahrprüfung jedoch zeigte ihr der Fahrlehrer seine Macht. Er ließ den Termin platzen, nachdem sie sich hinters Lenkrad gesetzt hatte. Tut mit leid, Frau Rätzke, sagte er, ich kann weder neben noch hinter Ihnen sitzen. Sie haben Knoblauch gegessen, und das nicht zu knapp! Das kann man niemandem zumuten. Wir sitzen doch nicht im Russenzug!

So musste meine Frau erst mal ausnüchtern, um wieder zur Prüfung zugelassen zu werden. Knoblauch wird bei uns seitdem nur noch wohldosiert vernascht. Eine Lehre fürs Leben!

*

Ich habe sie auch beherzigt, als ich **Dagmar Berghoff** aus Hamburg abholte. Das erste Mal kam die einstige Tagesschau-Lady noch mit eigenem Auto zu uns. Ihr eleganter Mercedes-Sportwagen stand wie ein Ausrufezeichen vor dem Hotel *Großherzog von Mecklenburg* in Boltenhagen. Unser damaliger Talkraum, die kleine Hotel-Kellerbar, war proppenvoll – die Leute wollten aus nächster Nähe sehen, ob die Berghoff mit ihrem Gesicht „was hat machen lassen". Ja, man sah es wohl. Ich habe nie wieder so viele Hobby-Gesichtschirurgen auf engstem Raum gesehen wie an jenem Abend. Die Plätze ganz dicht an der kleinen Bühne waren jedenfalls hart umkämpft.

Als Dagmar Berghoff das zweite Mal unser Gast war, ließ sie sich von mir kutschieren. Hamburg – Boltenhagen und zurück, stundenlange Zeit zum Plaudern.

Natürlich sprachen wir auch über jene viel diskutierte gewisse Runderneuerung. Das heißt, wir beide ließen die behutsam gewählten Worte um das Thema kreisen, ohne es selbst beim Namen zu nennen. Meine Frau kritisiert mich oft für meine unverblümte Direktheit. Hier aber hätte sie zwei Diplomaten – Promi und Chauffeur – erleben können.

Als ich ihr erzählte, dass meine Frau ihre mädchenhafte Figur sehr bewundere, meinte sie: Ach, ich würde gerne mit Ihrer Frau tauschen: Gesicht gegen Figur! Damit war dieses Thema erledigt, und wir gingen schnell zu anderen Dingen über. Kollegen, Partner, Familie. Klatsch, sicher auch. Was man so redet, wenn keiner weiter zuhört.

Das meiste habe ich vergessen. Und was ich behalten habe, würde ich nicht weitererzählen. Sogar über die Rente haben wir gesprochen. Im Klartext und ganz ehrlich: Die Rente von Miss Tagesschau ist bei weitem nicht so hoch, wie mancher glaubt.

*

Die Sängerin und Schauspielerin **Katja Ebstein** und ihren Mann, den Regisseur Klaus Überall, habe ich nur als Beifahrer chauffiert. Den aktiven Part übernahm ein ortsansässiger Immobilien-Unternehmer. Sein Auto war viel größer und schöner als unser 3er BMW, standesgemäßer.

Wir holten die beiden, die von ihrem Haus auf der Nordseeinsel Amrum kamen, vom Fährhafen ab. Mit Katja waren wir gleich per du, und das Publikum kam in Scharen. Sogar ein Bus brachte Ebstein-Fans nach Gut Brook in die fein hergerichtete Festhalle. Die meisten Besucher waren im Alter der Sängerin, die allerdings auch an diesem Abend, obwohl schon über Sechzig, mit ihren rötlichen Pippi Langstrumpf-Zöpfchen und der sagenhaft schlanken Figur immer noch aussah wie ein junges Mädchen von weitem.

Man war allseits guter Stimmung und voller Vorfreude. Einige aus dem Publikum hatten ältere Ebstein-CDs in der Hand, die sie sich nach dem Talk signieren lassen wollten. Und eine kleine Frauengruppe stimmte den Ohrwurm *Theater, Theater...* an. Es hätte ein triumphaler *Ostseetalk* werden können. Aber es kam anders. Denn statt Ebstein gab's an diesem Abend nur Witkiewicz. Oder anders gesagt: Katja Ebstein hatte einfach keine Lust mehr, ihre legendären Ohrwürmer wie *Wunder gibt es immer wieder* oder *Theater, Theater...* zum x-ten Mal zu singen.

Sie hatte ihre neue CD mitgebracht, die einfach *Witkiewicz* hieß. Katja Ebstein, geborene Karin Ilse Witkiewicz, besann sich hier auf ihre schlesischen Wurzeln. So traf Heinrich Heines Ballade vom Elend der schlesischen Weber von 1844 auf ein irritiertes Publikum von 2005. Zwar hörte man geduldig zu, immer in der Hoffnung, dass die wahre Ebstein sich schon noch zeigen würde. Irrtum. Katja war nicht zu bewegen, ihre erfolgreiche Schlager-Vergangenheit kurz aufleben zu lassen. Sie verwies auf ihre CD und meinte, man müsse verstehen, dass jeder Sänger sich weiter entwickele. Sie könne doch nicht ewig von Wundern singen. Aber wer den Schlager unbedingt hören wolle, bitteschön! Auf ihrer neuen CD sei er als letzter Titel, neu eingesungen, drauf. Dass gerade diese CD großes Kritiker-Lob erfuhr, man sogar von der besten Ebstein aller Zeiten sprach und schrieb, sei am Rande doch erwähnt.

An unserem Talk-Abend aber spielte das keine Rolle. Da waren, um es ganz deutlich zu sagen, alle enttäuscht: Das Publikum, das voller Freude auf die alten Ebstein-Ohrwürmer angereist war. Die Moderatorin, also meine Frau, die Katja nicht von ihrer schlesischen Tour wegbringen konnte. Der Hoteldirektor, der die Künstlerin und ihren Mann im Schlossgut beherbergte und auf seinem warmen Buffet sitzen blieb. Denn kaum jemand hatte Geld dafür ausgegeben wollen. Gegessen hatte das Rentner-Publikum schon zu Hause, vor 18 Uhr.

Wir müssen mal reden, sagt der junge Hoteldirektor später. Wir müssen das Konzept überdenken. Wir brauchen eine andere Zielgruppe, ein junges Publikum. Das sagt er mir, der ich in seinen Augen gewiss ein alter Sack war!

Aber ich hatte in diesem Moment andere Sorgen, als

mich über den forschen Hotel-Chef zu ärgern. Ich hatte mit mir zu tun. Ich war in meiner typischen Hektik gegen eine gläserne Tür gelaufen. Oder locker formuliert: Ich hatte dem zentimeterdicken Sicherheitsglas die Stirn geboten.

Der Abdruck meiner Stirn war noch relativ lange auf dem Glas zu erkennen. Wie eingebrannt. Meine Kinder schossen sofort ein Handy-Beweisfoto, Mitleid und Schadenfreude hielten sich die Waage.

Bleibende Schäden? Zumindest keine sichtbaren.

Wunder gibt es immer wieder.

*

Als ich **Gisela May** zum Ostseetalk brachte, saß ich zwar hinter dem Lenkrad, aber in Wirklichkeit war sie es, die fuhr. Und ich machte alles falsch. Mal war ich zu schnell, mal viel zu langsam, mal zu vorsichtig, mal zu riskant. Sie fror, und dann schwitzte sie. Und sie drohte: Wenn Sie nicht sofort die Klimaanlage ausschalten, steige ich aus, auf der Stelle!

Das wollte ich auf der vielbefahrenen Autobahn nicht riskieren. Überhaupt, die Autobahn! Schon wieder kam ein Tadel vom Beifahrersitz: Wieso fahren Sie ständig links? Das ist typisch für die Ostler! Die fahren immer die linke Spur. Ordnen Sie sich endlich rechts ein!

Ich ordnete mich ein, und ich ordnete mich unter.

Gisela May hat, soweit ich das beurteilen kann, nur

schnittige Wagen gefahren. Sie gab als weltberühmte Diseuse dem Staate DDR gewisses Ansehen, also wurde sie dafür belohnt. Sie wurde in der Mailänder Scala gefeiert, warum sollte sie dann nicht auch in Italien Urlaub machen dürfen? Auch in der Schweiz sei sie gern gewesen, erzählte sie mir, ihrem Chauffeur, auf der Fahrt von Berlin nach Boltenhagen.

Und sie erzählte noch viel mehr. Ich erwähne dies, um etwas richtig zu stellen. Ihr Mann hat mich stundenlang voll gequatscht, behauptete die Weltbekannte gegenüber meiner Frau. In Wirklichkeit habe ich zu 80 Prozent zugehört, behaupte ich. Natürlich frage ich auch gern, ich frage auch nach, aber ich frage nicht aus. Meine Frau sieht das manchmal anders, aber das fällt unter Meinungsfreiheit.

Bleiben wir beim Reden. Und von sich zu reden, das war Gisela May in diesen Fahrstunden mit mir offenbar ein Bedürfnis. Sie wollte gar nicht ins Gespräch kommen, sondern einfach reden. Auch Antworten von mir plante sie nicht ein. Geschweige denn, dass sie etwas über mich wissen wollte. Wenn wir früher, in Berlin, miteinander sprachen, war das in der Regel dienstlich, mit einer Ausnahme – wenn es um ihre Katzen ging. Jetzt, im Auto, geht es um mehr: um das Alter, um Freundschaft, um Einsamkeit. Ich habe nur schwule Freunde, sagt sie. Aber glauben Sie, die laden mich mal in ihr Wochenendhaus ein?

In ihrem Leben hatten nur wenige Männer Platz, zweimal war sie verheiratet. Kinder? Keine. Sie hätte ein Kind haben können, habe aber als junge Schauspielerin eine Schwangerschaftsunterbrechung machen lassen. Vater dieses ungewollten Kindes sei ihr Klavierlehrer gewesen, ihre erste große Liebe. Die Nazis hätten ihn, Alfred Schmidt-Sas, unters Fallbeil gebracht, weil er einer Widerstandsgruppe angehörte.

Alfred Schmidt-Sas? Ich stutze und frage zurück: Kennen Sie Dina Gelbke?

Nun war es die May, die ungläubig und beinahe fassungslos reagiert. Um das Verwirrspiel zu beenden, fasse ich mich kurz.

Als junger Redakteur erhielt ich den Auftrag, in Leipzig eine über 90jährige jüdische Kommunistin nach ihrer persönlichen Bekanntschaft mit Lenin zu befragen, der um die Jahrhundertwende einige Male in Leipzig war. Mehr noch als Lenin interessierte mich jedoch Dina Gelbkes Freundschaft mit dem berühmten Maler Max Schwimmer, der jeden seiner Briefe an sie mit einem Aquarell veredelte. Und sie zeigte mir auch ein Manuskript über Alfred Schmidt-Sas, Gisela Mays großer Liebe. Er habe gemeinsam mit ihrem Mann, dem Arzt Dr. Gelbke, im Leipziger Untergrund gegen die Nazis gekämpft. Die Eltern von Gisela May wiederum waren mit Dr. Gelbke, später Gesundheitsminister in Sachsen, befreundet. So schließt sich der Kreis.

Dass auch die Rückfahrt von Boltenhagen nach Berlin mit der May nicht einsilbig verlief, wird man mir glauben. Es war eine angenehme Fahrt. Die Klimaanlage blieb ausgeschaltet, der Innenraum war angefüllt vom Duft des immer noch warmen Streuselkuchens, den ich der verehrten Künstlerin zu ihrem Geburtstag gebacken hatte.

Vor kurzem haben wir sie in Berlin wieder einmal besucht. Ihr Grabstein auf dem Dorotheenstädtischen Friedhof ist eher bescheiden, aber mit ihrem Bild versehen. Das hat sie gewiss selbst ausgewählt, wie sie auch den Ablauf der Trauerfeier bis ins Detail vorschrieb: Keine Orgelmusik, keine Fotos vom Trauerakt. Ein kalifornischer Pianist spielte Frederic Chopins Prélude Nr. 4 e-Moll.

Um Gisela Mays Grabstelle ruht nur Prominenz: Altbundespräsident Johannes Rau, Dichter Bertolt Brecht, lauter große Namen.

Neuerdings ist es Mode, auf Gräber eine kleine symbolträchtige Gabe zu legen. Beim Schriftsteller Wolfgang Herrndorf sahen wir eine Spielzeugpistole, bei Christa Wolf viele, viele Kugelschreiber. Irgendwo las ich, dass auf das Grab von Gisela May jemand Flugtickets gelegt hätte. Da ich für sie schon mal Streuselkuchen gebacken habe, hätte ich da eine Idee...

*

Wenn ich mich hier als Chauffeur von **Johannes Heesters** ausgebe, dann ist das eine Prahlerei. In Wahrheit habe ich nur seine Blumen gefahren.

In Hamburg, im Winterhuder Fährhaus, gab der Neunzigjährige ein Gastspiel: *Casanova auf Schloss Dux* hieß das Stück, und Heesters spielte den alternden Casanova, der seine letzten Lebensjahre als Bibliothekar des Grafen Waldstein im nordböhmischen Schloss Dux verbrachte.

Schloss Dux, tschechisch Duchcov, hatten wir schon als DDR-Urlauber besucht, und unsere Kinder standen ehrfürchtig vor dem Sessel, in dem Casanova seine Augen für immer geschlossen hatte. Eine kleine Abschweifung familiärer Natur: Als wir etliche Jahre zuvor auf der Insel Hiddensee das Wohnhaus des Dichters Gerhart Hauptmann anschauten, stand unser fünfjähriger Sohn vor einem ähnlichen Sessel und sagte: Also hier ist Opa Hauptmann gestorben!

Zurück zu Opa Heesters. Eine Illustrierte wollte gern ein Interview mit dem Jahrhundert-Mimen, und Heesters war bereit, uns ein paar Minuten nach seinem Auftritt zu gewähren. So einem Grandseigneur, darin waren wir uns einig, kann man nicht nur mit einem Presseausweis entgegentreten. Also fuhren wir gut 100 Kilometer zu einer meiner Schwestern, die nicht nur von Heesters schwärmte, sondern auch einen großen Garten besaß, ein Blumenparadies. Wir flückten und schnitten, was das Zeug hielt: Dahlien, Lilien, Tulpen, Gladiolen. Wir wollten die lebende Legende Heesters mit einem bombastischen Strauß erfreuen.

Heesters selbst beeindruckte uns mit seinem Spiel, schon unter physischem Aspekt. Nur einmal blieb er im

Text hängen. Entweder gab es keine Souffleuse, oder er verstand nicht, was sie flüsterte, also streute er ein paar Worte ein, die nicht recht zum Text passten. Blut, sagte er, Revolution und so weiter. Komisch, diese Hängepartie ist mir am stärksten im Gedächtnis geblieben. Der Theaterabend nahm dennoch ein gutes Ende, der Beifall war beinahe frenetisch.

Und dann schlug unsere Stunde, die rund 15 Minuten dauerte. Als die lebende Legende erschöpft, aber sichtbar zufrieden das Theaterrestaurant betrat, überreichten wir nicht minder theatralisch unseren selbstgepflückten Riesenblumenstrauß. Wir wollten auch wissen, warum er sich mit seinen 90 Lebensjahren die Strapazen eines solchen Gastspiels zumute. Seine Begründung machte uns sprachlos. Er habe eine so niedrige Rente, sagte er, dass er sich etwas dazu verdienen müsse. Und er setzte noch einen drauf: Er schneide sogar von Briefen mit ungestempelten Briefmarken die Marke ab, um sie noch mal verwenden zu können.

Dann mischte sich seine Begleiterin ein: Herr Heesters bauche jetzt seine Nachtruhe. Und weg waren sie.

Die mit Ehrfurcht gepflückten Blumen ließen sie einfach liegen. Wieder mitnehmen wollten wir sie nicht.

*

Der erstklassige Schauspieler und Kabarettist **Jochen Busse** im Mittelklassewagen von Berlin nach Boltenhagen. Und ich als sein Fahrer. Das war offenbar so beachtenswert, dass es davon sogar ein offizielles Foto gibt. Für uns völlig überraschend geschossen, ohne Voranmeldung. Busse konnte sich nicht wehren, nahm es aber mit Gleichmut. Als A-Promi muss man einiges erdulden.

Unsere Einladung zum Ostseetalk hatte der beliebte Mime ohne Wenn und Aber angenommen, zumal auch sein Kollege Rudi Carrell schon bei uns gewesen war. In Busses Kalender war noch etwas frei – die legendäre RTL-Fernsehshow *7 Tage, 7 Köpfe* gab es nach zehn Sendejahren nicht mehr. Nun war er Publikumsmagnet in der Berliner Komödie am Kurfürstendamm, wo er im preisgekrönten Lustspiel *Andalusisches Mirakel* die Leute bestens amüsierte.

Ich holte ihn von dort ab, aber zunächst lud er mich ins Theaterrestaurant ein; ich sollte auf keinen Fall mit leerem Magen zurückfahren. Ob ich das turbulente Mirakel-Spektakel zweimal verfolgt habe, einmal in Berlin und das andere Mal in Hamburg, kann ich nicht mehr mit Bestimmheit sagen, denn auch bei seinem Hamburger Auftritt waren meine Frau und ich seine Gäste. Letzteres weiß ich deshalb hundertprozentig, weil Busse uns im Theaterrestaurant mit köstlichem Wiener Schnitzel bewirten ließ. Der Zunge sagt man nicht umsonst das beste Gedächtnis nach.

In Berlin war ich auch deshalb fahrig und unkonzentriert, weil ich mein Auto in Theaternähe am Kurfüstendamm geparkt hatte, aber nicht ganz vorschriftsmäßig.

Die Vorstellung, es könnte inzwischen von Berliner Ordnungshütern abgeschleppt worden sein, trieb mir den Angstschweiß auf die Stirn. Ich war also nicht recht bei der Sache, aber Gott sei Dank stand es noch am alten Platz.

Wir stiegen fröhlich ein. Was für eine Fahrt auf der Autobahn: Wir redeten ununterbrochen, und wir sangen alles, was uns einfiel, vom Volkslied bis zur Operette, wobei Jochen Busse wirklich singen kann.

Die stundenlangen Gespräche, zuerst auf der A 24, dann auf mecklenburgischen Landstraßen, machte mich beiläufig zum Busse-Experten. Man stelle mir eine Frage, und ich beantworte sie. Fangen wir an.

Stimmt es, dass er Rudi Carrell wirklich nicht leiden konnte? Unsinn, Carrell war ein perfekter Partner. Hat Busse auch Kinder? Ja, einen leiblichen Sohn, und außerdem zwei Jungs, Zwillinge, die seine aktuelle Frau mit in die Ehe brachte. Ist das seine zweite Ehe? Nein, seine vierte, wenn ich richtig zugehört habe. Hat ihn die RTL-Show mit den 7 Tagen und 7 Köpfen reich gemacht? Ja, das kann man wohl sagen. Lebt er gern in Hotels? Überhaupt nicht! Wenn er längere Gastspiele gibt, mietet er sich eine kleine Wohnung. Hat er einen kleinen Tick? Wenn man es so nennen will, ja: Wenn er eine möblierte Wohnung mietet, kauft er erst mal neue Gardinen und farblich passende Kissen, so fühlt er sich gleich heimisch. Verbindet ihn etwas mit Grevesmühlen, dem Geburtsort meiner Frau Angelika? Früher ja, jetzt nicht. Immerhin: Eine seiner Frauen stammt aus dieser kleinen Stadt nahe dem beliebten Ostseebad Boltenhagen.

Ich hätte noch stundenlang weiterfragen können, doch ich wollte von der A 24 abbiegen, um Jochen Busse noch kurz mein Heimatdorf Ortkrug bei Schwerin zu zeigen. Ich war lange nicht da, es hat sich viel verändert.

Eine gravierende Neuerung entdeckte ich erst, als es schon zu spät war. Es blitzte kurz und heftig. Das offizielle Foto kam später mit der Post. Ein Punkt in Flensburg, 85 Euro Strafe. Aber schön war es doch!

Biografisches

Kapitel 1

Hedda Zinner (* 20.5.1905 Wien, † 4.7.1994 Berlin) war Schauspielerin, Journalistin und Schriftstellerin und gehörte zu den namhaften Autoren der DDR-Literatur. Verheiratet war sie mit dem Schriftsteller Fritz Erpenbeck. Auch ihr Sohn, der Physiker und Wissenschaftler John Erpenbeck, und ihre Enkelin Jenny Erpenbeck sind bekannte Schriftsteller. Zu den wichtigsten Werken Hedda Zinners zählen u.a. die Roman-Trilogie *Ahnen und Erben*, das Drama *Der Teufelskreis* und ihre *Ravensbrücker Ballade*.

Kapitel 2

Gerhard Goßmann (* 1.11.1910 Guben, † 25.7.1994 Bad Saarow-Pieskow) war Grafiker und Maler. Seine Heimatstadt Fürstenwalde/Spree ehrte ihn mit einem lebensgroßen Bronzedenkmal. Als Buchillustrator machte er sich schon seit 1935 einen Namen. Seine Federzeichnungen, Lithographien und Radierungen sind auch begehrte Sammlerobjekte.

Kapitel 3

Hans-Joachim Preil (* 26.6.1923 Köslin /Hinterpommern, † 2.11.1999 Berlin) war Theaterautor, Regisseur und Komiker. Er schrieb auch die Sketche für das Duo Herricht/Preil (u.a. *Die Schachpartie*), die heute noch ihre Fans haben. Seine TV-Schwänke (*Ferienheim Bergkristall*) hatten in der DDR Kultstatus. Preil war viermal verheiratet.

Margitta Lüder-Preil (*2.10.1939) war Mannequin und dritte Ehefrau von Hans-Joachim Preil, in dessen Fernsehschwänken sie mitspielte. Noch heute übernimmt sie gelegentlich Rollen in Fernsehfilmen. Nach absolviertem Studium an der Hochschule für Schauspielkunst „Ernst Busch" in Berlin war sie bis 1996 am Hansa-Theater Berlin engagiert. Sie ist in dritter Ehe mit dem Arzt und Wissenschaftler Prof. Dr. Manfred Lüder verheiratet.

Kapitel 4

Prof. Dr. Dr. Heinrich Dathe (* 7.11.1910 Reichenbad, † 6.1.1991 Berlin) war der bekannteste und beliebteste Zoologe der DDR und 34 Jahre lang Direktor des Tierparks Berlin. Seine Radiosendung *Im Tierpark belauscht* mit Rundfunkreporterin Karin Rohn schaffte es auf 1774 Sonntage. Nicht weniger beliebt waren die Fernsehsendungen *Tierparkteletreff* mit Moderatorin Annemarie Brodhagen. Ein Platz und eine Straße in Berlin tragen seinen Namen.

Kapitel 5

Karl-Eduard von Schnitzler (* 28.4.1918 Dahlem, † 20.10.2001 Berlin) war Chefkommentator des Fernsehens der DDR und Moderator der Sendereihe *Der schwarze Kanal,* die am 30.10.1989 eingestellt wurde. Er stammte aus einer großbürgerlichen Familie und beteiligte sich als Wehrmachtssoldat in Frankreich am Widerstandskampf gegen die Nazis. 1947 siedelte er von der britischen in die sowjetische Besatzungszone um und trat 1948 in die SED ein. Sein Sohn aus erster Ehe nahm sich als 42-Jähriger das Leben. Aus der zweiten Ehe mit der Schauspielerin Inge Keller ging Barbara Schnitzler, gleichfalls Schauspielerin, hervor. In dritter Ehe war er mit der Schauspielerin Christine Laszar verheiratet, in vierter Ehe mit der ungarischen Sängerin und Schauspielerin Marta Rafael.

Kapitel 6

Erich Böhme (* 8.2.1930 Frankfurt am Main, † 27.11.2009 Bad Saarow), Journalist und Moderator, war nach seinem Abschluss als Diplom-Volkswirt zunächst Redakteur und dann fast 17 Jahre Chefredakteur des Nachrichtenmagazins *Der Spiegel*. 1990 wurde er Herausgeber der *Berliner Zeitung*. Fast 8 Jahre lang war er Moderator der SAT.1-Talkshow *Talk im Turm*, zunächst noch mit Sandra Maischberger. Böhme war in vierter Ehe mit Angelika Unterlauf, Nachrichtensprecherin des DDR-Fernsehens (*Aktuelle Kamera*), verheiratet.

Geert Müller-Gerbes (*18.9.1937 Jena), Journalist, Fernsehmoderator und Buchautor, zählt zu den bekanntesten Journalisten Deutschlands. Als 31-Jähriger wurde er Pressereferent des Bundespräsidenten Gustav Heinemann. Später arbeitete er u.a. als Chefkorrespondent für Radio Luxemburg und RTL. Er gehört zu den Gründungsmitgliedern des privaten TV-Senders RTL. Deutschlandweite Popularität erlangte er mit der RTL-Verbrauchersendung *Wie bitte?!*, die wöchentlich rund 7 Millionen Zuschauer sahen.

Kapitel 7

Harald Juhnke (* 10.6.1929 Berlin, † 1.4.2005 Rüdersdorf) war Schauspieler, Entertainer, Sänger – vor allem aber Ur-Berliner. Davon zeugen diverse Gedenktafeln und Denkmäler. Bleibend sind neben seinen Shows und Sketchen Charakterrollen in Filmen wie *Der Hauptmann von Köpenick*, *Schtonk!* und *Der Trinker*. Seine letzten Lebensjahre verbrachte Harry Heinz Herbert Juhnke – so sein bürgerlicher Name – in einem Pflegeheim bei Berlin. Die Trauerreden in der Berliner Gedächtniskirche hielten Berlins Regierender Bürgermeister Klaus Wowereit und TV-Moderator Thomas Gottschalk.

Kapitel 8

Bengt von zur Mühlen (* 24.1.1932 Tartu/Estland, † 30.6.2016 Berlin) war Filmproduzent und zeitgeschichtlicher Autor. Er entstammt einem baltischen Adelsgeschlecht und studierte in Ontario (Kanada) und New York. 1961 gründete er die Filmproduktionsgesellschaft Chronos Film. Die meisten Veröffentlichungen beschäftigten sich mit der NS-Geschichte und der Nachkriegszeit. Viele Filme entstanden auch unter der Regie seiner Frau, Irmgard v. z. Mühlen. Zwei Dokumentationen (*Schlacht um Berlin* und *Der gelbe Stern – Die Judenverfolgung 1933 - 1945*) wurden für einen Oscar nominiert.

Rudolf Augstein (* 5.11.1923 Hannover, † 7.11.2002 Hamburg) war Journalist, Verleger, Publizist und Gründer des Nachrichtenmagazins *Der Spiegel*, dessen erste Ausgabe am 4.1.1947 erschien und dessen Herausgeber er bis zu seinem Tod blieb. 1974 schenkte er 50 Prozent des Unternehmens den Spiegel-Mitarbeitern, im August 2002 schrieb er seinen letzten Artikel. Eingang in die deutsche Pressegeschichte fand die „Spiegel-Affäre" 1962, als das Magazin das Verteidigungskonzept der Bundeswehr in Frage stellte. Augstein wurde auf Betreiben von Verteidigungsminister Franz Josef Strauß wegen Landesverrats verhaftet und saß 103 Tage in Untersuchungshaft. Strauß trat infolge dieser Affäre zurück.

Kapitel 9

Hans-Joachim Kulenkampff (* 27.4.1921 Bremen, † 14.8.1998 Seeham/Österreich) war als ausgebildeter Schauspieler und in Theater und Film erfolgreich. Mehr noch war er der geborene Rundfunk- und TV-Showmaster, der mit Charme und Schlagfertigkeit die Zuhörer und Zuschauer begeisterte (*Einer wird gewinnen*, *Der große Preis*). In politischen Fragen hatte er seinen eigenen Kopf, begrüßte schon

1959 seine Fernsehzuschauer in der DDR, und nicht, wie damals üblich, in der Sowjetzone. Viel Ärger handelte er sich ein, als er in einer Talkshow sagte, CDU-Generalsekretär Heiner Geißler sei der schlimmste Hetzer seit Goebbels. Seinen Lebensabend beendete der gebürtige Bremer im Salzburger Land.

Kapitel 10

Hannelore Hoger (* 20.8.1942 Hamburg), Theater- und Filmschauspielerin sowie Regisseurin, ist einem großen Fernsehpublikum vor allem durch ihre Rolle als Fernseh-Kommissarin *Bella Block* bekannt. Die ZDF-Krimireihe wurde von 1994 bis 2018 produziert. Sie gibt auch vielen Hörbüchern ihre Stimme. Die vielfach ausgezeichnete Künstlerin (Grimme-Preis, Goldene Kamera, Bayrischer Fernsehpreis) hat seit 2012 einen Stern auf dem Boulevard der Stars in der Nähe des Potsdamer Platzes in Berlin. 2017 veröffentlichte die in Hamburg lebende Künstlerin ihre autobiografischen Erinnerungen *Ohne Liebe trauern die Sterne*. Auch ihre Tochter Nina ist Schauspielerin.

Kapitel 11

Maria von Welser (* 26.6.1946 München) ist Journalistin, Fernsehmoderatorin und Autorin. 1988 war sie Gründerin und Moderatorin des ersten deutschen TV-Frauenmagazins, *ML Mona Lisa*, im ZDF, von 2003 bis 2010 Direktorin des Landesfunkhauses Hamburg. Sie schrieb auch mehrere Bücher, ihr jüngstes erschien 2019: *Ich habe beschlossen, dass es mir nur noch gutgeht. Leben mit dem Tumor.*

Kapitel 12

Manfred Krug (* 8.2.1937 Duisburg, † 21.10.2016 Berlin) war Schauspieler und Sänger. Neben wichtigen Hauptrollen in DEFA-Filmen (u.a. *Spur der Steine*) begeisterten in der DDR auch seine kunstvoll arrangierten Schlager und Chansons. Nach seiner Ausreise aus der DDR wurde er auch in Westdeutschland ein populärer Darsteller diverser TV-Serien (*Auf Achse, Liebling Kreuzberg*). Als Tatort-Kommissar Stoever löste er an der Seite von Charles Brauer diverse Fälle. Seine Bücher *Abgehauen* und *Mein schönes Leben* wurden Bestseller.

Kapitel 13

Wolfgang Lippert (* 16.2.1952 Berlin), ist Sänger, Moderator und Entertainer. Der gelernte Kfz-Mechaniker absolvierte später eine Klavier- und Gesangsausbildung. Mit dem Hit *Erna kommt* begann die Karriere, TV-Shows wie *Glück muss man haben, Ein Kessel Buntes* und *Wetten, das...?* folgten. Der MDR wurde mit den Jahren sein Heimatsender, und auch bei den Störtebeker-Festspielen auf Rügen ist er als Balladensänger eine feste Größe.

Kapitel 14

Rudi Carrell (* 19.12.1934 Alkmaar/Niederlande, † 7.7.2006 Bremen) war Schauspieler, Sänger und TV-Produzent. Die Show war sein Leben. Schon als 14-Jähriger Schüler hatte Rudolf Wijbrand Kesselaar – so sein bürgerlicher Name – seinen ersten Bühnenauftritt als Conférencier. Zu seinen bekanntesten Unterhaltungsshows zählen *Am laufenden Band* und *7 Tage, 7 Köpfe*. Noch bei seinem letzten TV-Auftritt, als er mit der Goldenen Kamera für sein Lebenswerk geehrt wurde, verabschiedete sich der Krebskranke von seinem Publikum mit einem Gag: Dass er anwesend sein könne, verdanke er vor allem seiner Krankenversicherung, der Klinik Bremen und der deutschen Pharmaindustrie.

Kapitel 15

Gunter Gabriel (* 11.6.1942 Bünde/Westfalen, † 22.6.2017 Hannover) war Sänger, Komponist, Texter und Produzent. Mit seinen Songs im Country-Stil galt er als deutscher Johnny Cash. Als Komponist schrieb er Hits für Juliane Werding (*Wenn du denkst, du denkst...*), Frank Zander (*Ich trink auf dein Wohl, Marie*) und Wencke Myhre (*Das wär John nie passiert*). Sein eigener größter Hit war *Hey Boss, ich brauch mehr Geld*. Günter Caspelherr – so sein bürgerlicher Name – war viermal verheiratet, hatte vier Kinder und drei Enkel. Wenige Tage nach seinem 75. Geburtstag starb er an den Folgen eines Treppensturzes.

Kapitel 16

Hermann Kant (* 14.6.1926 Hamburg, † 14.8.2016 Neustrelitz) gehört zu den bedeutendsten Schriftstellern der DDR. Sein Hauptwerk, der Roman Die Aula, wurde in 15 Sprachen übersetzt. Kant wuchs in ärmlichen Verhältnissen auf. Er beendete eine Lehre als Elektromonteur, kam als Wehrmachtssoldat in polnische Kriegsgefangenschaft und war im Arbeitslager auf dem Gelände des Warschauer Ghettos Mitbegründer eines Antifa-Komitees. 1952 holte er das Abitur nach und studierte Germanistik. Sein erster Erzählband, Ein bisschen Südsee, erschien 1962. Kant war einige Jahre Mitglied des ZK der SED und als Präsident des DDR-Schriftstellerverbandes nicht unumstritten.

Kapitel 17

Lore Strack (* 21.7.1936, † 1.1.2014 Münchsteinach) war von 1958 bis 1999 die Ehefrau und zunehmend auch Managerin des Schauspielers Günter Strack, der am 18.1.1999 verstarb. Ihr Vater war der hessische Minister für Erziehung und Volksbildung, Arno Hennig.

Witta Pohl (*1.11.1937 Königsberg, † 4.4.2011 Hamburg) war gelernte Kosmetikerin und wurde nach beendetem Schauspielunterricht in Berlin 1957 am Staatstheater in Kassel engagiert. Weitere Bühnenstationen waren die Münchner Kammerspiele, das Schauspielhaus Zürich, das Deutsche Schauspielhaus Hamburg, das Ernst-Deutsch-Theater und die Hamburger Kammerspiele. Ihre größte Bekanntheit erlangte sie durch die TV-Serie *Diese Drombuschs*.

Kapitel 18

Peter Ensikat (* 27.4.1941 Finsterwalde, † 18.3.2013 Berlin) wirkte nach seinem Studium an der Theaterhochschule Leipzig als Schauspieler, Kabarettist und Schriftsteller. In den 70er und 80er Jahren war er der meistgespielte Kabarettautor der DDR. 2009 wurde er mit einem Stern der Satire in Mainz geehrt. Von 1999 bis 2006 war er künstlerischer Leiter des Berliner Kabaretts *Die Distel*. Das Lexikon *Populäre DDR-Irrtümer* und die Autobiografie *Meine ganzen Halbwahrheiten* gehören zu seinen erfolgreichsten Büchern.

Kapitel 19

Hape Kerkeling (* 9.12.1964 Recklinghausen) gehört zu den beliebtesten Komikern und Schauspielern. Er war ebenfalls als Moderator, Sänger und Autor erfolgreich. Unvergessen bleibt sein Auftritt als Königin Beatrix. Seine Kunstfiguren Horst Schlämmer, Hannilein und Uschi Blum begeisterten ein breites Publikum. Es gibt wohl keinen Fernsehpreis, den er nicht erhielt. Seine Bücher *Ich bin dann mal weg* und *Der Junge muss an die frische Luft* wurden millionenfach gelesen, sie wurden auch verfilmt. Große Resonanz fanden auch die satirischen Filme Club Las Piranjas (1995) und Die Oma ist tot (1997). Nach seinem 50. Geburtstag zog sich Kerkeling weitgehend aus dem Showgeschäft zurück.

Kapitel 20

Angelika Milster (* 9.12.1951 Neustrelitz) ist Sängerin und Schauspielerin. Ihre Rolle als Grizabella im Musical *Cats* am Theater an der Wien machte sie schlagartig zum Star des deutschsprachigen Musicals. In Hamburg von 1968 bis1971 in Gesang, Schauspiel, Tanz und Pantomime ausgebildet, konnte sie ihre Vielseitigkeit in Berlin und Wien ebenso beweisen wie in Paris und Washington. Den Fernsehzuschauern ist sie aus vielen Filmrollen (u.a. mit Hape Kerkeling in *Club Las Piranjas*) bekannt. Ihre Kirchenkonzert-Tourneen sind seit Jahren ein Highlight.

Kapitel 21

Eberhard Esche (* 25.10.1933 Leipzig, † 15.5.2006 Berlin) studierte von 1952 bis 1955 an der Theaterhochschule Leipzig. Es folgten Engagements in Meiningen, Erfurt, Karl-Marx-Stadt (Chemnitz), am Berliner Ensemble und schließlich viele Jahre am Deutschen Theater Berlin, wo er zu den ganz Großen gehörte. Berühmt waren auch seine Auftritte als Rezitator. Legendär wurde seine Interpretation des Gedichts *Der Hase im Rausch* von Sergej Michalkow, mit dem er 1964 in der Kongresshalle am Berliner Alexanderplatz auftrat. Esche wirkte in vielen Kino- und Fernsehfilmen mit (u.a. *Der geteilte Himmel, Spur der Steine, Der Trinker*). Als Autor schrieb er autobiografische Geschichten (*Wer sich grün macht, den fressen die Ziegen*). Die Schauspielerin Esther Esche, seine Tochter aus erster Ehe, gab 2018 sein Buch *Die Kunst zu dienen* heraus.

Kapitel 22

Wolfgang Stumph (* 31.1.1946 Wünschelburg/Schlesien) sieht sich selbst als Volksschauspieler, Publikumsliebling und Vollblutkabarettist – treffender kann man es nicht sagen. Der gelernte Kesselbauer und studierte Ingenieurpädagoge entdeckte bald, dass mehr in ihm steckt. Was zunächst im Amateurkabarett in seinem Wohnort Dresden begann, führte bald zu komödiantischen Fernsehauftritten, z.B als DDR-Beutelgermane. Seine Rolle als sächsischer Weltreisender im Kinofilm *Go Trabi go* machte ihn bundesweit bekannt. Den Zuschauer- und Medienpreis Goldene

Henne hat er fast abonniert – er bekam ihn bisher fünf Mal! In der ZDF-Krimireihe *Stubbe – von Fall zu Fall* agierte er fast 15 Jahre als Kommissar. Seine Tochter, die Schauspielerin Stephanie Stumph, spielte auch mit – als Tochter.

Kapitel 23

Gisela May (* 31.5.1924 Wetzlar, † 2.12.2016 Berlin), Schauspielerin und Diseuse, war die Tochter eines Schriftstellers und einer Schauspielerin. Von 1942 bis 1944 besuchte sie die Leipziger Schauspielschule, nach diversen Engagements kam sie 1951 an das Deutsche Theater Berlin und gehörte seit 1962 dem Berliner Ensemble an, wo die neuen Intendanten sie 1992 „abwickelten". Ihre Star-Rolle am BE war die der *Mutter Courage*, einem Stück von Bertolt Brecht. Der Komponist Hanns Eisler entdeckte sie als Sängerin, mit seiner Musik und der von Kurt Weill feierte sie als Brecht-Interpretin internationale Erfolge. Maurice Chevalier überreichte der Chansonsängerin 1968 in Paris den Grand Prix du Disque. Die May war auch Meisterin leichter Unterhaltung und einem breiten Publikum als „Muddi" von Evelyn Hamann in der TV-Serie *Adelheid und ihre Mörder* bekannt. Seit 1972 war sie Mitglied der Akademie der Künste. Verheiratet war sie von 1956 bis 1965 mit dem Journalisten Georg Honigmann, Vater der Schriftstellerin Barbara Honigmann.

Kapitel 24

Egon Krenz (* 13.3.1937 Kolberg) studierte von 1953 bis 1957 am Institut für Lehrerbildung in Putbus. Dem Abschluss als Unterstufenlehrer folgte die Funktionärskarriere: 1964 Parteihochschule Moskau, 1967 Diplom als Gesellschaftswissenschaftler, ab 1974 leitende Funktionen in der Pionierorganisation, in der Freien Deutschen Jugend (FDJ), in der DDR-Volkskammer, im SED-Zentralkomitee, im Staatsrat und im SED-Politbüro. Als Nachfolger Honeckers wurde er im Oktober 1989 Generalsekretär des ZK der SED und Staatsratsvorsitzender. Nach siebenwöchiger Amtszeit trat er am 6. Dezember 1989 zurück. 1997 wurde Krenz in den Mauerschützenprozessen wegen seiner Mitverantwortung für das DDR-Grenzregime zu sechseinhalb Jahren Haft verurteilt und 2003 aus der Haft entlassen. Er lebt in Dierhagen an der Ostsee. Seine Frau Erika, mit der er 56 Jahre verheiratet war, starb wenige Tage vor seinem 80. Geburtstag.

Kapitel 25

Sigmund Jähn (* 13.2.1937 Morgenröthe-Rautenkranz), Sohn eines Sägewerkarbeiters, war nach der Lehre als Drucker kurze Zeit Pionierleiter an einer Schule. Nach dem Wehrdienst 1955 begann seine militärische Laufbahn: Offiziersschüler, Flugzeugführer, Abitur, Studium an der Militärakademie der Luftstreitkräfte in Monino bei Moskau, Abschluss als Diplom-Militärwissenschaftler. Nicht zuletzt wegen seiner guten Russischkenntnisse wurde er für eine Kosmonautenausbildung ab 1976 im Rahmen des Interkosmos-Programms ausgewählt. Am 26.8.1978 starteten er und Kommandant Waleri Bykowski mit der sowjetischen Raumkapsel Sojus 31 zur Raumstation Salut 6. Sieben Tage, 20 Stunden, 49 Minuten und vier Sekunden waren sie im All, umkreisten 125 Mal die Erde. Jähn, der erste Deutsche im All: noch im gleichen Jahr zum Oberst befördert, wurde er Held der DDR und Ehrenbürger von Berlin. 1983 promovierte er am Zentralinstitut für Physik der Erde zum Dr. rer. nat.. Als Generalmajor wurde er 1990 aus der NVA entlassen. In seinem Heimatort gibt es ein Sigmund-Jähn-Museum.

Kapitel 26

Leonard Lansink (* 7.1.1956 Hamm) wuchs bei seinen Großeltern auf. Nach dem Abitur und sechs Semestern Medizinstudium entschied er sich für eine Schauspiel-Ausbildung an der Essener Folkwangschule. 1983 bekam er seine erste Tatort-Rolle, im Kino war er 1997 u.a. in *Knockin´ on Heavens*

Door zu sehen. Wenn *Wilsberg* im Fernsehen läuft, sitzen bis zu acht Millionen Zuschauer vor den Bildschirmen: Seit 1997 gibt er den Privatdetektiv Wilsberg, was die Stadt Münster schon lange zum Touristenmagnet macht: Alle wollen Wilsbergs kleines Antiquariat sehen, und das gibt es wirklich. Auch sozial ist Leonard Lansink engagiert, seit 2003 als Schirmherr der Krebsberatung Münster, für die er – unterstützt von seinen Kollegen der TV-Serie – schon große Spendensummen gesammelt hat. 2017 wurde er für seinen langjährigen Einsatz mit dem Verdienstorden des Landes NRW geehrt. Lansink lebt mit seiner Frau, der Juristin Maren Muntenbeck, in Berlin.

Kapitel 27

Jaecki Schwarz (* 26.2.1946 Berlin) wollte als gelernter Chemiefacharbeiter mit Abitur unbedingt Schauspieler werden – bei der dritten Bewerbung klappte es. Er studierte an der Hochschule für Filmkunst in Potsdam Babelsberg und debütierte in Magdeburg als Student Quasi in der Bühnenfassung von Hermann Kants Roman *Die Aula*. 1968 wurde er in Konrad Wolfs autobiografischem Film *Ich war neunzehn* besetzt. Ab 1974 war er 23 Jahre Mitglied des Berliner Ensembles und einer der meistbeschäftigten Schauspieler in DEFA-Filmen und im Fernsehen. An der Seite von Wolfgang Winkler löste er im *Polizeiruf 110* als Kriminalkommissar Schmücke insgesamt 50 Fälle.

Wolfgang Winkler (* 2.3.1943 Görlitz) ist gelernter Lokführer. Er besuchte wie Jaecki Schwarz die Hochschule für Filmkunst und war danach an Theatern, u.a. in Halle und Dresden, engagiert. Vor der Filmkamera stand er erstmals in Kurt Maetzigs Drama *Das Kaninchen bin ich*. Allerdings war der Film erst nach 1990 zu sehen, in der DDR wurde er wegen kritischer Darstellung der sozialistischen Justiz verboten. Winkler hatte Rollen in über 70 Filmen. Sein größtes Publikum fand er von 1996 bis 2013 als Hauptkommissar Schneider im *Polizeiruf 110*. Seit März 2015 kann man ihn mit Tilo Prückner in der ARD-Vorabendserie *Rentnercops* erleben.

Kapitel 28

Gregor Gysi (* 16.1.1948 Berlin) ist Rechtsanwalt und Politiker. 1976 promovierte der Diplomjurist zum Dr. jur. Bereits 1967 trat er in die SED ein, war von 1989 - 1993 Vorsitzender der PDS und von 2009 - 2015 Fraktionsvorsitzender der Linken im Bundestag. Seit 2016 ist er Vorsitzender der Europäischen Linken. Als einer der wenigen freien Rechtsanwälte der DDR verteidigte er auch Systemkritiker wie Robert Havemann und Bärbel Boley. 2017 erschien seine Autobiografie Ein Leben ist zu wenig. Sein Vater war in der DDR Kulturminister und später Staatssekretär für Kirchenfragen.

Kapitel 29

Erol Sander (* 9.11.1968 Istanbul) kam als Fünfjähriger mit Mutter und Schwester nach München. Nach dem Abitur und einem Abstecher als Student der Wirtschafts- und Politikwissenschaft ging er 1990 nach Paris, wo seine Laufbahn als Fotomodell begann. Er arbeitete für Armani, Dolce & Gabbana und Dior und nahm gleichzeitig Schauspielunterricht. Seine Fernsehkarriere startete 1999 als Kommissar Sinan Toprak. Seit 2011 ist er in der Krimiserie *Mordkommission Istanbul* zu sehen, jährlich werden zwei neue Folgen gedreht. Mehrere Jahre war er als Winnetou Publikumsmagnet bei den Karl-May-Festspielen in Bad Segeberg. Erol Sander heiratete im Jahr 2000 die Französin Caroline Goddet, mit ihr hat er zwei Söhne. 2017 trennte sich das Paar.

Kapitel 30

Dagmar Berghoff (* 25.1.1943 Berlin), an der Hamburger Hochschule für Musik und Theater ausgebildete Schauspielerin, war die erste Tagesschau-Sprecherin. Chefsprecherin war sie von 1995 bis 1999. Sie trat auch in Fernsehserien und am Theater auf. Mit dem Arzt Peter Matthaes war sie bis zu dessen Tod 2001 verheiratet.

Katja Ebstein (* 9.3.1945 Girlachsdorf / Niederschlesien) ist Sängerin und Schauspielerin. International bekannt wurde sie durch ihre Teilnahme am Eurovision Song Contest, wo sie mehrfach Spitzenplätze belegte (1970: *Wunder gibt es immer wieder*, 1971: *Diese Welt*, 1980: *Theater*). Sie galt damals als erfolgreichste deutsche ESC-Teilnehmerin. Ebstein veröffentlichte über 30 Alben, vom Schlager bis zum Chanson und Musical. In erster Ehe war sie mit dem Komponisten Christian Bruhn verheiratet. Der Regisseur Klaus Überall, den sie 1979 heiratete, starb 2008.

Johannes Heesters (* 5.12.1993 Amersfort / Niederlande, † 24.12.2011 Starnberg) war der dienstälteste Schauspieler der Welt. Der Schauspieler und Sänger stand 90 Jahre auf der Bühne und 87 Jahre vor der Kamera. Seine erste Rolle spielte er 1924 in einem Stummfilm, noch als 105-Jähriger wirkte er in Stuttgart in *Jedermann* mit. Ab 1932 sah man ihn in vielen Operettenfilmen. 1992 heiratete er die Schauspielerin Simone Rethel. Seine Tochter Nicole Heesters aus einer früheren Ehe ist ebenfalls Schauspielerin.

Jochen Busse (* 28.1.1941 Iserlohn) ist Schauspieler, Kabarettist und Drehbuchautor. Der Sohn eines Fabrikanten debütierte mit 19 Jahren an den Münchner Kammerspielen. Von 1976 bis 1991 gehörte er zum Ensemble der Münchner Lach- und Schießgesellschaft. Von 1996 bis 2005 moderierte er die von Rudi Carrell produzierte Freitagabendshow *7 Tage, 7 Köpfe*.

Die biografischen Angaben stützen sich auf eigene Recherchen und Daten aus Wikipedia.

Aus dem Programm des Boltenhagen Verlags

5. erw. Auflage 2019 / 232 Seiten
ISBN 978-3-937723-34-1 / 16,90 Euro

Ein Buch, dessen 1. Auflage schon nach wenigen Wochen vergriffen war: Es ist eine aufregende Reise in die jüngste deutsch-deutsche Geschichte. Sie führt in den DDR-Alltag an der Lübecker Bucht, in einstige Grenz- und Sperrzonen. In eine Zeit, in der Menschen direkt am Ostseestrand wohnten und das Meer vor ihrer Haustür erst nach dem Fall der Mauer sehen durften. Eine Zeit mit Wachtürmen und Kontrollen, Minen und Hundelaufanlagen, Denunziationen und Zwangsumsiedlungen...

2. Auflage 2015 / 192 Seiten
ISBN 978-3-937723-23-5 / 14,90 Euro

Schon als Junge träumt er davon, Arzt zu werden. Gar nicht so einfach für einen wie ihn, der in der DDR eine Altlast mit sich trägt: Er stammt aus mecklenburgischem Uradel und soll – so sein Schuldirektor – erst mal die Sünden seiner Väter wiedergutmachen. Es ist nicht die einzige Querlage in seinem Arzt-Leben in Ost und West. Was Dietrich von Maltzahn erzählt, ist unverfälscht, überraschend und manchmal drastisch. Authentische Episoden aus Klinikalltag, Sprechstunden und Noteinsätzen.

Aus dem Programm des Boltenhagen Verlags

5., aktualisierte Auflage 2016 / 188 S.
ISBN 978-3-937723-24-2 / 15,90 Euro

Die Halbinsel Tarnewitz (Ostseebad Boltenhagen) war ein Ort technischer Höchstleistungen und menschlicher Tragödien. Heute befindet sich auf dem einstigen Flugplatz aus dem Dritten Reich ein Urlaubsareal, die *Weiße Wiek*. Doch nach wie vor ranken sich Mythen und Legenden um diese Halbinsel. Was ist dran an vergrabenen Schätzen, versteckten Akten, geheimen Bunkern? Die Autorin befragte Zeitzeugen und Experten und entdeckte in Privatarchiven unbekannte Fotos und aufschlussreiche Dokumente über die geheime Erprobungsstelle der Nazi-Luftwaffe.

3., erweiterte Auflage 2017 / 197 Seiten
ISBN 978-3-937723-26-6 / 17,90 Euro

Auch Schlösser haben ihr Schicksal. Wer könnte das besser bezeugen als Schloss Bothmer im mecklenburgischen Städtchen Klütz. Reichsgraf Hans Caspar von Bothmer, Diplomat in englischen Diensten, ließ es von seinem Baumeister Johann Friedrich Künnecke errichten. 1732 war der barocke Prachtbau vollendet, das Jahr, in dem der Bauherr starb. Das Ende des Schlosses schien knapp 300 Jahre später besiegelt, als es für 1 Mark zum Verkauf stand. Dieses Buch erzählt seine Rettung – aber auch seine wechselvolle Geschichte in gräflichen und sozialistischen Zeiten.

Fotonachweis

Archiv Boltenhagen Verlag, Franz Bökelmann, Manfred Krause, Rüdiger Rätzke, Dorian Rätzke, Susanne Weisheit / Ostsee-Zeitung

Der Boltenhagen Verlag war um einen lückenlosen Fotonachweis bemüht. Sollten dennoch Urheberrechte an einzelnen Fotos bestehen, bitten wir um den Nachweis eines berechtigten Anspruchs.

Impressum

Boltenhagen Verlag Tarnewitzer Huk 18 | 23946 Ostseebad Boltenhagen
Tel. / Fax: 038825 - 379944 | www.boltenhagenverlag.de
Satz und Gestaltung: Clara Lessenthin, Lübeck
Umschlaggestaltung unter Verwendung eines Bildes von Wolf-Dieter Pfennig
Gesetzt aus der Lemon Tuesday, der Rockwell und der Calibri
Druck: Druckerei Steinmeier, Deiningen
1. Auflage 06 / 2019
ISBN 978-3-937723-33-4